U0142154

勞資實務
問題Q&A

林定樺／李傑克／洪紹璿／洪介仁
翁政樺／洪瑋薐／張權 著

書泉出版社 印行

近年來，勞工意識提升，過去難以伸張的勞工權益紛紛浮上檯面，保障勞工權益日趨重要，除了了解全球整體的經貿發展趨勢，更需踏實面對台灣勞動力市場的轉變，進而促進勞資對話、保護雙方權益。

本書作者林定樺、翁政樺、洪介仁、洪紹璿係國立中正大學勞工關係學系畢業的優秀校友。中正大學相較於國內外其他歷史悠久的學校，尚屬發展中的青壯階段，是相當年輕的大學，素以學風自由聞名，在中正大學邁向一流大學之際，建立多元的教學發展特色、提供優質的人才培育環境，使學生所學與社會接軌，成為國家社會的良材，進一步累積並發揮國際影響力與競爭力，是中正大學重要的發展目標。

作者在中正大學的培育下積極學習、不斷成長，體察社會的氛圍，看見大眾的需求，特別鑽研與人群息息相關的法律與勞資關係，並將在中正大學所學專業知識與實務經驗相互結合，列舉勞資雙方在職場上常見之爭點，一一解答，彙集成冊。讀者若能細心體會，相信得以從作者淺顯易懂的文字中，進一步認識勞資之間的角色定位與責任分擔，更可循序分辨判斷，求得因應對策，對整體勞資議題豁然開朗。

特別值得一提的是，作者的事業團隊對於社會公益活動亦不落人後，包括捐贈消防車給彰化縣政府、響應癌症基金會與兒童癌症基金

會舉辦的「為愛髮光」活動及支持家扶中心等,更在106年捐款中正大學一百萬元,做為弱勢學生獎助學金,他們對社會公益的付出與對母校學弟妹們的照顧,尤其難能可貴。

　　這不僅是一本引領讀者了解勞資雙方權益的實用好書,更是帶有愛心與關懷的著作,值得您深入閱讀,細細品味。

國立中正大學校長

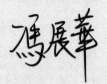

推薦序 2

近來國內勞資間的爭議漸增，企業投入勞動相關事務資源的多寡，與其獲利與否的關連性，與日俱增。

錠嵂保險經紀人股份有限公司的林定樺先生，以其多年來在勞動議題的學經歷，完成《勞資實務問題 Q&A》一書，冀望為企業之人力資源管理提供解決方案。

定樺為本人在國立中正大學勞工關係所指導的碩士畢業生，這些年在勞工權益的主張上，不遺餘力。因此，以其實務經驗編寫此書，無疑是企業界人力資源專業人士提供了重要的參考工具。

本人樂於推薦此書，並望藉由此書的協助，專業人士能為勞工爭取勞動權益，同時，更能為企業爭取最大利潤。

國立中正大學 勞工關係學系教授

王安祥

推薦序 3

　　這是第二次爲定樺的著作寫序，很榮幸也很高興。第一次爲定樺寫序時，對定樺還不是那麼熟悉，但很受他人生故事的激勵，也欣賞他的價值哲學與處事方式。

　　這四年來，與定樺的互動更密切，對定樺也有更深入的了解，愈發覺得定樺是個「稀有人類」，值得特殊保護與褒獎。定樺並非大企業主，但他不論是在專業、金錢、時間各方面，皆是如此地慷慨，樂於分享、樂於助人。在現今普遍淡漠自利的大環境中，顯得如此可貴！

　　此次定樺針對最常見之勞動法問題，以 Q&A 的撰寫方式，集結成書，定能幫助更多的企業與勞工，使勞雇雙方皆能更有效率地了解相關法令。雇主可以因此避免觸法，勞工可以更清楚自己的權益，進而達到勞雇雙贏之目的。定樺再一次地將他在工作上的心得與專業，與廣大社會民眾分享，作爲定樺的指導教授，眞的是與有榮焉。以定樺的寫作速度，相信很快又要再幫他寫序了。

國立中正大學 法律學系教授

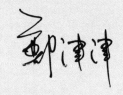

推薦序 4

民國 105 年 5 月 31 日我應邀到中正大學法律系所演講，遇到號稱我的「鐵粉」定樺。當天彼此因為跨越法律、人資、顧問實務等相同成長學習背景，相談甚歡，交流愉快，留下深刻美好印象！

此次定樺的大作出版，有幸能為其寫序，倍感榮耀。

本書編排採用問答式設計，作者選取最熱門「一例一休」議題、基本勞動法規、常見疑難雜症及最拿手的保險專業等作為內容。同時解答部分，更蒐集大量資料，旁徵博引，列出主管機關函釋、法院見解、管理方法建議等「完美答案」，超越突破一般坊間書籍的格局。可以定位為「普及法律教育」功能的推廣書籍，令人佩服讚賞！

我常說法學研究不應只看到出事後的爭辯及補救（律師、法官工作），應該多關注如何預防？如何幫助企業改善？（勞資顧問工作）。個人從事人資勞動法令訓練輔導工作超過二十五年以上，可惜企業遵守勞動法令情況卻改善有限！無奈甚憾！其實不願付加班費、不加勞健保、不給特別休假等違法決策，來自於經營者的成本考量，而在守法增費用與違法賭運氣中抉擇。加上社會守法意識低、勞工屈居弱勢，以致形成很多「勞資雙方不能說的祕密」！

很高興，未來能在堅持孤獨的「人資勞動」學習路上，看到定樺加入一起並肩前行！

睿哲管理顧問有限公司 總經理

周昌湘

推薦序 5

　　政府於 105 年通過了一例一休，今年更有勞基法修正案，新法令上路讓多數人是看了不懂、看了就昏，那到底要如何認識新法呢？偏偏法律條文生硬又無趣，究竟要如何應用到生活上來保障自己？網路上一堆說法，哪個說法才是正確呢？

　　本書作者爲勞動法令領域的翹楚，熟稔勞動法令之各種議題及面向，對於艱澀難懂的法令條文，以生活實例呈現，職場上最常遇到的請假、加班、勞保等問題，查了法條還不一定能立刻解惑，幸得本書作者將龐雜的勞動法令化繁爲簡，讓讀者能透過本書的問答找到解決之道，因此，無論讀者您是資方或是勞方，本書對讀者來說可謂是一本職場上不可或缺的葵花寶典！

推薦序 6

　　企業在經營過程中所面臨的困境與難題，個人在會計師執業過程中感受甚深，我所能協助的是稅務與會計上的議題。然而隨著勞動權益日漸受到重視，使企業在經營過程中對於人力資源管理增添了許多挑戰。

　　勞動相關法令多如牛毛，能夠將法令融會貫通誠非易事，能夠將法令與實務經驗加以結合者更是鳳毛麟角，而本書作者林定樺先生不僅願意做；同時做到了。

　　定樺係專業的保險從業人員，初次見面便覺得此人充滿自信與熱情，在更深入認識他後，了解到他對於專業的精研與堅持。其不斷的充實與精進，實堪為吾輩學習之榜樣。

　　承蒙定樺抬愛，在本書付梓前能先睹為快。本書將實務上的勞動法令施行問題以淺顯易懂文辭加以說明，作者將自己近年來個人輔導經驗不藏私的彙集成冊出版，提供給即便是初任人資單位的新手也能在勞動法令上游刃有餘，可算是提供了企業人資單位一本武功祕笈。同時也讓吾等能藉由本書的引導得以窺探勞動法令之一二，進而擴大專業的視野。

　　謹以此序推薦本書，亦期望本書能增進勞資雙方和諧進而創造雙方極大利益。

蘊揚聯合會計師事務所　合夥會計師

勞動基準法經過 105 年底一例一休修法，到 107 年初的再修法，已經紛紛擾擾接近兩年，尤其是最新的一次修法，更引起了許多法律學者及專家不同的意見。不過很明確的一點，是經過這兩年的洗禮，加以網路資訊的發達，勞動法令已逐漸為勞資雙方所了解，勞動權益也開始為人所重視。

　　以我自身在人力銀行的觀察，主動詢問工時、工資、休假、加班費計算的人資與勞工都變多了，但是相對的，衝突也更加劇烈。不少雇主對於勞動法令其實仍不熟悉，但是，勞工可能透過各種管道了解相關資訊，察覺到自身的勞動條件狀況，因而勇於爭取。進而組織自主性工會爭取權益，甚至進行合法罷工者都不在少數。

　　藉由兩次修法這面照妖鏡，我們看到了許多以往沒被看到的勞動議題面向，這次都被翻了出來，讓勞資政多方都開始重新檢視。這是一個全民都要重新學習的時刻，學習新的勞動關係，學習尊重彼此工作的價值。現有的勞資爭議，我們相信只是一時的。之後，藉由勞資雙方對勞動法令的理解，對彼此價值的尊重，相信勞動環境的改善是可預見的未來。

　　所以，我們開始看到，越來越多的雇主、人資工作者，及許多勞工，透過上課、網路學習、直播課程等等方式，開始學習勞基法。但是，絕大多數人都不具備法律相關背景，目前許多勞動法令相關的書

籍，對許多人而言簡直跟天書一般，看到法條也只能乾瞪眼。

因此，當我看到定樺兄這本大作，著實眼睛為之一亮，定樺兄勤奮專業又好學，在中正大學二個碩士班，已取得勞研所碩士及法研所碩士，更重要的是長期在保險業第一線的實務經驗，非常擅長將艱澀的條文，用最淺顯的白話表現出來，當然同時輔以相關函釋與說明，使人一看就明白。

本書是累積多年實務經驗，將勞動法令相關的內容，用最實務的問題方式表現出來，從第一版的 101 個問題，到第二版的 123 個問題，不只是因應新修法而增加的問題，經我比對過，即使是原本第一版的 101 個問題，也都因應法令變更做了調整，作者的用心可見一斑。

本書共分四大部分 123 個實務問題，其中要特別推薦的是第二部分「職災與勞保」，其實這是絕大多數勞工都會遇上，又很陌生的一塊，一般勞基法相關書籍也較少著墨，但卻是實務經驗豐富的作者最擅長的一塊，可說是本書最與眾不同，務必要收藏的最大特色。

近年來，我個人一直努力在做的，就是設法將勞動法令更加白話，讓更多朋友了解自身勞動權益，畢竟，絕大多數人的人生精華階段都是在工作，與勞動權益息息相關卻又非常陌生。因此，看到定樺兄這本好書，實感欽佩。

這是一本不管是人資或是勞工朋友，都是容易入門或查找翻閱的好

書。感謝定樺兄抬愛，讓我先睹爲快，我也非常榮幸，有機會爲大家推薦這本書。

1111人力銀行 人資長

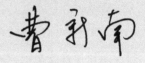

作者序　時代改變，管理觀念也要改變

一例一休的問題不在於休息日加班費的增加，而是在於加班費計算複雜，以及工時缺少彈性。而在最近一次的勞基法修正案中（107 年 3 月 1 日實施），雖有略為調整，但對於未來網路及人工智能下的勞動市場規範，並沒有太大的修正。

用過去以往的勞動法觀念來規範現代的職場。

立法者會有這樣的立法，除了政黨協商外，有一部分是因為有些企業在勞動法上遊走灰色地帶，而造成損害勞工權益，才會透過修法來圍堵。

勞資和諧互相體諒，才是企業成長，勞工加薪的原動力。

本書收納了勞方、資方經常詢問的問題，期望能為勞資雙方對於勞動法在認知上，多一點互諒與互信，只要勞資雙方攜手合作，則勞動基準法對雙方而言，都只是備而無用的法規。

也經常被問到：同樣的勞動法問題，怎麼問不同人，會有不同的答案？我說如果是對的答案，就是按法律規定，但對的答案不一定正確？怎麼說？勞動基準法只是勞動條件的最低標準，如果都是按照最低標準走，有時做對了，卻失去向心力，因為企業面對人才競爭戰的

開打，其範圍已不限於台灣，中國大陸惠（對）台31項措施；當全世界都在搶奪人才時，台灣又何以能置身事外？當台灣人才不斷外流海外工作，企業該思考的是，隨著少子化及老年化的到來，勞動人口急數下降，勞動力不足已是常態，企業該怎樣來吸引人才？留住人才？

　　勞工該思考的是工業4.0的加速來臨以及物聯網、人工智慧的高科技時代，如何讓自己更有競爭力，避免被淘汰，學會溝通以及終身學習都將是重要因素。

　　而在整理本書之時，各種勞動法規的修改議題不斷出現，如：基本工資法、勞動事件法、就業服務法、職業保險法以及勞工保險法的修正。在講求專業的時代，人力資源管理必須不斷向下發展，只有將人力資源管理導入企業實際經營，企業才有未來。更何況，企業組織上任何的活動，都必須要有人來執行或管理，而未來的人力資源管理，並不只是過往辦辦勞、健保加、退保的動作，而是將人員的任用、績效評估、薪酬等，進而參與企業經營策略以及未來發展方向、人才培訓。

　　在經濟結構和生產服務過程中，人的決心、工作態度、人力資源的保健教育和訓練等工作，是提升生產力最根本的一條路。進而建立企業文化及經營企業品牌，建立組織團隊目標及共識，參與企業社會責任及公益，員工效力提高，企業成本才會下降。

　　現階段的台灣企業，除產品行銷、研發外，誰能夠提供讓人定著的

溫床，重視人、重視企業內部橫向及深度的連結，該企業就能長久經營，更期盼未來的勞資糾紛能減少，勞資雙方能更好。勞資攜手快樂向前走。

　　對於本書內容及各項勞資問題，期盼大家給予更多的指導、討論，更期盼先進不吝指教。除可上中華勞資發展協會粉絲專頁聯絡外，還有電子信箱：linyu0213@gmail.com。

林定樺、李傑克

以善盡一己之力，爲回饋社會之任

　　台灣產業結構以中小企業爲主，其共同特點爲大部分發展常受限於人力與資源有限，當遇到政府法令變更時，不知如何應對，更別說當遇到勞資糾紛時，往往易成特殊專業人士如法律（勞保）黃牛勒索之對象。因有感企業常因遭遇勞資糾紛問題，恐導致經營困難，故爲協助企業解決問題，特撰此書，期望能爲幫助台灣企業達成勞資和諧與社會安樂，善盡一己之力。

　　本書爲作者們蒐集自身工作領域實務所遇之問題，以法規搭配解釋令釋之，內容讀者淺顯易懂與實務操作運用。本人能與勞動法專家─林定樺、稅法專家─李傑克 老師們，共同參與撰寫此書，實則倍感榮幸，相信這本集眾人大成之作，絕對能幫助眾讀者們解決您的勞資問題，或提供問題之解惑。

洪紹瑢

提升勞動環境，促進勞資和諧

近年勞動法議題成為市場顯學，不論是職場打拼的上班族抑或是拚搏事業的老闆們，都曾為複雜的勞動法令而吃過苦頭。

自身畢業於國立中正大學勞工關係學系，深知勞動法律之專業，一般民眾面勞動法律問題皆不知所措，希望能夠透過過往所學融合實務案例，將這些經驗集結成冊，讓更多人面對勞資議題可以更快釐清問題並解決問題。

本書採用問答集的方式，都是自身實務上處理過的案件，希望透過此書的問答，從生活面的經驗探討，讓大眾可以對於勞動議題有更進一步的了解。衷心期盼，藉由此書的出版得到更多有志之士的迴響與批評指教，進而讓台灣的勞動環境更加提升，一起打造一個勞資和諧的環境。

洪介仁

作者序

知識即是武器

　　勞資雙方所關心的議題相當廣泛，從勞基法的適用對象、勞資雙方如何訂定勞動契約，到與勞工權益關係重大之退休制度，及產生勞資爭議後該如何救濟等相關議題，均是勞資雙方所共同關心的課題。

　　有感於確保勞資關係和諧之基礎，得視勞資雙方對勞動法令認知之普及，本書以 Q&A 案例解說形式，呈現勞資雙方所關心的議題，透過實務累積勞資相關議題，集纂成冊，給予勞資雙方基礎性及普遍性的勞動法令概念，俾為保障勞資雙方權益盡份微薄心力。

勞動法與勞務專家

翁政樺

作者序　落實勞資雙方和諧

中小企業的業主大多是一路從基層紮實做起，創業更憑紮實的技術，從小到大等事務都一手包辦，企業管理、銷售、稅務等法令那就更不用說了，一路跌跌撞撞，才能有如今的規模。社會形態的轉變、勞工意識抬頭、法令變更顯得在管理上就有點無所適從，而在人事上的管理上又該如何調整，才足以因應這新形態的轉變才是我們該思考的。

在這幾年處理的一件死亡案件中，讓我感受到創業者的辛苦，更看到何謂企業責任的具體呈現，即便是承受喪子之痛，也不能讓下游廠商冒著斷貨危機影響商譽，另一方面也必須考慮員工生計，傷痛期間即便蠟燭二頭燒，仍然不影響公司運作，這也大大影響我在面對工作上的態度。

有幸跟著定樺老師腳步秉持「協助中小企業根留台灣」的理念，協助一個願意照顧員工的雇主，可以間接照顧數十至數百員工家庭，藉由此書持續往另一個層面來落實勞資雙方和諧，創造更好的台灣就業環境。

洪瑋菱

作者序

建立有效的勞資雙向溝通

　　輔導企業多年來，常會遇到勞資雙方意見不和而針鋒相對，輕者溝通調解，重則撕破臉訴訟，雙方都耗時且勞心傷財！

　　職場不應該分勞方或資方，因為沒有勞方賣力工作，資方就無法生存；而沒有資方出錢，勞方也無工作機會。所以，勞資雙方是一體，都是一家人，若有問題應採理性且有效的溝通，尋求最佳解決途徑，並能發揮一加一大於二的力量，使公司業務更快速發展。

　　現在網路資訊較以往容易取得，E 世化的年輕人也更重視自身權益，企業老闆唯有落實勞基法及相關勞工法規，才能有助於解決勞資爭議，降低社會成本，並可提高企業經營績效，而有效的勞資雙向溝通，要從懂法知法開始，這本書的出版就是希望成為勞資溝通的平台和工具書，熟讀本書定能成為您人資管理上的好幫手！

張權

目錄 CONTENTS

目錄 CONTENTS

PART 2　職災與勞保　　　　　　　　　　81

目錄 CONTENTS

PART 3　實務問題　163

目錄 CONTENTS

PART 5　　附錄——**相關法規**　　321

Q&A

PART1
一例一休

勞工每七日中應有二日之休息，其中一日為「例假」，一日為「休息日」。請問例假一定要是星期日？休息日一定是星期六嗎？

解析

　　勞工每七日中應有二日之休息，其中一日為例假，一日為休息日。例假及休息日之日期，應由勞雇雙方約定。雇主如有於週間更動之需要，除應與勞工協商合意外，仍應謹守「不得連續工作逾 6 日」之前提。

　　勞動契約存續中，勞工每七日週期至少應休息一日作為「例假」，正常狀況下例假日是不出勤，俗稱「七休一」；例假沒有規定一定要在星期日，只要經過勞雇雙方協商、安排即可。例假日不得上班，除非有勞動基準法第 40 條情事：「因天災、事變或突發事件，雇主認有繼續工作之必要時，得停止第三十六條至第三十八條所定勞工之假期，但停止假期之工資，應加倍發給，並應於事後補假休息，並且於事後二十四小時內，詳述理由，報請當地主管機關核備（各縣市政府）。」有臺灣新北地方法院 102 年度勞訴字第 52 號民事判決：按勞工每七日中至少應有一日之休息，作為例假，勞動基準法第 36 條固有明文，然該條文並無規定例假須為週六、週日。

休息日可以出勤但要給加班費,即休息日是可以經勞工同意來加班,勞動基準法第 24 條第 2 項:「雇主使勞工於第三十六條所定休息日工作,工作時間在二小時以內者,其工資按平日每小時工資額另再加給一又三分之一以上;工作二小時後再繼續工作者,按平日每小時工資額另再加給一又三分之二以上。」

105 年 12 月修法時即為避免過勞,採「以價制量」,於勞動基準法第 24 條第 3 項訂有:「前項休息日之工作時間及工資之計算,四小時以內者,以四小時計;逾四小時至八小時以內者,以八小時計;逾八小時至十二小時以內者,以十二小時計。」,即所謂「做一給四,做五給八」,然實施後鮮少雇主會讓員工只做 1 小時卻給 4 小時的延長工時工資;加上勞動部勞動條 2 字第 1050133150 號函釋(本函釋已廢止),反讓勞工延長工時 1 小時,雇主只願給 1 小時延長工時,其餘 3 小時~請事假,故而,修法本意「以價制量,減少加班」,若需要加班,勞工可以多領加班費,卻事與願違。立法院 107 年 1 月再次修法,將勞動基準法第 24 條第 3 項刪除,改採延長工時「核實計算」,並自 107 年 3 月 1 日施行。

所以,例假未必是星期日,休息日也沒有一定是星期六,只要勞資雙方協商約定且符合勞動基準法第 36 條~勞工每七日中應有二日之休息,其中一日為例假,一日為休息日,就可以(採彈性工時例外)。如餐飲業,其例假大多約定在星期四,休息日約定在星期一~星期五,星期日對該員工而言就是工作日,可以正常出勤。

針對特殊產業於特別時間,需做例假調整,讓其有更彈性的工作時間,而為了對勞工有更多的保障,也將監管機制納入。此次修法中增訂勞動基準法第 36 條第 4 項與第 5 項,分別為:

「經中央目的事業主管機關同意,且經中央主管機關指定之行業,雇主得將第一項、第二項第一款及第二款所定之例假,於每七日之週期內調整之。

前項所定例假之調整,應經工會同意,如事業單位無工會者,經勞資會議同意後,始得為之。雇主僱用勞工人數在三十人以上者,應報當地主管機關備查。」

其中,所指定之行業,係經中央目的事業主管機關評估確有符合「時間特殊」、「地點特殊」、「性質特殊」及「狀況特殊」等例外,依據勞動部 110 年 5 月 20 日勞動條 3 字第 1100130339 號公告,修正「指定勞動基準法第三十六條第四項行業」,並自中華民國 110 年 5 月 20 日生效。

而目前指定勞動基準法第 36 條第 4 項行業如下表:

指定勞動基準法第 36 條第 4 項行業附表

特殊型態	得調整之條件	行業	公告日期及文號
時間特殊	配合年節、紀念日、勞動節日及其他由中央主管機關規定應放假之日,為因應公眾之生活便利所需	1. 食品及飲料製造業 2. 燃料批發業及其他燃料零售業 3. 石油煉製業	107.2.27 勞動條 3 字第 1070130320 號
	配合交通部執行疏運計畫,於年節、紀念日、勞動節日及其他由中央主管機關規定應放假之日,為因應公眾之生活便利所需,並符合下列規定: (一)勞工連續工作不得逾九日。	汽車客運業	108.1.23 勞動條 3 字第 1080130098 號

PART1

特殊型態	得調整之條件	行業	公告日期及文號
	（二）勞工單日工作時間逾十一小時之日數，不得連續逾三日。 （三）每日最多駕車時間不得逾十小時。 （四）連續二個工作日之間，應有連續十小時以上休息時間。		
地點特殊	工作之地點具特殊性（如海上、高山、隧道或偏遠地區等），其交通相當耗時	1. 水電燃氣業 2. 石油煉製業	107.2.27 勞動條3字第1070130320號
性質特殊	勞工於國外、船艦、航空器、闈場或歲修執行職務	1. 製造業 2. 水電燃氣業 3. 藥類、化妝品零售業 4. 旅行業	107.2.27 勞動條3字第1070130320號
		5. 海運承攬運送業 6. 海洋水運業	107.8.6 勞動條3字第1070131130號
	勞工於國外執行採訪職務	1. 新聞出版業 2. 雜誌（含期刊）出版業 3. 廣播電視業	107.8.6 勞動條3字第1070131130號
	為因應天候、施工工序或作業期程	1. 石油煉製業 2. 預拌混擬土製造業 3. 鋼鐵基本工業	107.2.27 勞動條3字第1070130320號
	為因應天候、海象或船舶貨運作業	1. 水電燃氣業 2. 石油煉製業 3. 冷凍食品製造 4. 製冰業	107.2.27 勞動條3字第1070130320號

特殊型態	得調整之條件	行業	公告日期及文號
		5. 海洋水運業 6. 船務代理業 7. 陸上運輸設施經營業之貨櫃集散站經營 8. 水上運輸輔助業（船舶理貨除外）	107.8.6 勞動條 3 字第 1070131130 號
	為因應船舶或航空貨運作業	冷凍冷藏倉儲業	108.12.2 勞動條 3 字第 1080131299 號
狀況特殊	為辦理非經常性之活動或會議	1. 製造業 2. 設計業	107.2.27 勞動條 3 字第 1070130320 號
	為因應動物防疫措施及畜禽產銷調節	屠宰業	107.8.6 勞動條 3 字第 1070131130 號
	因非可預期性或緊急性所需，其調整次數，每年不得逾六次	鋼線鋼纜製造業	109.3.6 勞動條 3 字第 1090130149 號
	因非可預期性或緊急性所需，其調整次數，每年不得逾十次	金屬加工用機械製造修配業	109.3.6 勞動條 3 字第 1090130149 號
	因非可預期性或緊急性所需，其調整次數，每年不得逾十二次	1. 紡織業 2. 成衣、服飾品及其他紡織製品製造業 3. 人造纖維製造業 4. 食品及飲料製造業（限「食用油脂製造業」、「罐頭、冷凍、脫水及醃漬食品製造業」、「糖果及烘焙食品製造業」、「麵條、粉條類食品製造業」）	109.3.6 勞動條 3 字第 1090130149 號

特殊型態	得調整之條件	行業	公告日期及文號
		5. 電子零組件製造業	
		6. 電線及電纜製造業	
		7. 塑膠製品製造業	
		8. 印刷及有關事業	
		9. 金屬製品製造業（限「螺釘、螺帽、螺絲釘及鉚釘製造業」、「金屬製成品表面處理業」、「金屬模具製造業」、「鋁銅製品製造業」）	
		10. 非金屬礦物製品製造業（耐火材料製造業及石材製品製造業除外）	
		11. 紙漿、紙及紙製品製造業	110.5.20 勞動條 3 字第 1100130339 號

　　所以結論是，只要勞、資雙方協商溝通好，勞工不連續工作超過六日，就屬可行。除非是採四周變形工時或是有特殊期間的勞工，才可連續工作超過六日以上。

新修訂的勞動基準法對於「彈性工時」的適用有新規範嗎？

解析

新修正的勞動基準法，對於原有各種彈性工時規定，其彈性並未再放寬，也未另予緊縮（勞動基準法第 30 條第 3 項指定行業與勞動基準法第 30 條之 1 指定行業有增加）。只有將原第 30 條之 1 四週彈性工時中有關每二週應有二日例假之規定，移列至第 36 條，並搭配新增之休息日，集中規範。其他工時彈性，並未變動，修正後第 36 條條文如下：

「勞工每七日中應有二日之休息，其中一日爲例假，一日爲休息日。

雇主有下列情形之一，不受前項規定之限制：

一、依第三十條第二項規定變更正常工作時間者，勞工每七日中至少應有一日之例假，每二週內之例假及休息日至少應有四日。

二、依第三十條第三項規定變更正常工作時間者，勞工每七日中至少應有一日之例假，每八週內之例假及休息日至少應有十六日。

三、依第三十條之一規定變更正常工作時間者，勞工每二週內至少應有二日之例假，每四週內之例假及休息日至少應有八

日。

　　雇主使勞工於休息日工作之時間，計入第三十二條第二項所定延長工作時間總數。但因天災、事變或突發事件，雇主使勞工於休息日工作之必要者，其工作時數不受第三十二條第二項規定之限制。」

　　修法明定每週應有二日之休息，一日為原來的「例假」，一日為新增之「休息日」，因此，現行各種工時規定，約略為以下四種類型：

1. 一般單週規定：每 7 日中至少應有 1 日之例假、1 日之休息日。
2. 二週彈性工時：每 7 日中至少應有 1 日之例假，每 2 週內之例假及休息日至少應有 4 日。
3. 八週彈性工時：每 7 日中至少應有 1 日之例假，每 8 週內之例假及休息日至少應有 16 日。
4. 四週彈性工時：每 2 週內至少應有 2 日之例假，每 4 週內之例假及休息日至少應有 8 日。

相關函釋判決

◎依勞動基準法第 30 條第 2 項規定得採行 2 週彈性工時制度的行業有哪些？

　　凡適用勞動基準法之行業，均為適用同法第三十條第二項規定之行業（中華民國 92 年 3 月 31 日勞動 2 字第 0920018071 號）

◎依勞動基準法第 30 條之 1 規定得採行 4 週彈性工時制度的行業有哪些？

1. 行政院勞工委員會 86 年 5 月 15 日台 86 勞動 2 字第 020139 號函指定環境衛生及污染防治服務業為勞動基準法第三十條

之一之行業

2. 行政院勞工委員會 86 年 6 月 12 日台 86 勞動 2 字第 022170 號函指定加油站業為勞動基準法第三十條之一之行業

3. 行政院勞工委員會 86 年 7 月 3 日台 86 勞動 2 字第 024885 號函指定銀行業為勞動基準法第三十條之一之行業

4. 行政院勞工委員會 86 年 9 月 18 日台 86 勞動 2 字第 038408 號函指定信託投資業為勞動基準法第三十條之一之行業

5. 行政院勞工委員會 86 年 11 月 13 日台 86 勞動 2 字第 046048 號函指定資訊服務業為勞動基準法第三十條之一之行業

6. 行政院勞工委員會 86 年 12 月 6 日台 86 勞動 2 字第 049122 號函指定綜合商品零售業為勞動基準法第三十條之一之行業

7. 行政院勞工委員會 86 年 12 月 8 日台 86 勞動 2 字第 053059 號函指定醫療保健服務業為勞動基準法第三十條之一之行業

8. 行政院勞工委員會 86 年 12 月 24 日台 86 勞動 2 字第 053381 號函指定保全業為勞動基準法第三十條之一之行業

9. 行政院勞工委員會 87 年 1 月 12 日台 87 勞動 2 字第 000272 號函指定建築及工程技術服務業為勞動基準法第三十條之一之行業

10. 行政院勞工委員會 87 年 1 月 20 日台 87 勞動 2 字第 002903 號函指定法律服務業為勞動基準法第三十條之一之行業

11. 行政院勞工委員會 87 年 1 月 20 日台 87 勞動 2 字第 055934 號函指定信用合作社業為勞動基準法第三十條之一之行業

12. 行政院勞工委員會 87 年 2 月 5 日台 87 勞動 2 字第 003088 號函指定觀光旅館業為勞動基準法第三十條之一之行業

13. 行政院勞工委員會 87 年 2 月 5 日台 87 勞動 2 字第 002686 號函指定證券業為勞動基準法第三十條之一之行業

14. 行政院勞工委員會 87 年 2 月 21 日台 87 勞動 2 字第 005057 號函指定一般廣告業為勞動基準法第三十條之一之行業

15. 行政院勞工委員會 87 年 2 月 25 日台 87 勞動 2 字第 005338 號函指定不動產仲介業為勞動基準法第三十條之一之行業

16. 行政院勞工委員會 87 年 3 月 4 日台 87 勞動 2 字第 006246 號函指定公務機構為勞動基準法第三十條之一之行業

17. 行政院勞工委員會 87 年 3 月 7 日台 87 勞動 2 字第 006874 號函指定電影片映演業為勞動基準法第三十條之一之行業

18. 行政院勞工委員會 87 年 3 月 26 日台 87 勞動 2 字第 012108 號函指定建築經理業為勞動基準法第三十條之一之行業

19. 行政院勞工委員會 87 年 4 月 13 日台 87 勞動 2 字第 012392 號函指定國際貿易業為勞動基準法第三十條之一之行業

20. 行政院勞工委員會 87 年 4 月 15 日台 87 勞動 2 字第 013354 號函指定期貨業為勞動基準法第三十條之一之行業

21. 行政院勞工委員會 87 年 4 月 17 日台 87 勞動 2 字第 015212 號函指定保險業為勞動基準法第三十條之一之行業

22. 行政院勞工委員會 87 年 4 月 17 日台 87 勞動 2 字第 015647 號函指定會計服務業為勞動基準法第三十條之一之行業

23. 行政院勞工委員會 87 年 5 月 4 日台 87 勞動 2 字第 015981 號函指定存款保險業為勞動基準法第三十條之一之行業

24. 行政院勞工委員會 87 年 5 月 29 日台 87 勞動 2 字第 020548 號函指定社會福利服務業為勞動基準法第三十條之一之行業

25. 行政院勞工委員會 87 年 10 月 9 日台 87 勞動 2 字第 045045 號函指定管理顧問業為勞動基準法第三十條之一之行業

26. 行政院勞工委員會 88 年 1 月 6 日台 88 勞動 2 字第 057342 號函指定票券金融業為勞動基準法第三十條之一之行業

PART1

27. 行政院勞工委員會 88 年 1 月 29 日台 88 勞動 2 字第 001359 號函指定餐飲業爲勞動基準法第三十條之一之行業

28. 行政院勞工委員會 88 年 2 月 19 日台 88 勞動 2 字第 004256 號函指定娛樂業爲勞動基準法第三十條之一之行業

29. 行政院勞工委員會 88 年 2 月 3 日台 88 勞動 2 字第 005512 號函指定國防事業爲勞動基準法第三十條之一之行業

30. 行政院勞工委員會 88 年 3 月 3 日台 88 勞動 2 字第 009289 號函指定信用卡處理業爲勞動基準法第三十條之一之行業

31. 行政院勞工委員會 88 年 5 月 14 日台 88 勞動 2 字第 021500 號函指定學術研究及服務業爲勞動基準法第三十條之一之行業

32. 行政院勞工委員會 88 年 5 月 19 日台 88 勞動 2 字第 022656 號函指定一般旅館業爲勞動基準法第三十條之一之行業

33. 行政院勞工委員會 88 年 5 月 21 日台 88 勞動 2 字第 023006 號函指定理髮及美容業爲勞動基準法第三十條之一之行業

34. 行政院勞工委員會 88 年 5 月 21 日台 88 勞動 2 字第 023007 號函指定其他教育訓練服務業爲勞動基準法第三十條之一之行業

35. 行政院勞工委員會 88 年 5 月 28 日台 88 勞動 2 字第 023941 號指定大專院校爲勞動基準法第三十條之一之行業

36. 行政院勞工委員會 88 年 7 月 14 日台 88 勞動 2 字第 0031931 號指定影片及錄影節目帶租賃業爲勞動基準法第三十條之一之行業

37. 行政院勞工委員會 88 年 7 月 26 日台 88 勞動 2 字第 0034087 號指定社會教育事業爲勞動基準法第三十條之一之行業

38. 行政院勞工委員會 88 年 7 月 26 日台 88 勞動 2 字第 0034088

號指定市場及展示場管理業為勞動基準法第三十條之一之行業

39. 行政院勞工委員會 92 年 1 月 7 日勞動 2 字第 0920000954 號指定「鐘錶、眼鏡零售業」為勞動基準法第三十條之一之行業

40. 勞動部 104 年 3 月 10 日勞動條 3 字第 1040130343 號函指定「農會及漁會」為勞動基準法第三十條之一之行業

41. 勞動部 106 年 6 月 16 日勞動條 3 字第 1060131010 號函指定「石油製品燃料批發業中之筒裝瓦斯批發業及其他燃料零售業中之筒裝瓦斯零售業」為勞動基準法第三十條之一之行業

42. 勞動部 106 年 7 月 25 日勞動條 3 字第 1060131585 號函指定「農、林、漁、牧業」為勞動基準法第三十條之一之行業

◎ 依勞動基準法第 30 條第 3 項規定得採行 8 週彈性工時制度的行業有哪些？第 30 條第 3 項指定行業如下：

中華民國 92 年 3 月 31 日勞動 2 字第 0920018071 號

1. 「經本部指定適用該法第三十條之一之行業」

2. 製造業
　　中華民國 92 年 5 月 16 日勞動 2 字第 0920028355 號

3. 營造業

4. 遊覽車客運業

5. 航空運輸業

6. 港埠業

7. 郵政業

8. 電信業

9. 建築投資業

中華民國 92 年 10 月 8 日勞動 2 字第 0920056353 號

10. 批發及零售業

11. 影印業

12. 汽車美容業

13. 電器及電子產品修理業

14. 機車修理業

15. 未分類及其他器物修理業

16. 洗衣業

17. 相片沖洗業

18. 浴室業

19. 裁縫業

20. 其他專學科學及技術服務業

21. 顧問服務業

22. 軟體出版業

23. 農林漁牧業

24. 租賃業

25. 自來水供應業

中華民國 105 年 1 月 21 日勞動 3 字第 1050130120 號

26. 依政府行政機關辦公日曆表出勤之行業

中華民國 106 年 6 月 16 日勞動條 3 字第 1060131086 號

27. 汽車貨運業

中華民國 107 年 2 月 27 日勞動條 3 字第 1070130369 號

28. 攝影業中婚紗攝影業及結婚攝影業

中華民國 107 年 2 月 27 日勞動條 3 字第 1070130363 號

29. 大眾捷運系統運輸業

 此次勞動基準法修正對輪班制工作者，有何不同？

PART1

解析

　　原於民國 105 年 12 月 21 日修正的勞動基準法第 34 條，對於勞工工作採輪班制者，其工作班次，每週更換一次。但經勞工同意者不在此限。依前項更換班次時，至少應有連續 11 小時之休息時間。中華民國 105 年 12 月 6 日修正之前項規定，其施行日期由行政院定之。然立法通過後都未實施。

　　而此次勞動基準法修正案，雖然放寬部分輪班制勞工於更換班次時，休息時間可從 11 小時降為 8 小時，但並非全面輪班制都適用，需因工作特性或特殊原因，經中央目的事業主管機關商請中央主管機關公告者，且應經工會同意，如事業單位無工會者，經勞資會議同意後，才可以變更。而且只要僱用勞工人數在 30 人以上者，應報當地主管機關備查。

　　勞動部近來陸陸續續公告，將目前勞動基準法第 34 條第 2 項但書適用範圍，除擴大台鐵、台糖、中油與自來水公司適用人員外，更擴大至民營企業。

　　而在勞動力短缺的未來,是否會繼續擴大,有賴勞動部長官的智慧。

勞動基準法第 34 條第 2 項但書適用範圍附表

適用主體	適用人員	適用期間	公告日期及文號
交通部臺灣鐵路管理局	乘務人員(機車助理、司機員、機車長、整備員、技術助理、助理工務員及工務員;列車長、車長及站務佐理)	自 107 年 3 月 1 日至 108 年 12 月 31 日止	107.2.27 勞動條 3 字第 1070130305 號
	下列乘務人員: 1. 機車助理 2. 司機員 3. 機車長 4. 整備員 5. 技術助理 6. 助理工務員 7. 工務員 8. 技術員 9. 技術工 10. 幫工程司 11. 副工程司 12. 列車長 13. 車長 14. 擔任列車行包押運工作之站務或營運人員	勞雇雙方協商調整班次期間	109.1.17 勞動條 3 字第 1090130044 號
經濟部所屬台灣電力股份有限公司	輪班人員	自 107 年 3 月 1 日至 108 年 7 月 31 日止	107.2.27 勞動條 3 字第 1070130305 號
		勞雇雙方協商調整班次期間	108.10.7 勞動條 3 字第 1080131034 號

適用主體	適用人員	適用期間	公告日期及文號
經濟部所屬台灣中油股份有限公司	輪班人員	自 107 年 3 月 1 日至 108 年 7 月 31 日止	107.2.27 勞動條 3 字第 1070130305 號
		勞雇雙方協商調整班次期間	108.12.2 勞動條 3 字第 1080131293 號
	1. 設備管線搶修人員 2. 原料與產品生產、輸送、配送及供銷人員	天災、事變或突發事件之處理期間	107.2.27 勞動條 3 字第 1070130305 號
經濟部所屬台灣糖業股份有限公司	輪班人員	自 107 年 3 月 1 日至 108 年 7 月 31 日止	107.2.27 勞動條 3 字第 1070130305 號
	砂糖事業部小港廠之輪班人員	天災、事變或突發事件之處理期間	110.2.9 勞動條 3 字第 1100130079 號
經濟部所屬台灣自來水股份有限公司	1. 設備管線搶修人員 2. 原料與產品生產、輸送、配送及供銷人員	天災、事變或突發事件之處理期間	107.2.27 勞動條 3 字第 1070130305 號
中國鋼鐵股份有限公司	輪班人員	1. 天災、事變或突發事件之處理期間 2. 勞雇雙方協商調整班次期間	108.4.10 勞動條 3 字第 1080130349 號
下列公司： 1. 海光企業股份有限公司 2. 有益鋼鐵股份有限公司 3. 盛餘股份有限公司 4. 美亞鋼管廠股份有限公司	輪班人員	1. 天災、事變或突發事件之處理期間 2. 勞雇雙方協商調整班次期間	110.2.9 勞動條 3 字第 1100130079 號

PART1

適用主體	適用人員	適用期間	公告日期及文號
5. 東盟開發實業股份有限公司 6. 榮剛材料科技股份有限公司 7. 中鋼焊材廠股份有限公司 8. 統一實業股份有限公司 9. 燁輝企業股份有限公司 10. 燁聯鋼鐵股份有限公司 11. 鑫陽鋼鐵股份有限公司 12. 春源鋼鐵工業股份有限公司 13. 官田鋼鐵股份有限公司 14. 中鴻鋼鐵股份有限公司 15. 高興昌鋼鐵股份有限公司			
財團法人中央廣播電臺	工程部之輪班人員	勞雇雙方協商調整班次期間	110.2.9 勞動條 3 字第1100130079 號
下列公司： 1. 永豐餘工業用紙股份有限公司 2. 正隆股份有限公司 3. 榮成紙業股份有限公司 4. 卜評科技實業股份有限公司 5. 東隆紙業股份有限公司	輪班人員	1. 天災、事變或突發事件之處理期間 2. 勞雇雙方協商調整班次期間	110.5.20 勞動條 3 字第1100130346 號

適用主體	適用人員	適用期間	公告日期及文號
6. 大昌紙業股份有限公司 7. 廣源造紙股份有限公司			
下列行業： 1. 製造業 2. 批發業 3. 綜合商品零售業 4. 倉儲業	輪班人員	嚴重特殊傳染性肺炎防治及紓困振興特別條例施行期間，且經中央流行疫情指揮中心宣布提升疫情警戒標準至第三級以上之日起，至解除該疫情警戒標準之次日起三十日之期間	110.6.4 勞動條3字第1100130446號
下列公司： 1. 李長榮化學工業股份有限公司 2. 台橡股份有限公司 3. 台灣氯乙烯工業股份有限公司 4. 亞洲聚合股份有限公司 5. 台達化學工業股份有限公司 6. 華夏聚合股份有限公司 7. 台灣聚合化學品股份有限公司 8. 台灣石化合成股份有限公司	輪班人員	1. 天災、事變或突發事件之處理期間 2. 勞雇雙方協商調整班次期間	110.11.2 勞動條3字第1100131411號

延長工時加班費前兩小時計算到底是要用 1.33 還是 1.34 才正確？

解析

　　俗稱「加班」也就是所謂的延長工時，規範於勞動基準法第 24 條，其中說明延長工作時間在二小時以內者，按平日每小時工資額加給三分之一以上。再延長工作時間在二小時以內者，按平日每小時工資額加給三分之二以上。按平日每小時工資額加給三分之一以上，換算會成為 1.33333333，因為條文提及「以上」，所以，採無條件進位為 1.34，而後兩個小時以 1.67 計算以符合法規「以上」要求。然若工資時薪為可除盡之整數，而採以 1/3 或 2/3 也是可以。

　　如勞資雙方約定，延長工作時間之工資一律按平日每小時工資額加給二分之一（以 1.5 來計算），則其延長三小時以內者平均每小時之所得工資優於該法之規定，延長四小時者平均每小時所得工資與該法規定相等，也是可行，而且勞動基準法第 1 條明定雇主與勞工所訂勞動條件，不得低於本法所定之最低標準，所以只要不低於勞動基準法所訂的標準且經勞資雙方協商同意就可以。建議在工作規則與勞動契約中，要說明清楚避免誤解，同時在給員工的薪資明細中，也應該將計算公式列出。

Q5

休息日加班費該怎麼算？

解析

雇主使勞工於第 36 條所定休息日工作，工作時間在二小時以內者，其工資按平日每小時工資額另再加給一又三分之一以上；工作二小時後再繼續工作者，按平日每小時工資額另再加給一又三分之二以上。

107 年 1 月 31 日總統華總一義字第 10700009781 號令修正公布；並自 107 年 3 月 1 日施行，將原本休息日之工作時間及工資之計算，四小時以內者，以四小時計；逾四小時至八小時以內者，以八小時計；逾八小時至十二小時以內者，以十二小時計。（做一給四，做五給八，做九給十二），全部改為核實計算，也讓休息日加班費的計算跟延長工時的加班費計算相同。

舉例說明：
假設月薪 36,000 元，36,000 元 / 240 小時 = 150 元 / 時

1. 休息日前二個小時加班費算法：
（150×1 1/3×2）= 400 元

2. 休息日第三及第四個小時加班費算法：

（150×1 2/3×2）= 500 元

3. 前四個小時的加班費為 400 + 500 = 900 元

> 900 元 / 4 小時 = 225 元
> 225 元 / 150 元 =1.5 倍
> 其四個小時加班費為原平日每小時工資額的 1.5 倍

4. 休息日八個小時加班費計算：

（150×1 1/3×2）＋（150×1 2/3×6）= 1,900 元

> 1,900 元 / 8 小時 = 237.5 元
> 237.5 / 150 = 1.584 倍
> 休息日加班 8 小時加班費為原平日每小時工資額的 1.584 倍

休息日加班費計算	
休息日前兩個小時	（150×1 1/3×2）= 400 元
休息日第三及第四個小時	（150×1 2/3×2）= 500 元
前四個小時加班費　400 + 500 = 900 元	
休息日八個小時	（150×1 1/3×2）＋（150×1 2/3×6）= 1,900 元

PART1

休息日的加班費是不是比平日加班的加班費多很多？

解析

　　休息日加班費跟平日延長工時加班費相較，事實上，並沒有差很多！

　　若將休息日加班費8小時，拆成2個4小時的平日延長工時加班來比較如下。

　　雇主延長勞工工作時間者，其延長工作時間之工資依下列標準加給：

1. 延長工作時間在二小時以內者，按平日每小時工資額加給三分之一以上。
2. 延長工作時間在二小時以內者，按平日每小時工資額加給三分之二以上。

　　舉例說明，假設月薪36,000元，36,000元 / 240小時 = 150元

A.延長工時兩小時加班費：

（150 ×1 1/3 ×2）= 400 元

第三及第四個小時加班費：

（150 ×1 2/3 ×2）= 500 元

平日延長工時四個小時的加班費為 400 + 500 = 900 元

900×2 天 = 1,800 元（延長工時二天每次 4 小時）

B.休息日八個小時加班費計算：

（150×1 1/3 × 2）+（150 ×1 2/3 ×6）= 1,900 元

經上述計算比較後得知，在相同的平日每小時工資額皆為 150 元的前提下，若將休息日加班 8 小時，拆成 2 天每次 4 小時的平日延長工時加班，其休息日的加班費僅比平日延長工時加班費多 100 元。

月薪 36,000 元，換算時薪為 150 元	
延長工時兩小時加班費	（150×1 1/3×2）= 400 元
延長工時第三及第四個小時	（150×1 2/3×2）= 500 元
平常延長工時四小時加班費為 400 + 500 = 900 元	
延長工時兩天（每次四小時）900×2 = 1,800 元	
休息日八個小時加班費	（150×1 1/3×2）+（150×1 2/3×6）= 1,900 元
結論：休息日加班費比平日延長工時加班費多 100 元	

修法後休息日採「核實計算」，請問員工休息日來工作一個小時後請病假，則該日要如何計薪？

解析

　　問這個問題的時候，應該大部分的人都會不加思索的回答：給一個小時休息日延長工時工資，其實並非如此，因為該休息日若勞資雙方約定要出勤，則出勤一個小時後，即請病假離開，則後續未工作的約定時數，則須依該假別及時數給薪，為此勞動部於民國107年3月14日發布勞動條2字第1070130381號：

一、依勞動基準法（以下簡稱本法）第36條第1項規定：「勞工每7日中應有2日之休息，其中1日為例假，1日為休息日。」該休息日以休息為原則。雇主使勞工於休息日出勤工作，應徵得勞工同意，併依本法第24條第2項規定計給工資。另依本法第39條規定，第36條所定之休息日，工資應由雇主照給，爰無論勞工休息日當日出勤狀況為何，均不影響該日應照給之工資。

二、勞工於休息日出勤工作，當日應出勤多久，係屬勞雇雙方約定及事業單位內部管理事宜，勞工如同意出勤工作後，即有於該日出勤工作之義務，如因個人因素未能於該日提供勞務者，應告知雇主。至於勞工自始未到工或到工後未能依約定

時數工作之時段，除經勞僱雙方協商解除休息日之出勤義務者外，勞工可按其原因事實依勞工請假規則等各該法令規定請假。

三、為免勞資間產生爭議，勞工同意於休息日出勤工作，如因勞工個人因素未能提供勞務時之處理方式（包括告知程序、是否需請假等），宜於團體協約、勞動契約或工作規則中規（約）定，以供勞資雙方有所遵循。

四、至僱主經徵得勞工同意於休息日工作，因個人因素自始未到工或到工後未能依約定時數提供勞務者，除天災、事變或突發事件外，依本法第 36 條第 3 項計入第 32 條第 2 項所定延長工作時間總數，以勞工實際工作時數計入。另該日之工資計給方式，除應依本法第 39 條工資照給外，當日出勤已到工時段之工資，應依勞動基準法第 24 條第 2 項規定計算，請假時段再按休息日加成後之工資之標準，依勞工請假規則等各該法令辦理。

五、舉例而言：月薪新臺幣（以下同）36,000 元之勞工，其平日工資額為 1,200 元、平日每小時工資額為 150 元，僱主經徵得該名勞工同意於休息日出勤工作，並已約定該日出勤工作八小時，惟勞工於工作一小時後，因身體不適請病假七小時，除當日工資（1,200 元）照給外，該日出勤之延長工作時間及工資計算如下：因勞工僅實際工作一小時，得以一小時計入延長工作時間總數；工資計算如下：

（150×1 1/3×1）＝ 200 元

〔（150×1 1/3×1）＋（150×1 2/3×6）〕×1/2

＝（200 ＋ 1500）／2 ＝ 850 元。

合計為 1,050 元。

休息日工作一小時請七小時病假，除當日工資外，雇主須再支付 1,050 元。

所以若勞工於休息日工作一小時後，雇主若不想支付額外的七小時工資，或避免被罰，應請該勞工請事假七小時或重新議定該休息日應出勤時數。

PART1

聽說可以將勞工休息日的加班費內含於薪資中？這是什麼意思？

解析

勞動基準法第 21 條第 1 項規定工資由勞雇雙方議定之，第 22 條第 2 項規定勞工之工資應全額直接給付勞工，是以，勞動契約係約定勞雇關係之契約，其中又以工資為勞動契約之重要內容，故除法令另有規定或經勞資雙方協議外，自不得容許雇主擅自變更。也就是工資的議定、調整、計算、結算與給付之日期及方法，要經過勞工同意，並不是雇主自己單方面就可以決定。

而所謂將勞工休息日的加班費內含於薪資中，說穿了就是減薪。減薪必須要經過勞工同意，並不是雇主單方面說了算，亦或雇主開一場薪資結構調整說明會，勞工縱然有到場開會，並不代表其同意減薪，這是要特別注意的事項。

原本月薪是 30,000 元，公司說要直接內含休息日加班費。

所以若是月薪 30,000 元，含有每月 4 天的休息日加班費是否違法？

我們以 2024 年實施的基本工資調漲 4.05%，月薪從 26,400 元增至 27,470 元來計算，若月薪中要含 4 天的休息日出勤加班費，至少每月要發給

27,470/30 = 915.6 = 916 元（每日工資）
916 × 4 × 1.584 (註) = 5,803.7 = 5,804 元（四天的休息日加班費）
5,804 + 27,470 = 33,274 元（最少要發給的工資）

所以月薪 30,000 元，含有每月 4 天的休息日加班費是違法的！

又勞基法第 21 條第 1、2 項明定：「工資由勞雇雙方議定之，但不得低於基本工資。前項基本工資，由中央主管機關擬定後報請行政院核定之。」而勞雇雙方於勞動契約成立之時，係基於平等之地位，勞工得依雇主所提出之勞動條件決定是否成立契約，則為顧及勞雇雙方整體利益及契約自由原則，如勞工自始對於勞動條件表示同意而受僱，勞雇雙方於勞動契約成立時，即約定例假、國定假日及延長工時之工資給付方式，且所約定工資又未低於基本工資加計假日、延長工時工資之總額時，即不應認為違反勞基法之規定，勞雇雙方自應受其拘束，勞方事後不得任意翻異，更行請求例、休假日之加班工資。（臺灣高等法院高雄分院 104 年度勞上字第 23 號判決、臺灣高等法院 107 年度勞上易字第 117 號判決、臺灣高等法院 107 年度勞上易字第 134 號判決、最高法院 108 年度台上字第 1540 號判決，都持相同見解）。

雖然工資中可以約定內含加班費，但這也只限於一開始受僱時的約定，若勞動契約成立後，才將休息日的加班費內含於薪資中，就是減薪，薪水減了，員工的士氣也減了。

企業可別為了省成本，也把企業的未來也省掉了。

相關判決

1. 臺灣新北地方法院 102 年度簡字第 26 號行政判決
2. 臺灣高等法院 104 年度勞上易字第 122 號民事判決

（註）

1.584的計算方式（休息日加班費速算，見Q5的計算）。

PART1

請問加班費是否要併入投保薪資計算？為什麼員
工全部會同意公司的提議，全部採補休？

解析

不論是特別休假、不休假加班費及休息日工作，或每月延長工時之加班費皆屬工資，都是要計入當月之薪資總額申報勞工保險投保薪資。

在勞工保險局官網《FAQ 承保業務》第 36 題第 2 點：「因工作而獲得的報酬，均應列入月薪資總額申報勞保投保薪資，加班費是勞工因工作而獲得之報酬，不論應稅或免稅加班費，均應列入月薪資總額申報投保薪資。」

而加班費要納入健保投保薪資嗎？不用，此有行政院衛生署民國 84 年 6 月 27 日衛署健保字第 84031134 號函釋：全民健康保險法第 22 條第 1 項第 1 款所指受雇勞工之薪資所得，擬參照勞動基準法第 2 條第 3 款有關工資之規定為其認定標準，並得將加班費予以扣除，但扣除後所申報之投保金額，仍不得低於勞工保險投保薪資乙案，同意照辦。

目前勞工保險的投保薪資最高為第 17 級 45,800 元，全民健康保險投保金額最高為第 49 級 182,000 元，所以可以得知，含特別休假不休假加班費及休息日工作或每月延長工時之加班費，不論勞保要納入投保薪資，健保不用納入投保薪資，只要投保薪資在 45,800 元以內，勞健保二者皆相同。

而為什麼員工會同意公司的提議，全部採補休？

補休必須依勞工意願選擇補休，並經雇主同意，雇主不可以片面要求勞工只能補休，或是在還沒加班之前，一次性的向後拋棄加班費的請求權。

員工會全部同意補休，我想應該是有其他目的，而雇主也應該有提出其他方式來補償員工。

雇主的目的可能是為了節省勞、健保保費，而將每個月應納入申報投保薪資的加班費，往後遞延至補休期限，而於該期限當月，依延長工作時間或休息日工作當日之工資計算標準發給工資，此時只有當月會出現加班費，也只有當月其投保薪資會提高，次月就可再回復，此有行政院勞工委員會民國 88 年 5 月 26 日（88）台勞保 2 字第 021753 號函釋：「……故投保單位於發給之不休假加班費及延長工時加班費當月致被保險人之月薪總額有所變動時，即應計入當月之薪資總額申報勞保投保薪資，次月如已無此薪資項目，則不予併入計算。」

　　而雇主在提供員工其他財務上的運用支持，就可以讓全公司員工同意加班換補休，勞資雙方都減少勞、健保保費負擔，我想這也是勞資雙方合作的現象。不過要注意的是，勞保投保薪資會影響勞工請領勞保給付上的金額，以及職災發生時的抵充金額，不可不慎。

加班費應列入月薪資總額申報投保薪資
勞工保險局 https://www.bli.gov.tw/sub.aspx?a=gzdMfAfNT2I%3d
最後瀏覽日：2018/03/31

PART1

Q10

「加班費」是勞檢中最容易被開罰的項目，其中又以「全勤獎金」、「績效獎金」未納入加班費計算被開罰最為常見，但是「全勤獎金」跟「績效獎金」也不是每個月都有，其金額也不固定，為什麼要納入加班費計算？

解析

「全勤獎金」與「績效獎金」正因為每個月不固定，所以雇主大多不會計入平日每小時工資額計算，也就是所謂的每小時加班費，而大多將加班費採底薪（本俸）再加計職務加給來計算，所以很容易造成勞檢時，加班費少給而觸法。

參酌勞動基準法第 23 條第 1 項「工資各項目計算方式明細」之參考例上的名詞，不論是本薪、伙食津貼、全勤獎金、績效獎金、職務加給等都是要列入加班費的計算基礎，勞動部應該在參考表單上註明清楚，才不會造成誤解。

所以，理論上企業要避免加班費少給，就要將「全勤獎金」與「績效獎金」納入加班費的計算基礎，但實務上又很麻煩，會造成有可能每個月的加班費基礎不同，也會讓員工會有選擇性的配合加班。

舉例來說：

月薪 24,000 元、全勤獎金 2,400 元、績效獎金 3,600 元，加班費基礎為 125 元。

然因請假 2 天，致全勤全扣除，績效獎金只剩 1,200 元，加班費基礎為 105 元。

每小時相差 20 元的基礎，若於休息日加班就相差 $20 \times 8 \times 1.584$ = 254 元。

當然，也有法院認為，既然「全勤獎金」係公司視員工出缺勤狀況所發放之獎金，並非每月固定發放之經常性給與；「績效獎金」係公司視員工績效表現所發放之恩惠性、勉勵性質之給與，如春節及端午節禮金，依勞動基準法第 2 條第 3 款、第 4 款及施行細則第 10 條第 2 款規定，亦非經常性給與，均不應列入平均工資計算，員工此部分應列入工資之主張，要非可取，但這部分是屬於少數的法院見解，其中，還要看公司制定的發放依據，至少可以確定的是，只要是有勞務對價關係就屬工資，就應列入加班費計算基礎。

所以，公司該如何制訂合法有效且激勵員工的加班費計算就很重要。

相關函釋判決

◎行政院勞工委員會民國 87 年 9 月 14 日（87）台勞動 2 字第
　040204 號函

勞動基準法第 2 條第 3 款工資定義，謂勞工因工作而獲得之報酬，故全勤獎金若係以勞工出勤狀況而發給，具有因工作而獲得之報酬之性質，則屬工資範疇。至平均工資之計算，同條第 4 款定有

明文。

◎行政院勞工委員會民國 98 年 9 月 14 日勞動 2 字第 0980083610
　號函

　　天然災害發生時（後），有該條各款所定情形之一者，勞工因而
延遲到工或未能出勤時，雇主不得視為曠工、遲到或強迫勞工以事
假或其他假別處理，且不得強迫勞工補行工作、扣發全勤獎金、解
僱或為其他不利之處分。

　　若扣發勞工全勤獎金，致工資未全額直接給付勞工，可認雇主違
反勞動基準法第 22 條；勞工未能出勤時，雇主如以事假處理，即
未符勞工請假規則規定，可認違反該法第 43 條規定；雇主如強迫
勞工以其他假別處理，例如：強迫勞工排定特別休假，可認違反該
法第 38 條規定。

◎行政院勞工委員會民國 87 年 8 月 20 日（87）台勞動 2 字第
　035198 號函

　　績效獎金如係以勞工工作達成預定目標而發放，具有因工作而獲
得之報酬之性質，依勞動基準法第 2 條第 3 款暨施行細則第 10 條
規定，應屬工資範疇，於計算退休金時，自應列入平均工資計算。

◎行政院勞工委員會民國 77 年 6 月 2 日（77）台勞動 2 字第
　10305 號函

　　績效獎金係以勞工達成預定目標而發放，具有因工作而獲得之報
酬性質，依勞動基準法第 2 條第 3 款暨施行細則第 10 條規定，應
屬工資範疇。

◎臺灣高等法院臺南分院 105 年度勞上易字第 17 號民事判決

再按勞動基準法第 2 條第 3 款所謂「因工作而獲得之報酬」者，係指符合「勞務對價性」而言，所謂「經常性之給與」者，係指在一般情形下經常可以領得之給付。判斷某項給付是否具「勞務對價性」及「給與經常性」，應依一般社會之通常觀念為之，其給付名稱為何？尚非所問；是以雇主依勞動契約、工作規則或團體協約之約定，對勞工提供之勞務反覆應為之給與，乃雇主在訂立勞動契約或制定工作規則或簽立團體協約前已經評量之勞動成本，無論其名義為何？如在制度上通常屬勞工提供勞務，並在時間上可經常性取得之對價（報酬），即具工資之性質而應納入平均工資之計算基礎（最高法院 100 年度台上字第 801 號民事裁判要旨參照）。

國定假日剛好遇到休假日需補假嗎？

解析

國定假日剛好遇到休假日需補假！

原本依照勞動基準法施行細則第 23 條所訂應放假之紀念日、勞動節日與中央主管機關規定應放假之日共計有 19 天，後因勞基法第 37 條修法及勞基法施行細則第 23 條於 106 年 6 月 16 日刪除。依新修正之勞動基準法第 37 條規定，自 106 年 1 月 1 日起，勞工之國定假日回歸內政部所定應放假之紀念日及節日（含 5 月 1 日勞動節）總共 12 日，計有：

一、中華民國開國紀念日（元月 1 日）。

二、農曆除夕。

三、春節（農曆正月初一至初三）。

四、和平紀念日（2 月 28 日）。

五、兒童節合併假日（民族掃墓節前一日）。

六、民族掃墓節（農曆清明節為準）。

七、5 月 1 日勞動節。

八、端午節（農曆 5 月 5 日）。

九、中秋節（農曆 8 月 15 日）。

十、國慶日（10 月 10 日）。

此外新增訂的勞基法施行細則第 23 條之 1 明定：「本法第三十七條所定休假遇本法第三十六條所定例假及休息日者，應予補假。但不包括本法第三十七條指定應放假之日。前項補假期日，由勞雇雙方協商排定之。」

依照勞動部於民國 103 年 5 月 21 日勞動條 3 字第 1030130894 號函：勞動基準法規定應放假之日，如適逢勞動基準法規定之例假或其他無須出勤之休息日，應於其他工作日補休，並自 104 年 1 月 1 日生效。所以，106 年 1 月 1 日起，國定假日凡遇到勞動基準法第 36 條所定例假及休息日者，仍應依前開令釋給予勞工補休。

所以只要是遇到勞基法第 37 條規定應放假之紀念日、節日、勞動節及其他中央主管機關指定應放假之日，均應休假。而該法所定休假日若遇到例假、休息日均須補假一日。

國定假日遇休息日及例假都要補休一日，若該國定假日剛好是休息日，而該國定假日的補休日，其加班費是以休息日計算？還是以國定假日計算？

解析

先來想想，爲什麼國定假日遇休息日及例假都要補休一日？係因爲休息日或例假其當日即爲勞工免出勤之「有薪日」，而國定假日也是免出勤之有薪日，二者重疊交錯，就必須給勞工補假一日，才不會造成勞工的權益受損；再者，也可避免雇主將勞工的休息日或休假日，排在國定假日同一天，用以減少勞工休假天數。所以，國定假日遇到休息日或例假，應於其他工作日補休，此爲勞動部 103 年 5 月 21 日勞動條 3 字第 1030130894 號函釋。

而該補休日若經勞資雙方同意來加班其加班費該如何計算？

勞動基準法第 39 條明定：「第三十六條所定之例假、休息日、第三十七條所定之休假及第三十八條所定之特別休假，工資應由雇主照給。雇主經徵得勞工同意於休假日工作者，工資應加倍發給。因季節性關係有趕工必要，經勞工或工會同意照常工作者，亦同。」所以，若於補休日要求員工來上班，若沒有勞動基準法第

40 條的情形，則應以其工資加倍發給即可，不須再給補休。若有勞動基準法第 40 條的情形，除工資應加倍發給，並應於事後補假休息。且應於事後24小時內，詳述理由，報請當地主管機關核備。

相關函釋判決

1. 臺北高等行政法院 107 年度簡上字第 7 號判決
2. 臺北高等行政法院 105 年度簡上字第 155 號判決

◎內政部 75 年 9 月 16 日（75）台內勞字第 434652 號

1. 雇主依勞動基準法第 39 條規定，經徵得勞工同意於休假日工作者，工作時間應依同法第 30 條、第 32 條規定辦理，工資應依本部 73.10.18 台內勞字第 256453 號函釋辦理。即除當日工資照給外，於正常工作時間以內工作者再加發一日工資所得，延長工作時間者，延時工資依同法第 24 條規定辦理。
2. 因天災、事變或突發事件，雇主依勞動基準法第 40 條規定停止勞工例假、休假及特別休假時，停止假期之工作時間，包括延時工作工資皆應加倍發給，並於事後補假休息。

◎行政院勞工委員會 77 年 3 月 1 日台 77 勞動 2 字第 03458 號

關於勞工於國定假日適逢例假或翌日補假日照常工作，未達八小時及超過八小時工資如何加給疑義，依內政部 75.9.16 台內勞字第 434652 號函釋，即除當日工資照給外，於正常工作時間以內工作者再加發一日工資所得，延長工作時間者，延時工資依同法第 24 條規定辦理。

◎行政院勞工委員會 83 年 2 月 21 日台 83 勞動 1 字第 102498 號

勞動基準法第 39 條及第 40 條規定，勞工於假日工作時，工資應

加倍發給。所稱「加倍發給」，係指當日工資照給外，再加發一日工資。此乃因勞工於假日工作，即使未滿八小時，亦已無法充分運用假日之故，與同法第 32 條延長每日工資應依第 24 條按平日每小時工資額加或加倍發給工資之規定不同。

◎行政院勞工委員會 87 年 9 月 14 日（87）台勞動 2 字第 039675號

　　勞動基準法第 39 條規定勞工於休假日工作，工資應加倍發給。所稱「加倍發給」，係指假日當日工資照給外，再加發一日工資，此乃因勞工於假日工作，即使未滿八小時，亦已無法充分運用假日之故，與同法第 32 條延長每日工時應依第 24 條按平日每小時工資額加成或加倍發給工資，係於正常工作時間後再繼續工作，其精神、體力之負荷有所不同。至於勞工應否延長工時或於休假日工作及該假日須工作多久，均由雇主決定，應屬於事業單位內部管理事宜，尚難謂有不合理之處。故勞工假日出勤工作於八小時內，應依前開規定辦理；超過八小時部分，應依同法第 24 條規定辦理。

◎78 年 2 月 25 日司法院第十四期司法業務研究會期

　　勞動基準法第 24 條第 3 款、第 39 條、第 40 條、第 41 條、第 49 條第 4 項，規定之「加倍」意義如何？

　　「二倍說」：所謂「加倍」依通常理解為「加一倍」之意思，除本法第 39 條規定之給付外，應「加倍」發給者得應「加一倍」發給，累計應為二倍。

 公司說論件計酬勞工沒有假日工資，也就是說不適用一例一休？

解析

只要是適用勞動基準法的事業或工作者，就有本法適用。

所謂「工資」就是勞工因工作而獲得之報酬；包括工資、薪金及按計時、計日、計月、計件以現金或實物等方式給付之獎金、津貼及其他任何名義之經常性給與均屬之。所以論件計酬只是工資給付方式的不同。

勞動基準法第 36 條規定：「勞工每七日中應有二日之休息，其中一日爲例假，一日爲休息日。」；同法第 37 條所定應放假之紀念日、節日、勞動節及其他中央主管機關指定應放假之日，均應休假；皆未將論件計酬勞工排除在適用範圍之外。所以，凡適用該法之各事業單位受僱勞工，不論是否屬於計件或計日工人，均應享有上開法定權利。

又第 36 條所定之例假、休息日，第 37 條所定之休假，工資應由雇主照給，爲該法第 39 條所明定，所以，事業單位應依法發給其

所僱計件工例假、休息日及休假日之工資。也就是說，論件計酬勞工也有假日工資，也完全適用一例一休的制度。

依勞動基準法施行細則第 12 條規定，採計件工資之勞工所得基本工資，以每日工作 8 小時之生產額或工作量換算之。準此，則按件計酬之勞工，如每日工作時間不少於 8 小時者，其每月工資即不得低於基本工資，最高行政法院 83 年度判字第 801 號判決可資參照。

司法院第七期司法業務研究會於民國 74 年 10 月 19 日：是按件計酬之工人於領取按件計算之工資外，仍得再請求工廠（雇主）給付例假日、國定假日、及其他休息日之工資（以每日工作 8 小時之生產額或工作量換算之，參照勞動基準法施行細則第 12 條）。

相關判決

1. 臺灣高等法院 104 年度上易字第 852 號民事判決
2. 臺北高等行政法院 106 年度簡上字第 71 號判決

PART1

勞工請事假若已超過 14 天，則例假、休息日及國
定假日是否仍須給薪？

解析

　　勞工因事故必須親自處理者，得請事假，一年內合計不得超過
十四日～事假期間不給工資。而其中所謂事假期間不給工資，是否
包含該連續事假間的國定假日或例假呢？

　　勞工事假期間，如遇例假、紀念日、勞動節日及其他由中央主管
機關規定應放假之日，應不計入請假期內，簡單講，請假是指約定
工作日具有法定事由無法出勤，而向雇主表達無法出勤的意思。前
經內政部 74 年 4 月 27 日 74 台內勞字第 302665 號函釋在案；其不
計入請假期內者，工資自應依勞動基準法第 39 條規定，由雇主照
給。

　　至於連續請事假完畢後適逢公司例假，雇主仍應依勞動基準法
第 36 條規定給予例假，當日工資依同法第 39 條規定，由雇主照
給，此為勞動部前身行政院勞工委員會 82.4.19（82）台勞動 2 字第
19211 號函釋內容。而若事假超過 14 天且無特別休假可申請時，
公司是否願意繼續給假，並沒有規定，由勞資雙方協商。

　　而若雇主同意連續請事假超過 14 日不滿 1 個月期間如遇例假、國定假日應如何處理？行政院勞工委員會 81 年 11 月 9 日（81）台勞動 2 字第 39281 號，本案事業單位優於法令規定所給予之事假期間，如遇例假、紀念日、勞動節日及其他由中央主管機關規定應放假之日，是否計入請假期間，法無明定。

　　但勞工可否因為事假已滿 14 天，而改採請病假（請假須給半薪），這又是另一個問題，所以要如何建立良好的勞工請假管理制度很重要。

　　最高法院民事判決 97 年度台上字第 13 號：

　　「按勞工因婚、喪、疾病或其他正當事由得請假。勞工無正當理由繼續曠工三日，或一個月內曠工達六日者，雇主得不經預告終止契約。勞工因有事故，必須親自處理者，得請事假。勞工請假時，應於事前親自以口頭或書面敘明請假事由及日數。但遇有疾病或緊急事故，得委託他人代辦請假手續。勞動基準法第 43 條前段、第 12 條第 1 項第 6 款，勞工請假規則第 7 條、第 10 條分別定有明文。準此，勞工於有事故，必須親自處理之正當理由時，固得請假，然法律既同時課以勞工應依法定程序辦理請假手續之義務。則勞工倘未依該程序辦理請假手續，縱有請假之正當理由，仍應認構成曠職，得由雇主依法終止雙方間之勞動契約，始能兼顧勞、資雙方之權益。」

（現在還在請事假剛好遇到端午節，今天算不算薪水啊？）

PART1

勞工申請普通傷病假三個月，其星期例假與休息日是否仍須給薪？

解析

按勞工請假規則第 4 條：「勞工因普通傷害、疾病或生理原因必須治療或休養者，得在左列規定範圍內請普通傷病假：

一、未住院者，一年內合計不得超過三十日。

二、住院者，二年內合計不得超過一年。

三、未住院傷病假與住院傷病假二年內合計不得超過一年。

經醫師診斷，罹患癌症（含原位癌）採門診方式治療或懷孕期間需安胎休養者，其治療或休養期間，併入住院傷病假計算。

普通傷病假一年內未超過三十日部分，工資折半發給，其領有勞工保險普通傷病給付未達工資半數者，由雇主補足之。」

換句話說，只要是普通傷病假，不論請假多久，公司最多須給付的工資只有三十日的一半，然這三十日中若有遇到例假及紀念日、勞動節日及其他由中央主管機關規定應放假之日，應不計入請假期內。所以，勞工請假三十日，這三十日指的是工作日，勞工請假期間遇到例假與休息日，該例假與休息日，公司仍須給付當日工資給員工，連續請假超過三十日後的例假與休息日就可以不給薪。

　　勞工委員會 99 年 8 月 17 日勞動 2 字第 0990131309 號函：查內政部 74 年 5 月 13 日（74）台內勞字第 315045 號函：「一、勞工事假、婚假、喪假期間，如遇例假、紀念日、勞動節日及其他由中央主管機關規定應放假之日，應不計入請假期內。二、勞工事假、普通傷病假、婚假、喪假期間，除延長假期在一個月以上者，如遇例假、紀念日、勞動節日及其他由中央主管機關規定應放假之日，應不計入請假期內。」次查該部 74 年 11 月 9 日（74）台內勞字第 361967 號函：「本部 74.5.13（74）台內勞字第 315405 號函所稱『延長假期在一個月以上者』，係指勞工依勞工請假規則第 4 條規定請普通傷病假超過『30 日』以上之期間。如該期間遇例假日、紀念日、勞動節日等均可併計於請假期內。」故該函所稱「30 日」係以工作天計算。

相關函釋判決

◎臺灣高等法院 99 年度勞上易字第 136 號民事判決

　　按勞工因婚、喪、疾病或其他正當事由得請假，勞動基準法第 43 條前段定有明文；又勞工因普通傷害、疾病或生理原因必須治療或休養，未住院者，1 年內合計不得超過 30 日；住院者，2 年內合計不得超過 1 年；未住院傷病假與住院傷病假 2 年內合計不得超過 1 年；又勞工請假時，應於事前親自以口頭或書面敘明請假理由及日數。但遇有急病或緊急事故，得委託他人代辦請假手續，勞工請假規則第 4 條第 1 項、第 10 條亦分別定有明文。是勞工凡具有請假之法定正當事由，並已辦理請假手續，且未逾上開法定期限，雇主應無拒絕之權利，方符勞基法保障勞工權益之立法意旨。

◎行政院勞工委員會 82.8.3（82）台勞動 2 字第 41739 號

　　查勞工請假規則第 4 條第 1 項第 1 款及第 2 項所稱「全年」係指

勞雇雙方所約定之年度而言。故勞工請未住院傷病假期間如跨越年度，則新年度仍可請未住院傷病假三十日。且每年之未住院傷病假未超過三十日之期間，如遇例假、紀念日、勞動節日及其他由中央主管機關規定應放假之日，應不計入請假期內。惟雇主如給予勞工較法令規定爲優之未住院傷病假期間，遇有上述假日是否計入請假期內，法無明定。另每年普通傷病假未超過三十日部分，工資折半發給。

◎行政院勞工委員會 81.12.22（81）台勞動 2 字第 48994 號

勞工依勞工請假規則第 4 條第 1 項第 2 款及第 3 款規定得請之普通傷病假並不以同一傷病爲限，其假期可跨越年度併計爲一年。前經本會 81 年 11 月 19 日台 81 勞動 2 字第 38833 號函釋在案。所稱「可跨越年度併計爲一年」係指可連同上一年度併計爲一年。

◎內政部 74.11.9（74）台內勞字第 361967 號

本部 74.5.13（74）台內勞字第 315045 號函所稱「延長假期一個月以上者」，係指勞工依勞工請假規則第 4 條規定請普通傷病假超過三十日以上之期間。如該期間遇例假日、紀念日、勞動節日等均可併計於請假期內。

員工經公司要求並同意於國定假日來上班，然其於工作一小時後即因家裡有急事而請假，請問公司該如何給薪？是給一個小時？還是照規定工資需加倍發給？

解析

員工經公司要求並同意於國定假日來上班，然其於工作一小時後即因家裡有急事請假，這種狀況屬於不可歸責於雇主之事由，與原本若因勞工於假日工作，縱然工作未滿八小時，因已無法充分運用假日，除假日當日工資照給外，再加發一日工資，有所不同。

為此，行政院勞工委員會於 82 年 7 月 5 日以（82）台勞動 2 字第 35840 號函釋說明：查「雇主使勞工於假日出勤工作，不論時數多寡，均使勞工無法充分運用假日，故勞工於假日出勤未達八小時者，除當日工資照給外，再加發一日工資。」前經本會 82 年 6 月 4 日台 82 勞動 2 字第 32439 號函復在案。至於勞工原已同意於假日出勤，嗣後請事、病假致未全日出勤時，除當日工資仍應照給外，當日請假時間之工資如何發給，依勞工請假規則中事、病假給薪規定辦理。

因此，員工當日因事假原因只做一個小時即請假離開，則依勞

工請假規則第 7 條規定：「勞工因有事故必須親自處理者，得請事假，一年內合計不得超過十四日。事假期間不給工資。」所以，除原本休假當日工資照給外，公司只須再給一個小時的休假日加班工資即可。

行政院勞工委員會 83 年 2 月 21 日台 83 勞動 1 字第 102498 號：「勞動基準法第三十九條及第四十條規定，勞工於假日工作時，工資應加倍發給。所稱『加倍發給』，係指當日工資照給外，再加發一日工資。此乃因勞工於假日工作，即使未滿八小時，亦已無法充分運用假日之故，與同法第三十二條延長每日工資應依第二十四按平日每小時工資額加或加倍發給工資之規定不同。」

然若勞工若改以病假處理，且取得相關醫療證明呢？同理，除原本休假日工資照給外，剩餘的七小時，依勞工請假規則第 4 條規定：「普通傷病假一年內未超過三十日部分，工資折半發給，其領有勞工保險普通傷病給付未達工資半數者，由雇主補足之。」

國定假日上班後又請病假，薪水怎麼算？

員工休息日出勤工作，公司可否強制補休而不發加班費呢？補休對公司有何好處？

解析

此次勞基法修法特增設第 32 條之 1：

「雇主依第三十二條第一項及第二項規定使勞工延長工作時間，或使勞工於第三十六條所定休息日工作後，依勞工意願選擇補休並經雇主同意者，應依勞工工作之時數計算補休時數。

前項之補休，其補休期限由勞雇雙方協商；補休期限屆期或契約終止未補休之時數，應依延長工作時間或休息日工作當日之工資計算標準發給工資；未發給工資者，依違反第二十四條規定論處。」

勞動基準法施行細則第 22 條之 2 第 1 項規定略以：「本法第三十二條之一所定補休，應依勞工延長工作時間或休息日工作事實發生時間先後順序補休。補休之期限逾依第二十四條第二項所約定年度之末日者，以該日為期限之末日。」

所以，勞雇雙方如係約定依以勞工受僱當日起算，每一週年之期間（即通稱之「週年制」），行使特別休假權利者，其最終補休期限，應為每一週年之末日。

為避免雇主要求員工加班而不給付加班費，有幾項須特別注意事項：

1. 不可以先補休後加班。
2. 不可以單方要求員工補休。
3. 先加班先補休。
4. 明訂補休期限。
5. 未補休工資給付計算。
6. 加班時數、平日每小時工資額、補休時數、補休日期詳實紀錄。
7. 補休需由勞工提出申請，經雇主同意才可以實施。

補休對公司有何好處？採用補休的原因，除了是勞工個人因素而需要更多的假期外，相信大部分的勞工不會選擇損害自己的方式，畢竟選擇領取加班費對勞工還是比較有利。

當然，也有些中小企業因為淡旺季非常明顯，又不想把勞工的勞動契約改成約聘或定期契約，此時跟勞工協商，讓勞工「旺季加班，淡季補休」，也不失為聯繫勞資關係的一種方式。

倘若企業要採補休方式，最好是在工作規則中寫明並經核備，且勞動契約書也應該載明清楚；另外，換休時間、工時、工資都要齊備相關紀錄，並做好勞資協商，只要是員工同意～當然可以放棄支領加班費換補休，補休標準由勞資雙方決定，最少應採工作時數計算補休時數。重點是要勞工同意，不能公司單方面強制要求，這必然將成為將來勞檢的重點。

　　再者，勞工可否選擇休息日加班 8 小時，其中 6 小時支領加班費，補休 2 小時？這部分法律並無禁止或特別規定，只要勞資雙方協商同意，並符合法令規定即可。

加班費換休舉例說明：

假設月薪 36,000 元，換算時薪為 150 元		
名詞	休息日	延長工時
時數	1.34 × 2 1.67 × 2 1.67 × 4 工時 8 小時	1.34 × 2 1.67 × 2 工時 4 小時
加班費	150 × 1.34 = 201 150 × 1.67 = 251 201 × 2 + 251 × 6 = 402 + 1,506 = 1,908 元	150 × 1.34 = 201 150 × 1.67 = 251 201 × 2 + 251 × 2 = 402 + 502 = 904 元
換休	150 × 8 = 1,200 元 用 1,908 元換 1,200 元 因為是換工時 8 小時加班費 **換** 8 小時正常班休息	150 × 4 = 600 元 用 904 元換 600 元 因為是換工時 4 小時加班費 **換** 4 小時正常班休息

感覺給勞工補休，非常繁瑣複雜，一不小心可能就被勞檢開罰，雇主可否不同意勞工補休而直接給付加班費就好？

解析

雇主當然可以不同意勞工補休而直接給付加班費。

新增修勞動基準法第 32 條之 1 明訂，補休是依勞工意願選擇補休並經雇主同意者，所以前提是勞工提出選擇補休或支領加班費，但不論勞工如何選擇都要雇主同意。再者，訂有補休期限屆期或契約終止未補休之時數，應給加班費，就是為避免雇主強制或脅迫勞工選擇補休，而不給予加班費的保障勞工條款。

補休期限屆期或契約終止未補休之時數，未發給加班費會被依違反勞動基準法第 24 條規定論處，會被處新臺幣 2 萬元以上 100 萬元以下罰鍰。

勞工同意於休假日上班，請問該日工資如何計算？
其工作時數是否應計入每月 46 小時延長工時內？

解析

勞工同意於休假日上班其工資該怎麼計算？勞動基準法第 39 條規定：「勞工於休假日工作，工資應加倍發給。」

所稱「加倍發給」，係指假日當日工資照給外，再加發一日工資，此乃因勞工於假日工作，即使未滿八小時，亦已無法充分運用假日之故，與同法第 32 條延長每日工時應依第 24 條——按平日每小時工資額加成或加倍發給工資，係於正常工作時間後再繼續工作，其精神、體力之負荷有所不同。至於勞工應否延長工時或於休假日工作及該假日須工作多久，均由雇主決定，應屬於事業單位內部管理事宜，尚難謂有不合理之處。故勞工假日出勤工作於八小時內，應依前開規定辦理；超過八小時部分，應依同法第 24 條規定辦理，此為行政院勞工委員會 87.9.14（87）台勞動 2 字第 039675 號函釋。

所稱「休假日」，僅指該法第 37 條所定之休假及第 38 條所定之特別休假而言。若依同法第 39 規定，經徵得勞工同意於休假日（第

37 條之休假及第 38 條之特別休假）工作者，該日工作於正常工作時間以內者，其工作之時數不得計入同法第 32 條第 1、2 項所稱之每月延長工作總時數內，若該日工作超過正常工作時間者，則該超過正常工時之時數，仍應受同法第 32 條所定每日延長工時時數之限制，並應計入該條所定每月延長工時時數之內。

所以簡單說，只要是休假日經勞資雙方同意來上班，其上班時間於原本正常工時內（8 小時），不計入每月 46 小時（一個月不得超過 54 小時，每三個月不得超過 138 小時）延長工時內，超過部分就要計入。是故，休假日的工作時間（8 小時內）是不計入每月 46 小時（一個月不得超過 54 小時，每三個月不得超過 138 小時）延長工時的時數計算。

備註：但若有勞基法第 32 條情形……延長之工作時間，一個月不得超過 46 小時，但雇主經工會同意，如事業單位無工會者，經勞資會議同意後，延長之工作時間，一個月不得超過 54 小時，每三個月不得超過 138 小時。也就是延長工時採每三個月，以每連續三個月為一週期，依曆計算，以勞雇雙方約定之起迄日期認定之。則延長工時為 54 小時內都不列入計算。

以公司成本的角度而言，公司跟員工間的計薪方式究竟是採月薪制好？還是日薪制好？

解析

目前公司計薪較常見的方式依序為月薪、日薪，最後是時薪。

而究竟是月薪制好？還是日薪制優？眾說紛紜，然從勞動基準法第 2 條第 3 款工資來看，不論係採月薪制還是日薪制，只是薪資計算方式之不同，並不會影響勞工於勞動基準法上的權益，這點可以從行政院勞工委員會民國 76 年 11 月 19 日（76）台勞動字第 6664 號函釋中看出：勞動基準法第 36 條規定「勞工每七日中至少應有一日之休息，作爲例假」。第 37 條規定「紀念日、勞動節日及其他由中央主管機關規定應放假之日，均應休假」。故凡適用該法之各事業單位受僱勞工，不論是否屬於計件或計日工人，均應享有上開法定權利。又第 36 條所定之例假，第 37 條所定之休假，工資應由雇主照給爲該法第 39 條所明定，故事業單位應依法發給其所僱用計件工例假及休假日之工資。

而現今上述函釋並未廢除，只有勞動基準法第 36 條中修法爲勞工每七日中應有二日之休息，其中一日爲例假，一日爲休息日。

公司跟員工間的計薪方式是採月薪制好？還是日薪制優？且以下例試算比較說明：

1. 計算基礎：月薪制採基本工資 26,400 元，日薪制則採時薪（176 元）基本工資 × 8 小時計。

2. 每週須有一日為例假，一日為休息日，一年有 52 週，52 × 2 = 104 天（例假及休息日）；另外有國定假日 12 天，則勞工一年總休假天數最少為 104 + 12 = 116 天。116 / 12 = 9.6 天（假設經勞工同意平均每月含國定假日分配需休假天數）

名詞	月薪	日薪
基本工資	26,400 元 / 月 880 元 / 日	176 元 / 時 176 × 8 小時 = 1,408 元 / 日
薪資	薪資含全部假日	薪資只含休息日、例假工資
月工作日數	月休 10 天，工作 20 天 (優於勞基法)	月工作 20 天 1,408 × 20 = 28,160 元
月工作二十天工資	26,400 元	28,160 元
加班費基礎	110 元 / 時	176 元 / 時
延長工時工資計算	110 元 × 1.34 = 148 元 110 元 × 1.67 = 184 元	176 元 × 1.34 = 236 元 176 元 × 1.67 = 294 元
職災計算	880 元 / 日	176 元 × 8 小時 = 1,408 元
員工感受	自認為正職勞工，對公司會有比較強的向心力及組織認同感。	自認為是臨時工，隨時可以走人，缺少向心力及組織認同感。
其他勞動法上勞工的權益如特休、育嬰假、資遣費、退休金、勞、健保加保	全部都適用	全部都適用

PS.

1. 上表為方便計算的比較表，非鼓勵給基本工資即可。基本工資若有調整，依上述公式帶入即可，本題以 112 年 12 月基本工資為例。

2. 月薪制～若以每月 240 小時計算工時者，則已含所有的假日薪資在內，未來若工時再縮短，對企業而言，只是勞工減少出勤時間，並未增加實際支出。

 特別休假應該要用曆年制還是周年制（到職日）計算？

解析

勞動基準法第 38 條：「勞工在同一雇主或事業單位，繼續工作滿一定期間者，應依下列規定給予特別休假……」，同法施行細則第 5 條：「勞工工作年資以服務同一事業單位為限，並自受僱當日起算。適用本法前已在同一事業單位工作之年資合併計算。」所以，法規上的特別休假應以到職日起算。

勞動部 105.8.2 勞動條 3 字第 1050131754 號文：勞工於工作滿一年之翌日如仍在職，即取得請休特別休假之權利。勞資雙方如約定依曆年制分段或預先給假，並無不可，惟給假標準仍不得低於前開規定。雇主採行預先給予特別休假方式，於勞工離職時，擬追溯扣回休假日數多於法定日數之工資等事項，應由勞雇雙方協商議定，或於工作規則中明定，報事業單位所在地之勞工行政主管機關核備。

內政部 76.3.31（76）台內勞字第 486744 號文：勞工特別休假年資之計算，應依勞動基準法施行細則第 5 條之規定，自受僱當日起算。至於同法施行細則第 24 條第 3 款規定：「特別休假因年度終

結……而未休者，其應休未休之日數，雇主應發給工資。」所稱「年度」以 1 月 1 日至 12 月 31 日為原則，惟事業單位為配合其會計年度，從其起訖時間，亦屬可行。

　　所以結論是，事業單位採曆年制還是周年制都可以，或依勞基法施行細則第 24 條所定以約定行使特別休假。而若特別休假若有多休，事業單位是不可以直接由勞工工資扣除應返還之休假日數多於法定日數工資，所以若有多休要扣回，也必須在勞動契約及工作規則中說清楚，並經勞方同意，才不會違反勞動基準法第 22 條第 2 項規定「工資應全額直接給付勞工」的法定規定。

（註）

勞動基準法施行細則第 24 條：

「勞工於符合本法第三十八條第一項所定之特別休假條件時，取得特別休假之權利；其計算特別休假之工作年資，應依第五條之規定。

依本法第三十八條第一項規定給予之特別休假日數，勞工得於勞雇雙方協商之下列期間內，行使特別休假權利：

一、以勞工受僱當日起算，每一週年之期間。但其工作六個月以上一年未滿者，為取得特別休假權利後六個月之期間。

二、每年一月一日至十二月三十一日之期間。

三、教育單位之學年度、事業單位之會計年度或勞雇雙方約定年度之期間。

　　雇主依本法第三十八條第三項規定告知勞工排定特別休假，應於勞工符合特別休假條件之日起三十日內為之。」

我有一位員工是 109 年 11 月 14 日到職，請問目前特別休假是要採何種制度好？

解析

　　勞基法上的母法對於特別休假的計算是採周年制，然為了方便企業及勞工需求，勞動基準法施行細則第 24 條明定：「

　　勞工於符合本法第三十八條第一項所定之特別休假條件時，取得特別休假之權利；其計算特別休假之工作年資，應依第五條之規定。

　　依本法第三十八條第一項規定給予之特別休假日數，勞工得於勞雇雙方協商之下列期間內，行使特別休假權利：

一、以勞工受僱當日起算，每一週年之期間。但其工作六個月以上一年未滿者，為取得特別休假權利後六個月之期間。

二、每年一月一日至十二月三十一日之期間。

三、教育單位之學年度、事業單位之會計年度或勞雇雙方約定年度之期間。

　　雇主依本法第三十八條第三項規定告知勞工排定特別休假，應於勞工符合特別休假條件之日起三十日內為之。」

　　公司要採用何種制度都是可行的，然必須是勞雇雙方約定好，也就是在勞動契約載明特別休假的約定制度。但不論採用何種算法都要特別注意，其計算給付日數不可以低於勞動基準法標準，否則會被開罰。

　　還有，倘有優於勞動基準法的規定，於契約終止時，若要扣回其所多休的特別休假天數，必須在勞動契約中載明，並且於工作規則中再次約定。不然，於契約終止時擬追溯扣回休假日數多於法定日數之工資，即有違反勞基法第 22 條第 2 項：「工資應全額直接給付勞工。但法令另有規定或勞雇雙方另有約定者，不在此限。」

　　另外，只要於 google 鍵入特別休假計算，就會出現勞動部的特別休假計算系統，勞動部建置的特別休假日數試算系統中有週年制、曆年制、學年度制、自行約定年度等共四種計算方式，員工大多也會上網查詢自己的休假天數，為避免誤解而造成困擾，除周年制外，應該跟員工溝通說明清楚。

相關函釋
◎勞動部民國 105 年 8 月 2 日勞動條 3 字第 1050131754 號
　　特別休假如勞資雙方約定依曆年制分段或預先給假，並無不可，惟給假標準仍不得低於相關規定，至預先給予特休，於離職時擬追溯扣回休假日數多於法定日數之工資等事項，應由雙方協商或於工作規則明定，並報主管機關核備，如有爭議時，非雇主單方面所能認定，不得逕自扣發薪資。

 曆年制跟周年制的補休最後一日如何計算？

解析

勞基法新修訂第 32 條之 1 將延長工時與休息日工作後，勞工選擇補休且經雇主同意，補休期限與補休時數，直接立法。此次延長工時補休，母法並未訂有期限，而由施行細則第 22 條之 2 來制定補休期限，補休應依勞工延長工作時間或休息日工作事實發生時間先後順序補休，也就是「先進先出」原則。補休之期限逾依勞動基準法施行細則第 24 條第 2 項所約定年度之末日者，以該日為期限之末日。

其中較常見的為採曆年制或周年制，最後補休日該如何計算？

例如：
老丁於 105 年 10 月 2 日到職，於 107 年 11 月 2 日有延長工時並採換補休，於曆年制的最後補休日為 107 年 12 月 31 日。
周年制的最後補休日為 108 年 10 月 1 日。

其中要特別注意的是，不可以特別休假採曆年制，而補休卻採周年制，亦即補休約定必須和特別休假約定相同，然其補休期限可以

比原約定周年制或曆年制提前給予補休。

　　當勞工依法主張權利時，雇主如認為其權利不存在，應負舉證責任。也就是延長工時或休息日出勤的日期、延長工時時數、平日每小時工資額、補休的日期、補休申請書、補休未休工資給付證明等，雇主都應以書面存檔，並至少保留五年，以備有爭議或勞檢時可以據實說明。

相關函釋

◎勞動部 107 年 6 月 21 日勞動條 2 字第 1070130882 號函

一、查勞動基準法第 32 條之 1 第 1 項規定：「雇主依第 32 條第 1 項及第 2 項規定使勞工延長工作時間，或使勞工於第 36 條所定休息日工作後，依勞工意願選擇補休並經雇主同意者，應依勞工工作之時數計算補休時數。」；第 2 項規定：「前項之補休，其補休期限由勞雇雙方協商；補休期限屆期或契約終止未補休之時數，應依延長工作時間或休息日工作當日之工資計算標準發給工資；未發給工資者，依違反第 24 條規定論處。」

二、次查勞動基準法第 2 條第 4 款略以：「平均工資：謂計算事由發生之當日前 6 個月內所得工資總額除以該期間之總日數所得之金額。……」，所稱工資總額」，係指計算事由發生當日前 6 個月內因工作獲得之報酬總額。

三、基上，勞工延長工作時間或休息日工作後，依勞動基準法第 32 條之 1 規定選擇換取補休，嗣因補休期限屆期或契約終止未補休之時數，其雇主依法折發之工資，應否併入平均工資計算，應視各該未補休時數之原延長工作時間或休息日工

作時間是否在計算事由發生之當日前 6 個月內而定。

四、茲舉例說明如後：假設某事業單位勞雇雙方約定以每年 1 月
1 日至 12 月 31 日之期間行使特別休假權利；加班補休期限
為 6 個月；工資給付日為每月 5 日。若勞工甲於 107 年 7 月
12 日及 9 月 12 日各加班 2 小時，勞工選擇補休並經雇主同
意，惟迄 107 年 12 月 31 日止，勞工甲未補休任何時數，雇
主於 108 年 1 月 5 日，分依 107 年 7 月 12 日及 9 月 12 日加
班當日之工資計算標準發給未補休加班時數 4 小時工資。嗣
雇主於 108 年 2 月 1 日與勞工甲終止勞動契約（資遣），平
均工資應自 108 年 1 月 31 日往前推計至 107 年 8 月 1 日止。
因此，勞工甲 107 年 9 月 12 日之加班費，應併入平均工資
計算；107 年 7 月 12 日之加班費，得不併入平均工資計算。

公司可否經勞資雙方協商後，讓勞工於淡季時先預休特別休假？

PART1

解析

　　勞動基準法規定之特別休假，是為了提供勞工休憩之用，休假日期由勞工依照自己意願決定。雇主可提醒或促請勞工排定休假，但不可以限制勞工僅得一次預先排定或在特定期日前休假。

　　此次新修訂的勞動基準法第 38 條第 2 項特別有規定：「特別休假期日，由勞工排定之。但雇主基於企業經營上之急迫需求或勞工因個人因素，得與他方協商調整。」換言之，若勞資雙方合意，讓勞工預休特別休假，法律上並沒有限制，只要經勞資雙方合意即可。而勞動基準法係規定勞動條件之最低標準，雇主採行預先給予特別休假方式，於勞工離職時，擬追溯扣回休假日數多於法定日數之工資等事項，應由勞僱雙方協商議定，或於工作規則中明定，報事業單位所在地之勞工行政主管機關核備。

　　再者，勞動基準法第 22 條第 2 項規定：「工資應全額直接給付勞工。但法令另有規定或勞僱雙方另有約定者，不在此限。」所謂「另有約定」，限於勞僱雙方均無爭議，且勞工同意由其工資中扣

取一定金額而言。所以,公司若要實施特別休假預休制度,建議要在勞動契約中說明清楚,將來若離職時,擬追溯扣回休假日數多於法定日數之工資等問題時,員工要同意公司逕自扣發,免生爭議。

　　所以,公司是可以經過勞資雙方協商,讓勞工於淡季時,先預休特別休假。

相關函釋判決
1. 臺灣基隆地方法院 100 年度勞訴字第 1 號民事判決
2. 勞動部民國 105 年 8 月 2 日勞動條 3 字第 1050131754 號

> 公司可否強制勞工一定要在期限內將特別休假休完？而部分工時勞工是否就可以不用給特別休假？特休可否遞延休假？

解析

　　公司是可以要求勞工於年度終結或契約終止前，將其所剩餘未休的特別休假休完，或同意勞工提出特別休假遞延。

　　勞動基準法第 38 條特別休假之規定，旨在提供勞工休憩之機會，而非用以換取工資，更非藉此增加平均工資而多領退休金，所以雇主如要求勞工於年度終結或契約終止前應休完特別休假，並無違法之處。只是，若雇主能透過制度來管理，讓勞工自己將特別休假排好休完，這才是不傷和氣的作法。

　　部分工時勞工是否就不用給特別休假？～錯！

　　部分工時勞工：謂其工作時間，較該事業單位內之全時勞工工作時間（通常為法定工作時間或企業所定之工作時間），有相當程度縮短之勞工，部分工時勞工之勞動權益與全職工時勞工均受勞動基準法及相關法令保障，休假及相關權益均依照均等待遇原則及比例原則，給予相當日數。

　　部分工時勞工之特別休假依勞動基準法第 38 條規定辦理，其休假期日由勞工排定之，年度可休特別休假時數，得參考下列方式比例計給之：部分工時勞工工作年資滿六個月以上未滿一年者，自受僱當日起算，六個月正常工作時間占全時勞工六個月正常工作時間之比例；部分工時勞工工作年資滿一年以上者，以部分工時勞工全年正常工作時間占全時勞工全年正常工作時間之比例，乘以勞動基準法第 38 條所定特別休假日數計給。不足一日部分由勞雇雙方協商議定，惟不得損害勞工權益。

　　但部分工時勞工每週工作日數與該事業單位之全日薪勞工相同，僅每日工作時數較短者，仍應依勞動基準法第 38 條規定給予休假日數。

　　為了讓勞工的特別休假假期的運用更有彈性，此次修法中，勞基法第 38 條第 4 項中增列了特別休假遞延，對於年度終結未休之日數，經勞雇雙方協商遞延至次一年度實施者，於次一年度終結或契約終止仍未休之日數，雇主應發給工資。

　　勞基法施行細則第 24 條之 1：

　　「本法第三十八條第四項所定年度終結，為前條第二項期間屆滿之日。

　　本法第三十八條第四項所定雇主應發給工資，依下列規定辦理：

　　一、發給工資之基準：

　　（一）按勞工未休畢之特別休假日數，乘以其一日工資計發。

　　（二）前目所定一日工資，為勞工之特別休假於年度終結或契約終止前一日之正常工作時間所得之工資。其為計月者，為

年度終結或契約終止前最近一個月正常工作時間所得之工資除以三十所得之金額。

（三）勞雇雙方依本法第三十八條第四項但書規定協商遞延至次一年度實施者，按原特別休假年度終結時應發給工資之基準計發。

二、發給工資之期限：

（一）年度終結：於契約約定之工資給付日發給或於年度終結後三十日內發給。

（二）契約終止：依第九條規定發給。

勞雇雙方依本法第三十八條第四項但書規定協商遞延至次一年度實施者，其遞延之日數，於次一年度請休特別休假時，優先扣除。」

勞動部 107 年 4 月 11 日勞動條 2 字第 1070130382 號函釋重點如下：雇主得透過工會或勞資會議之機制，先就遞延期限或如何遞延等進行討論，亦可協商一致性原則，惟個案上遞延與否，仍應由個別勞工與雇主雙方協商同意後，始得為之。雇主倘規定勞工於年度終結時，未休畢之特別休假一律遞延至次年度實施，於法未合。

至特別休假經勞雇雙方協商遞延期間未及一年者（如 3 個月），尚無不可；其於屆期後經再次協商遞延（如遞延 3 個月屆期後再協商遞延 3 個月），亦屬可行，惟其實施期限仍不得逾次一年度之末日。又遞延之特別休假，於次一年度終結之末日仍未休之日數，雇主應發給工資，不得再行遞延。

如果發現公司有違反勞動法令，且多次跟主管反應都無效，請問該怎麼處理較好？

解析

　　勞動基準法第 74 條（吹哨子條款），有關勞工發現事業單位違法時，經由申訴來確保其勞動權益，保障相當完整：「勞工發現事業單位違反本法及其他勞工法令規定時，得向雇主、主管機關或檢查機構申訴。

　　雇主不得因勞工為前項申訴，而予以解僱、降調、減薪、損害其依法令、契約或習慣上所應享有之權益，或其他不利之處分。

　　雇主為前項行為之一者，無效。

　　主管機關或檢查機構於接獲第一項申訴後，應為必要之調查，並於六十日內將處理情形，以書面通知勞工。

　　主管機關或檢查機構應對申訴人身分資料嚴守秘密，不得洩漏足以識別其身分之資訊。

　　違反前項規定者，除公務員應依法追究刑事與行政責任外，對因此受有損害之勞工，應負損害賠償責任。

　　主管機關受理檢舉案件之保密及其他應遵行事項之辦法，由中央主管機關定之。」所以，本條文的修正，對於申訴勞工的權利保障，是一大進步。

　　因此，除非是勞工自己洩漏或張揚：「公司被勞動檢查是其申訴的結果」，否則，公司應不知是何人所為！再者，勞動基準法第 74 條就是為避免雇主假借懲戒之名，行報復之實，給予勞工的保障；縱使公司知道是該員所為，除非其另有觸犯規章或管理制度而公司針對該事實行使懲戒權，否則不會有被報復之虞；同理，亦不會影響雇主管理權之行使，例如：經申訴勞檢後，該員工經常遲到、早退，對於共同工作之勞工有辱罵霸凌，或對其他同事有性騷擾情形，且經查證屬實，或者是有偷竊公司財物，經查證屬實時，公司一樣可以按照工作規則或相關法令規定，予以懲戒，甚至依照勞動基準法第 12 條得不經預告終止雙方勞動契約。

　　易言之，勞動基準法第 74 條並未干涉企業管理權之行使。

何謂延長工時？例假、國定假日、休息日及平日延長工時的加班費有何差異？

解析

所謂延長工時就是工時超過勞雇、雙方所約定的正常工作時間，而目前的正常工時是指每日不得超過八小時或每週不得超過四十小時，易言之，指勞工每日工作時間超過八小時或每週工作總時數超過四十小時之部分。

至於例假、國定假日、休息日及平日延長工時的加班費有何差異？茲以下表比較之：

以月薪 36,000 元除以 240 小時來計算			
【例假】 日薪 1,200 元	【國定假日】 日薪 1,200 元	【休息日】 時薪 150 元	【平日延長工時】 時薪 150 元
1,200 元 +《補休》	1,200 元	150 × 1.34 × 2 150 × 1.67 × 6 按實際延長工時時數計算	150 × 1.34 × 2 150 × 1.67 × 2

為讓民眾更了解勞動基準法現行規定及修法後有關特別休假日數

及休息日加班費的差別，勞動部表示，已更新「特別休假日數試算表」及「加班費試算系統」供民眾試算參考：

特別休假日數試算表

https://kmvc.mol.gov.tw/Trail_New/html/RestDays.html

加班費試算系統

http://labweb.mol.gov.tw/

延長工作時間或休息日工作後，勞工選擇補休並經雇主同意者，該補休期限屆期若遇國定假日，或遇天災、事變或突發事件可否延後？

解析

補休日遇天災、事變或突發事件可否延後？個人認為可以～尤其遇天災、事變或突發事件等不可抗力因素；然，勞工局處相關承辦人員卻有不同見解：雖以民法的角度是可以遞延，惟勞動基準法為民法特別法，依勞動基準法第1條第2項：「雇主與勞工所訂勞動條件，不得低於本法所定之最低標準。」

所以，主管勞工業務的行政機關，認為不可以遞延。

綜上，建議若勞工有申請補休時，最好於補休期限屆期，即依法令規定及標準發給工資，以免勞檢查獲發現逾期而受罰。

為求更詳盡說明，遂於107年3月27日發文勞動部詢問，獲得如下回覆：

收文日期：收文文號：1070051138
主　　旨：補休日遇勞基法第 40 條情形，請問補休日是否能遞延？

回覆內容：您好：107 年 3 月 26 日的電子郵件已收到。

依勞動基準法第 32 條之 1 規定：「雇主依第 32 條第 1 項及第 2 項規定使勞工延長工作時間，或使勞工於第 36 條所定休息日工作後，依勞工意願選擇補休並經雇主同意者，應依勞工工作之時數計算補休時數。前項之補休，其補休期限由勞雇雙方協商；補休期限屆期或契約終止未補休之時數，應依延長工作時間或休息日工作當日之工資計算標準發給工資；未發給工資者，依違反第 24 條規定論處。」，並自 107 年 3 月 1 日起施行。

依前開規定，補休期限屆期或契約終止時，勞工仍未補休完畢之時數，雇主即應依規定給付工資。

如仍有勞工法令疑義，可敘明具體個案情形，逕洽當地縣市政府勞工或社會局（處）詢問，或電詢本部免付費服務專線 0800-085151，較為迅捷。

延長工時目前到底是幾個小時?我的受僱員工只有 20 人,旺季要調高延長工時時數可以嗎?

解析

目前延長工時總時數並未增加,亦未減少。勞動基準法第 32 條有規定:雇主使勞工延長工時,應經工會或勞資會議同意。惟基於法律保護勞工健康因素,特規定每日正常工時與延長工時,合計不得超過 12 小時,且 1 個月延長工時總時數不得超過 46 小時。但雇主經工會同意,如事業單位無工會者,經勞資會議同意後,延長之工作時間,一個月不得超過 54 小時,每三個月不得超過 138 小時。

雇主僱用勞工人數在 30 人以上,依前項但書規定延長勞工工作時間者,應報當地主管機關備查。

其中僱用勞工人數,以同一雇主僱用適用本法之勞工人數計算,包括分支機構之僱用人數。其中適用本法之勞工人數包含外籍勞工。

以貴公司目前所僱用人數來看,是可以提高,但需經勞資會議同

意，才可採取延長工作時間，一個月不得超過 54 小時，每三個月不得超過 138 小時，且不需要報當地主管機關備查。

　　但要特別注意的是加班時數總量管控，是以每連續 3 個月爲一週期，依曆計算，由勞資雙方約定起訖日期即可。延長工時縱然經勞資會議同意，勞工不願意參與加班，雇主還是不可以強制要求勞工加班。

　　而勞資會議實施辦法第 11 條規定：「勞資會議代表選派完成後，事業單位應將勞資會議代表及勞方代表候補名單於十五日內報請當地主管機關備查；遞補、補選、改派或調減時，亦同。」

　　所以貴公司要先依勞資會議實施辦法的相關規定，選出勞方代表，並依該法第 11 條報請當地主管機關備查（勞工局處）。

　　召開勞資會議並經會議同意將延長工時時數做調整，且經有參與延長工時的勞工個別同意，才可以將延長之工作時間，調整爲一個月不得超過 54 小時，每三個月不得超過 138 小時。而該調整的勞資會議不需要送當地主管機關備查。

PART1

Q&A

PART2

職災與勞保

我是受僱於四人以下公司的員工，我的勞保可以加保在職業工會嗎？

解析

只要是受僱勞工，勞保不可以加保在職業工會。

依勞工保險條例第 6 條第 1 項第 7 款規定，無一定雇主或自營作業而參加職業工會者，才可以加保在職業工會，「受僱」勞工依法是不可以於職業工會加保。所以，應該要求公司設投保單位爲其加保勞工保險，而不是將勞工保險加保在職業工會。

爲此，內政部於 72 年 3 月 20 日做出台內社字第 145877 號函釋說明：

1. 由職業工會加保之職業工人，依勞工保險條例第 6 條第 1 項第 8 款規定，應以無一定雇主者爲限。受僱於僱用四人以下事業單位之勞工，縱爲職業工會會員，亦不得由職業工會加保，職業工會不依上開規定辦理，依同條例第 24 條規定，保險人（即勞工保險局）應取消該被保險人資格，並不予保險給付。如涉及刑責者，可依同條例第 70 條規定，移送司法機關處理。

2. 受僱於四人以下事業單位之勞工，依本部 72.1.28 台內社字第
 128576 號函規定，可依勞工保險條例有關自願加保之規定，
 由雇主辦理參加勞工保險。

　勞工保險條例第 6 條：「年滿十五歲以上，六十五歲以下之左列
勞工，應以其雇主或所屬團體或所屬機構為投保單位，全部參加勞
工保險為被保險人：

一、受僱於僱用勞工五人以上之公、民營工廠、礦場、鹽場、農
　　場、牧場、林場、茶場之產業勞工及交通、公用事業之員
　　工。

二、受僱於僱用五人以上公司、行號之員工。

三、受僱於僱用五人以上之新聞、文化、公益及合作事業之員
　　工。

四、依法不得參加公務人員保險或私立學校教職員保險之政府機
　　關及公、私立學校之員工。

五、受僱從事漁業生產之勞動者。

六、在政府登記有案之職業訓練機構接受訓練者。

七、無一定雇主或自營作業而參加職業工會者。

八、無一定雇主或自營作業而參加漁會之甲類會員。

　前項規定，於經主管機關認定其工作性質及環境無礙身心健康之
未滿十五歲勞工亦適用之。

　前二項所稱勞工，包括在職外國籍員工。」

　還要思考另一件事情，只要有僱用勞工一人，雇主就要為其加保
健保、就保以及勞退金 6% 提繳，不能只單純考量勞保人數未達 5
人，就不屬於強制加保單位。

林定樺您好：

一、您 107 年 3 月 10 日電子郵件已收到。

二、勞工保險係在職保險，依照規定，實際從事本業工作並以所獲報酬維生之無一定雇主或自營作業而參加職業工會者，始應由所屬本業職業工會申報參加勞保。如未符合上開規定者，則不得由職業工會申報加保。如經本局查獲加保資格不符者，則依規定取消資格，已繳之保險費不予退還。另查勞保被保險人離職退保，年資及年齡符合勞工保險之老年給付請領規定，得請領老年給付。

三、前述有關勞工保險加保規定，含勞工保險條例第 6、16、24 條及同條例施行細則第 11 條；暨老年給付請領規定，含勞工保險條例第 58 條第 1 項、第 2 項、第 5 項，第 58 條之 2，請至本局全球資訊網（http：//www.bli.gov.tw）之「法令規章」專區查詢參閱。

相關法規

勞工職業災害保險及保護法

第 6 條

年滿十五歲以上之下列勞工，應以其雇主為投保單位，參加本保險為被保險人：

一、受僱於領有執業證照、依法已辦理登記、設有稅籍或經中央主管機關依法核發聘僱許可之雇主。

二、依法不得參加公教人員保險之政府機關（構）、行政法人及公、私立學校之受僱員工。

前項規定，於依勞動基準法規定未滿十五歲之受僱從事工作者，亦適用之。

下列人員準用第一項規定參加本保險：

一、勞動基準法規定之技術生、事業單位之養成工、見習生及其他與技術生性質相類之人。

二、高級中等學校建教合作實施及建教生權益保障法規定之建教生。

三、其他有提供勞務事實並受有報酬，經中央主管機關公告者。

勞工已於工會、漁會加保或已加保農保，現短暫至公司受僱，公司還要為其加保勞工保險嗎？

解析

　　只要是受僱勞工，縱使短暫工作，建議還是為其加保勞保，避免當風險發生時，雇主要負起鉅額罰緩及賠償金。再者，目前並未限制勞工於工會或漁會加保即不得由公司加保，相反的，公司跟工會或漁會同時加保，繳交二筆保費，申請給付只能依事故發生時的身分或擇一請領，且其投保薪資並未合併計算。

　　農保部分在 97 年 11 月 27 日（含）前，發生勞、農保重複加保，農保必須退保。但在 97 年 11 月 27 日後，農保被保險人如果在農暇之餘從事非農業勞務工作再參加勞保，同一年度（1 月 1 日至 12 月 31 日）累計重複加保未超過 180 天或只參加勞工保險職業災害保險，農保資格不受影響。

　　換言之，即農保、勞保可以同時加保，只要其整年度不超過 180 天即可。但參加政府基於公法救助或促進就業目的所辦理的短期就業輔導措施或職業訓練期間，再參加勞工保險，不受180天的限制。

資料來源：勞保局網站 https://www.bli.gov.tw/sub.aspx?a=JLP6qWlYpVo%3d；最後瀏覽日：2018/03/23

勞工職業災害保險及保護法有更嚴格的規定，雇主不可不慎。

您好：

一、您 106 年 10 月 5 日來信已收到。

二、按勞工保險及就業保險係在職強制性社會保險，受僱於一定雇主之勞工，應以受僱單位為投保單位參加勞工保險及就業保險；至無一定雇主或自營作業，而參加職業工會者或參加漁會之甲類會員，始得由其所屬本業職業工會、漁會為投保單位參加勞工保險（因職業工會會員與職業工會、漁會甲類會員與漁會未具僱傭關係，故不適用就業保險）。又已辦理工商登記並僱用員工（包含工讀生、兼職人員、臨時工）5 人以上之事業單位，即為勞工保險及就業保險強制投保單位，應於員工到職當日申報加保；如僱用員工未滿 5 人或僅於稅捐機關設籍課稅者，雖非勞工保險強制投保單位，仍得以自願投保方式申報員工參加勞工保險，如不願參加勞工保險，只要僱用 1 名符合就業保險加保規定之員工，即為就業保險強制投保單位，仍應於員工到職當日申報參加就業保險，如投保單位未依規定申報員工加保，經查明屬實，將依規定核處罰鍰，勞工發生保險事故時所受之損失，亦應由單位負責賠償。

三、承上，公司僱用短期工作之員工，仍應依上述規定於該員工到職當日申報其參加勞、就保，不得因該員工已由職業工會或漁會申報加保，而不申報該員工加保。如該員工於受僱公司（現服務單位）期間仍確係有繼續實際從事原職業工會或漁會本業工作之無一定雇主或自營作業勞工，得依其意願繼續於原職業工會或漁會投保。

員工同時於職業工會及所屬受僱單位參加勞工保險，且職業工會的投保薪資比受僱單位高，現今發生保險事故，請問可以從職業工會申請保險給付嗎？職業工會的會務人員說，只要將受僱單位的勞工保險退保，即可從職業工會申請，這樣可以嗎？

PART2

解析

　　勞工保險係在職保險，有工作事實的勞工才可以加保勞保，若無工作事實，只是單純家管，應該加保國民年金保險才對。

1. 加保於職業工會，應屬無一定雇主且係臨時、短期受僱者。再者，勞保加保於職業工會是真的有從事該職業工會相關工作？還是只是有加保而未實際從事工作？若屬後者，且非短期、臨時性受僱，則依照勞工保險條例規定，其職業工會加保係屬無效，會被取消保險資格，且已經繳納之保險費不予退還。

2. 若是從受僱單位退保，亦即必須辦理離職手續，投保單位才可以將其退保，若未辦理離職手續，縱然由投保單位退保，將來發生風險時，投保單位即須負責。況且，若辦了離職退保手續（真離職），則其勞基法上的其他權利（如普通傷病假或撫卹），將完全消滅。而且其健保、就保、勞工退休金提繳亦將

同時退保，該勞工權利將完全歸零。

3. 更慘的是，於受僱單位辦理離職退保，而改由職業工會申請勞保給付，若被查到是違法加保於職業工會，勞保局是否會給付，尚有疑義。雖然還可以用勞工保險條例第 20 條來主張：「被保險人在保險有效期間發生傷病事故，於保險效力停止後一年內，得請領同一傷病及其引起之疾病之傷病給付、失能給付、死亡給付或職業災害醫療給付。」然仍需經過一番努力，不可不慎！

4. 所以若勞工是真受僱勞工，而同時於受僱單位及工會加保，則建議由受僱單位申請勞保給付，而不是從職業工會申請勞保給付。

相關法規

勞工保險條例施行細則

第 10 條

投保單位應置備僱用員工或會員名冊（卡）、出勤工作紀錄、薪資表及薪資帳冊。

員工或會員名冊（卡）應分別記載下列事項：

一、姓名、性別、出生年月日、住址、國民身分證統一編號。

二、到職、入會或到訓之年月日。

三、工作類別。

四、工作時間及薪資。

五、傷病請假致留職停薪期間。

第一項之出勤工作紀錄、薪資表、薪資帳冊及前項第四款、第五款規定，於職業工會、漁會、船長公會、海員總工會，不適用之。

第 11 條

　　本條例第六條第一項第七款及第八款所稱無一定雇主之勞工，指經常於三個月內受僱於非屬同條項第一款至第五款規定之二個以上不同之雇主，其工作機會、工作時間、工作量、工作場所、工作報酬不固定者。

　　本條例第六條第一項第七款及第八款所稱自營作業者，指獨立從事勞動或技藝工作，獲致報酬，且未僱用有酬人員幫同工作者。

勞工保險條例

第 16 條第 2 項

　　勞工保險之保險費一經繳納，概不退還。但非歸責於投保單位或被保險人之事由所致者，不在此限。

PART2

公司新進員工老丁～公司習慣都是在員工到職三日後，確定他會繼續上班才加保勞工保險，結果老丁於第二天下班返家後，因外出交通事故身亡，且之前都沒有任何症狀及就醫紀錄。經查，老丁的勞保投保薪資異動表其勞保年資累計有十五年（平均投保薪資為 4 萬元），而其配偶與子女要求公司負責賠償勞工保險未能領取的金額，請問，公司需要負責嗎？（老丁有簽同意書同意第三天後再加保）

解析

　　老丁到職第二天即因交通事故身亡，雖無過勞之情事，但是，因為公司未幫其加保勞工保險，造成老丁家屬領不到因身故而該有的勞工保險給付，這部分要由公司來負責賠償無誤。縱然老丁有簽同意公司第三天再為其加保，亦屬違法無效之同意書。

　　勞工保險條例第 11 條：「符合第六條規定之勞工，各投保單位應於其所屬勞工到職、入會、到訓、離職、退會、結訓之當日，列表通知保險人；其保險效力之開始或停止，均自應為通知之當日起算。但投保單位非於勞工到職、入會、到訓之當日列表通知保險人者，除依本條例第七十二條規定處罰外，其保險效力之開始，均自

通知之翌日起算。」

　　本案例，老丁於到職第二天下班後身故，公司仍未幫老丁加保勞工保險，且因老丁的勞工保險年資有十五年，平均投保薪資為 4 萬元，若公司有幫老丁加保勞工保險，則家屬可選擇依勞工保險條例第 63 條之 2 領取喪葬津貼及遺屬津貼，所以可以一次領取喪葬津貼五個月及遺屬津貼三十個月共計 35 個月，合計 140 萬。

　　然而，因公司未幫老丁於到職當日即加保勞工保險，縱然老丁有簽同意書，同意公司第三天再為其加保，亦屬違法無效之同意書。當然家屬的損失 140 萬，就是由公司來負責賠償。公司省了小錢的勞保保費，卻付出了大筆的賠償金，而且還有勞、健保局的相關行政處分，真可謂得不償失。

PART2

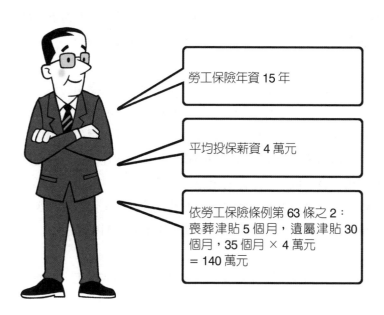

勞工保險年資 15 年

平均投保薪資 4 萬元

依勞工保險條例第 63 條之 2：
喪葬津貼 5 個月，遺屬津貼 30 個月，35 個月 × 4 萬元
= 140 萬元

若職災勞工未從本公司申請勞保職業災害給付，是否公司就可以免除相關職業災害責任？

解析

　　勞工保險係屬社會保險，不會因為該職災勞工沒有從公司申請勞工保險的職災給付，而讓公司在職業安全衛生法、勞動基準法上及相關法律上的責任降低或免除。反而公司要負擔的費用會更高，因為勞工從其他投保單位申請的勞保給付，並不能抵充公司的責任。再者，職業安全衛生法第 37 條規定，只要有該法上的事項發生就須通報 (註)，所以，該勞工發生職業災害是要通報的。

　　勞工保險的被保險人是勞工，申請各項給付也是由勞工或其受益人提出，此為勞工保險條例第 19 條第 1 項規定。所以，當勞工未從該公司提出申請勞保職災給付，而從另一投保單位提出普通傷病給付，除職業安全衛生法、勞動基準法相關責任外，若還有民事上的侵權行為，例如：未做安全教育訓練、未提供安全防護具、機械設備未達安全標準等其他原因，而造成此次勞工發生職業災害，該民事賠償亦屬該公司需要承擔，甚至還可能有刑事責任。

　　所以，如何讓同時在兩個單位加保勞工保險的勞工，知悉如何正

確申請勞工保險係相當重要，雇主也應該訓練相關人員了解勞工保險的各項規定。當勞工同時於兩個單位加保勞工保險，於有保險請領條件時，該從哪邊申請，這是勞工本人或是其受益人的權利，也就是說，勞工可以不從公司申請勞保職業災害給付。勞工保險條例第 19 條：「……被保險人同時受僱於二個以上投保單位者，其普通事故保險給付之月投保薪資得合併計算，不得超過勞工保險投保薪資分級表最高一級。」可見，勞工是可以在兩個以上投保單位加保勞工保險。另外，同條第 1 項：「被保險人於保險效力開始後停止前，發生保險事故者，被保險人或其受益人得依本條例規定，請領保險給付。」亦即，只要是保險效力開始後停止前的保險事故，被保險人或其受益人就可以依照依本條例規定，請領保險給付，並沒有規定要從哪個投保單位申請。

再者，同法第 29 條：「被保險人、受益人或支出殯葬費之人領取各種保險給付之權利，不得讓與、抵銷、扣押或供擔保。」說明當勞工本人發生職業災害，在職業災害保險的傷病、醫療、失能等勞保職業災害請求權，是專屬於勞工自己本身，職災勞工可以自己決定選擇從哪一個投保單位申請勞保職業災害給付。所以，如何跟勞工溝通由公司來代為申請勞保給付就會變得很重要。當然，雇主也可以採取事先跟員工約定且將下列文字記載於工作規則中：「若本公司勞工有於其他投保單位加保勞工保險，當職業災害發生，需申請勞工保險相關給付，員工於請領勞工保險時須從本公司申請，若有從其他單位申請勞保給付，需轉回改由本公司代為向勞保局申請職業災害勞保給付。」

（註）

職業安全衛生法

第 37 條

　　事業單位工作場所發生職業災害，雇主應即採取必要之急救、搶救等措施，並會同勞工代表實施調查、分析及作成紀錄。

　　事業單位勞動場所發生下列職業災害之一者，雇主應於八小時內通報勞動檢查機構：

一、發生死亡災害。

二、發生災害之罹災人數在三人以上。

三、發生災害之罹災人數在一人以上，且需住院治療。

四、其他經中央主管機關指定公告之災害。

　　勞動檢查機構接獲前項報告後，應就工作場所發生死亡或重傷之災害派員檢查。

　　事業單位發生第二項之災害，除必要之急救、搶救外，雇主非經司法機關或勞動檢查機構許可，不得移動或破壞現場。

勞工在甲公司發生職業災害，卻從乙公司申請勞工保險給付，其申請的勞工保險給付可以抵充甲公司的職業災害補償責任嗎？

PART2

解析

勞工在甲公司發生職業災害，其勞工保險給付卻不從甲公司申請，而從乙公司申請，乙公司所繳納的勞工保險保費，跟甲公司無關，既然無關當然就不可以抵充甲公司的職業災害補償責任！

勞動基準法第 59 條規定：「勞工因遭遇職業災害而致死亡、殘廢、傷害或疾病時，雇主應依左列規定予以補償。但如同一事故，依勞工保險條例或其他法令規定，已由雇主支付費用補償者，雇主得予以抵充之。」然而，勞工並未從甲公司加保的勞工保險申請職業傷病給付或其他給付，亦即，在其他投保單位申請的勞保給付，並不能抵充甲公司雇主的責任，甲公司必須全額給付該勞工的職業災害損失，包含雇主應補償其必需之醫療費用、雇主應按其原領工資數額予以補償、殘廢補償等，雖然甲公司有合法幫勞工加保勞工保險，然勞動基準法上的責任，還是必須全部由甲公司全額負擔。

而本文作者也曾發文向主管機關勞工保險局查證，經勞動部勞工保險局於 105 年 5 月 10 日回文如下：

意見：請問勞工分別受雇於甲、乙二家公司，今於甲公司發生職業災害可否不在甲公司申請職業災害補償，而由乙公司申請普通傷病補償？

您好：

一、105 年 5 月 2 日您的來信已經收到。

二、勞保傷病給付係屬薪資補助性質，區分為職業傷病與普通傷病，請領條件及給付標準皆不同。被保險人於保險有效期間因職業傷害不能工作達 4 日以上，未能取得原有薪資，經門診或住院診療者，得依照勞工保險條例第 34、36 條規定，自不能工作之第 4 日起按其平均月投保薪資 70% 請領職業傷害補償費。是以，勞工分別受僱於甲、乙二家公司，倘若於甲公司發生職業災害，符合上開請領規定，得洽由甲公司向本局申請職業傷害傷病給付。若被保險人不申請職業傷害，得由乙公司以普通傷害向本局申請傷病給付，惟被保險人須住院診療達 4 日以上，致未能取得原有薪資，依照勞工保險條例第 33、35 條規定，得自住院之第 4 日起至出院日止，按被保險人平均月投保薪資之半數發給普通傷病補助費，門診及在家療養期間不在給付範圍。惟依同條例第 22 條規定，同一種保險給付，不得因同一事故而重複請領。

所以，當勞工在甲公司發生職業災害住院，未從甲公司申請勞保職業災害給付，卻從其他投保單位申請傷病給付，是對該勞工最有利的選擇，茲試算如下：

假設勞工在甲、乙兩家公司加保勞工保險，投保薪資分別為 30,300 元，今在甲公司發生職業災害～住院 13 天、在家休息 60

天，經一年治療終止後確定七級殘失能，在乙公司申請勞保普通傷病及失能給付（醫療及其他先不列入計算）。

名稱 / 勞保投保薪資	甲公司 30,300 元	乙公司 30,300 元
1. 勞基法上責任原領工資補償	30,300 元 / 30 天 = 1,010 元（一日工資） 1,010 元 × 73 天 = 73,730 元（住院＋休息）	無職災責任
2. 勞保傷病給付	勞工從乙公司申請 （若從甲公司申請可請領金額為 1,010 × 70 天 × 70% = 49,490 元）	13 - 3 = 10 天（第 4 天起算） 10 天 × 1,010 × 50% = 5,050 元
3. 勞基法上的殘廢補償	440 × 1,010 = 444,400 元 職災加計 50% 444,400 × 150% = 666,600 元	無職災責任
4. 勞保失能給付假設是七級殘（440 天）	勞工從乙公司申請	440 天 × 1,010 元 = 444,400 元
5. 請假事由	職業災害（公傷病假）	普通傷病假
合計	740,330 元 公司需補償的金額（1＋3）	449,450 元 員工領得的金額（2＋4）
總計此一事故上勞工於勞保上所領的金額	740,330 元＋449,450 元 = 1,189,780 元	
總結	甲公司合法為勞工加保勞工保險，無以多報少，只因為職災勞工從乙公司申請勞保給付，甲公司至少要多付出 586,400 元的補償金額，所以要如何讓職災勞工願意在甲公司申請勞保給付？要如何規避職災風險發生？及當風險發生後甲公司該如何應對？如何對勞工關心、關懷都是重點。	

可見，凡勞動基準法第 59 條的職業災害補償都可以向甲公司請

求，對員工而言，其所獲得的給付是甲公司加上乙公司。而甲公司合法為勞工加保勞工保險，也無以多報少，只因職業災害勞工從乙公司申請勞保給付，卻造成甲公司至少要多付出 740,330 元的補償金額。所以，要如何讓職業災害勞工願意在甲公司申請勞保給付？要如何規避職災風險發生？及當風險發生後甲公司該如何應對？如何對勞工關心、關懷等都是重點。

小提醒：

勞動契約與工作規則該如何來約定？

備註：

勞工職業災害保險及保護法於 111 年 5 月 1 日生效後，傷病給付與失能給付請領的規定有所不同。但不影響雇主要負擔的補償金額及責任。

第 42 條

被保險人遭遇職業傷病不能工作，致未能取得原有薪資，正在治療中者，自不能工作之日起算第四日起，得請領傷病給付。

前項傷病給付，前二個月按被保險人平均月投保薪資發給，第三個月起按被保險人平均月投保薪資百分之七十發給，每半個月給付一次，最長以二年為限。

第 43 條

被保險人遭遇職業傷病，經治療後，症狀固定，再行治療仍不能改善其治療效果，經全民健康保險特約醫院或診所診斷為永久失能，符合本保險失能給付標準規定者，得按其平均月投保薪資，依規定之給付基準，請領失能一次金給付。

　　前項被保險人之失能程度，經評估符合下列情形之一者，得請領失能年金：

一、完全失能：按平均月投保薪資百分之七十發給。

二、嚴重失能：按平均月投保薪資百分之五十發給。

三、部分失能：按平均月投保薪資百分之二十發給。

　　被保險人於中華民國九十八年一月一日勞工保險年金制度施行前有勞工保險年資，經評估符合失能年金給付條件，除已領取失能年金者外，亦得選擇請領失能一次金，經保險人核付後，不得變更。

　　被保險人請領部分失能年金期間，不得同時領取同一傷病之傷病給付。

　　第一項及第二項所定失能種類、狀態、等級、給付額度、開具診斷書醫療機構層級、審核基準、失能程度之評估基準及其他應遵行事項之標準，由中央主管機關定之。

PART2

當員工發生職業災害時一定要通報嗎？

解析

原勞工安全衛生法第 28 條就有規定：「事業單位工作場所發生左列職業災害之一時，雇主應於二十四小時內報告檢查機構：一、發生死亡災害者。二、發生災害之罹災人數在三人以上者。」所以，原本的勞工安全衛生法就有要求，當勞工於工作場所發生職業災害事故時，需要通報主管機關。後來，勞工安全衛生法修正為職業安全衛生法，並將勞工發生職業災害事故需要通報的條文改置於同法第 37 條，同時增加了發生災害之罹災人數在一人以上，且需住院治療，即需要通報。其中，發生災害之罹災人數在一人以上，且需住院治療者，指於勞動場所發生工作者罹災在一人以上，且經醫療機構診斷需住院治療者。

該法中所稱「雇主」，指罹災勞工之雇主或受工作場所負責人指揮監督從事勞動之罹災工作者工作場所之雇主；所稱應於八小時內通報勞動檢查機構，指事業單位明知或可得而知已發生規定之職業災害事實起八小時內，應向其事業單位所在轄區之勞動檢查機構通報。雇主因緊急應變或災害搶救而委託其他雇主或自然人，依規定向其所在轄區之勞動檢查機構通報者，視為已依本法第 37 條第 2

項規定通報。而且職業安全衛生法上的負責人不僅是以登記之負責人爲主，而是以實際負責人爲之，可詳法務部（76）法檢（二）字第 1333 號座談會審查意見。

而勞工若是下班途中發生車禍事故，致死亡之職業災害，是否需要通報？～答案是不用！因爲上下班途中事故縱然是職業災害，卻非雇主管理權所及範圍，也無法做安全改善。所以，勞工下班於返家必經途中發生交通事故死亡之職業災害，因非發生於事業工作場所，不需依勞工安全衛生法第 25 條之規定報告主管機關及檢查機構，此有行政院勞工委員會民國 76 年 12 月 9 日臺勞安字第 8804 號函釋。

最近處理幾件職災事故，一開始雇主都擔心勞檢且自認和職災員工交情很好，所以當職災發生時都未通報，而當職災員工對於求償金額獅子大開口時，雇主才補職災通報，此時不僅一樣要被勞檢，且若未在規定時間內通報是會被依職業安全衛生法第 43 條處新臺幣 3 萬元以上 30 萬元以下罰鍰，同時當職業災害發生後，一定會被施予勞動檢查，若有因設備之疏失而造成勞工受傷、失能或死亡，雇主也會被以刑法業務過失傷害罪或業務過失致死罪起訴。所以，雇主應該做好相關安全衛生的教育訓練，提供安全的工作場所及防護具，以避免職業災害的發生。

111 年 5 月 1 日實施的勞工職業災害保險及保護法第 73 條第 4 項規定：「雇主、醫療機構或其他人員知悉勞工遭遇職業傷病者，及遭遇職業傷病勞工本人，得向主管機關通報；主管機關於接獲通報後，應依第六十五條規定，整合職業傷病通報資訊，並適時提供該勞工必要之服務及協助措施。」

未來發生職業傷病是連醫療機構都會通報。

相關判決

1. 臺灣高等法院 105 年度勞安上訴字第 1 號刑事判決
2. 臺灣臺北地方法院 102 年度勞安簡字第 1 號刑事簡易判決

勞工保險中不給付的醫療項目與全民健康保險不列入保險給付範圍的有哪些？

解析

勞工保險條例第 44 條不給付的醫療項目～依規定，醫療給付不包括法定傳染病、麻醉藥品嗜好症、接生、流產、美容外科、義齒、義眼、眼鏡或其他附屬品之裝置、病人運輸、特別護士看護、輸血、掛號費、證件費、醫療院、所無設備之診療及第 41 條、第 43 條未包括之項目。但被保險人因緊急傷病，經保險人自設或特約醫療院、所診斷必須輸血者，不在此限。

全民健康保險法第 51 條不列入保險給付範圍

下列項目不列入本保險給付範圍：

一、依其他法令應由各級政府負擔費用之醫療服務項目。

二、預防接種及其他由各級政府負擔費用之醫療服務項目。

三、藥癮治療、美容外科手術、非外傷治療性齒列矯正、預防性手術、人工協助生殖技術、變性手術。

四、成藥、醫師藥師藥劑生指示藥品。

五、指定醫師、特別護士及護理師。

六、血液。但因緊急傷病經醫師診斷認為必要之輸血，不在此

限。

七、人體試驗。

八、日間住院。但精神病照護，不在此限。

九、管灌飲食以外之膳食、病房費差額。

十、病人交通、掛號、證明文件。

十一、義齒、義眼、眼鏡、助聽器、輪椅、拐杖及其他非具積極
　　　治療性之裝具。

十二、其他由保險人擬訂，經健保會審議，報主管機關核定公告
　　　之診療服務及藥物。

勞工保險被保險人若染疫呢？

行政院勞工委員會 88 年 12 月 17 日（88）台勞保 3 字第 0052309
號函：「勞工保險條例第四十四條醫療給付不包括法定傳染病，是
以勞工保險職業病種類表及增列項目所列疾病，如係屬「傳染病防
治法」所定之法定傳染病者，其醫療費用應依該法第三十五條規定
辦理，尚不得由勞保職業災害保險給付。」

所以，強烈建議雇主於擘劃職工制度時，應該將「保險」納入，
而該保險不能僅止於簡單的死亡或失能保障，而須針對醫療住院、
休養期間所額外增加的醫療支出，均能納入保障範圍。一來，保險
費相關支出公司可以費用列支；二來，其保險給付可以約定抵充公
司責任或賠償金額；三來，其保險費不會被列為工資，而增加雇主
勞、健保或退休金支出；四來，可以增加員工向心力與企業形象。
對雇主而言，小小保險費確有大大好處。

當員工發生職業災害後，所有支出的醫療費用全部都要由公司買單嗎？

解析

勞動基準法第 59 條：「勞工受傷或罹患職業病時，雇主應補償其必需之醫療費用。但如同一事故，依勞工保險條例或其他法令規定，已由雇主支付費用補償者，雇主得予以抵充之。」惟依勞工保險條例第 44 條規定，醫療給付並不包括掛號費。因此，勞工因職業災害受傷，其所需之掛號費，應由雇主負擔。

所謂「必需之醫療費用」，在勞動基準法上目前並沒明文的定義。而查看立法者課以雇主負擔此醫療費用補償義務的目的，無非在使接受雇主指揮監督為其謀取利益之勞工，於提供勞務過程中遭遇災害受傷時，得免於自籌必需醫療費用之困境，尚無使受傷之勞工提升醫療服務等級之用意。是故，所謂必需醫療費用，除全民健康保險法第 39 條第 10 款所列不給付項目之掛號費外，其餘自可參酌全民健康保險是否給予該保險給付以為判斷。換言之，只要是全民健康保險給付項目，其自付額部分，雇主應有義務給予補償，此部分即屬必需之醫療費用；也可以說，除勞工保險條例第 44 條及全民健康保險法第 51 條不給付項目外，其餘因醫療行為而必須支

出之費用，皆是必需之醫療費用。

　　所以，若企業為增加勞工福利，也可以制定相關醫療補助管理辦法，來協助需要醫療的員工在醫療期間有更好的醫療品質及服務，而藉由好的醫療品質，讓員工的身體可以獲得較快速的復原，進而提前投入職場，對企業也是一種好事。還有，公司給予需要醫療之勞工醫療補助費，其性質為恩惠性、照顧性，所以就不是工資，既然不是工資也就不需要納入勞、健保投保薪資，也不會造成其他成本的增加。所以，醫療補助費運用恰當，除了不會增加公司相關成本外，還可以增進勞工對企業的向心力及認同感。

臺灣士林地方法院 99 年度勞訴字第 64 號民事判決：
1. 伙食費部分：……應屬治療行為之一環，而屬必需之醫療費用。
2. 證明書費部分：按診斷證明書費用如係被害人為證明損害發生及其範圍所必要之費用，得請求加害人賠償（最高法院 92 年度台上字第 2653 號判決）。
3. 掛號費部分：掛號費，乃就診所必需之醫療費用，應在雇主補償之範圍（最高法院 86 年度台上字第 2294 號判決）。
4. 住院醫療費用部分、耳鼻喉科醫療費用部分、精神科醫療費用部分都屬職業災害後，因暈眩不適至耳鼻喉科就診，經診斷為頭部外傷後合併良性陣發性暈眩症或因職業災害後出現明顯創傷後壓力症候群及憂鬱復發，皆有診斷證明書證明，都屬因職災引起所必需之醫療費用。

員工若未經雇主同意自行至非醫療院所就診（如國術館），雇主是否需要支付該費用？

解析

勞工若未經雇主同意自行至非醫療院所就診，事實上，雇主是不需要幫員工支付該費用的。

雇主已幫勞工投保勞工保險，於發生職業災害受傷後，自宜以至勞保指定醫院就醫為原則。但如由勞雇雙方同意（明示或默示之意思表示合致），而至其他單位就醫，雇主應負擔醫療費用。

但可能有些事故傷害，員工期望透過民俗療法來醫治，最常見的就是因為骨折而至國術館診治，而國術館並非勞工保險局特約醫院，更非領有執照之醫療機構；所以一般來說，若員工要以民俗療法醫治，都會建議先去合法的醫療機構有就醫證明，再去國術館診治。如此，除了可以拿到合法、合規的醫療證明，不僅可以申請勞保或團體保險之用，也可以讓員工安心療養，這才是兩全其美的方法。

請問勞工因職業災害無法工作需休養請假，最久可以請假請多久？

解析

勞工保險條例第 36 條：「職業傷害補償費及職業病補償費，均按被保險人平均月投保薪資百分之七十發給，每半個月給付一次；如經過一年尚未痊癒者，其職業傷害或職業病補償費減為平均月投保薪資之半數，但以一年為限。合計可以請領二年的勞保補償費。」

111 年 5 月 1 日生效的勞工職業災害保險及保護法第 42 條規定有所不同。

勞動基準法第 59 條條文中，關於職業災害並未明定請假期限。再者，勞工請假規則第 6 條：「勞工因職業災害而致殘廢、傷害或疾病者，其治療、休養期間，給予公傷病假。」也沒有明定職災請假期限。一般人竟以勞工保險條例第 36 條擴大解釋為職災請假期限，其實這是很大的錯誤。

故而，職業災害勞工請假可以請多久？無限期！！！或者應該說可以請到傷癒。

相關函釋判決

◎行政院勞工委員會民國 82 年 7 月 13 日（82）台勞動 3 字第
　39118 號函

　勞工公傷病假醫療期間屆滿二年未能痊癒，仍在繼續醫療中，依
勞工請假規則第 6 條規定，繼續給予公傷病假。如未喪失原有工作
能力，公傷病假期間，雇主仍應按其原領工資數額予以補償。

◎行政院勞工委員會民國 89 年 6 月 15 日（89）台勞動 2 字第
　0021799 號

一、依據行政院人事行政局 89 年 5 月 29 日 89 局企字第 011711
　　號書函轉貴府 89 年 5 月 23 日府人 3 字第 8904400000 號函
　　辦理。

二、有關公務機構技工、工友等之公傷假期間跨越不同適用法規
　　者，其公傷假期限疑義，前經本會 87 年 8 月 3 日台 87 勞動
　　2 字第 032494 號函釋在案，仍應依勞工實際需要核給，該
　　公傷假並無期限。

三、又，勞工如確仍於勞動基準法第 59 條所稱「醫療期間」，
　　依該法第 13 條規定，雇主除因天災、事變或其他不可抗力
　　致事業不能繼續，經報主管機關核定者外，尚不得片面終止
　　勞動契約。

檢附相關法令解釋一則，請參考。

附件：關於勞動基準法第 13 條雇主不得終止勞動契約及第 59 條規
　　　定「醫療期間」疑義

　行政院勞工委員會 78 年 8 月 11 日台（78）勞動 3 字第 12424 號函：
　勞動基準法第五十九條所稱醫療期間係指「醫治」與「療養」。
　一般所稱「復健」係屬後續之醫治行為，但應至其工作能力恢復

之期間爲限。

查勞工在第 50 條規定之停止工作期間或第 59 條規定之醫療期間，雇主不得終止契約，勞動基準法第 13 條定有明文，故勞工有勞動基準法第 12 條第 1 項各款所列情形者，依勞動基準法第 13 條規定，於同法第 59 條之醫療期間，雇主不得終止契約，但於醫療期間內勞工所爲之惡意行爲，應不在該條保護範圍之內。

勞動基準法第 59 條第 1 項第 2 款：「勞工在醫療中不能工作時，雇主應按其原領工資數額予以補償。但醫療期間屆滿二年仍未能痊癒，經指定之醫院診斷，審定爲喪失原有工作能力，且不合第三款之殘廢給付標準者，雇主得一次給付四十個月之平均工資後，免除此項工資補償責任。」其目的正是爲避免雇主對於職災勞工，經二年後未能痊癒，喪失原有工作能力，而又不符合勞保失能標準，而造成補償責任遙遙無期所設的機制。雇主對於職災醫療期間之勞工，不可以有不利益之處分。

◎行政院勞工委員會民國 82 年 3 月 16 日（82）台勞動 2 字第 14508 號

勞工因職業災害治療休養，依勞工請假規則第 6 條規定，雇主應給予公傷病假，該假並無期間限制。在公傷病假醫療休養期間不能工作，並非勞工不願工作，不應視爲缺勤而影響其年終考核獎金之發給及晉薪之機會。

當企業符合法定程序，勞工不論是資遣或退休，其金額都在可控制範圍，也不會造成企業經營危機，但是職災勞工卻可能讓公司一夕之間倒閉，所以建議企業要做好風險預防與控管，避免災害發生與擴大。

◎臺灣臺北地方法院行政訴訟判決 105 年度簡字第 234 號

　　勞工罹患傷病正在治療中，凡有工作之事實者，無論工作時間長短，依上開規定自不得請領是項給付。改制前行政院勞工委員會 100 年 4 月 6 日勞保 3 字第 1000008646 號函：「查勞工保險職業災害傷病給付之目的，旨在使被保險人遭遇職業傷病時，爲傷病醫療之需要而無法工作，以致未能領取原有薪資，爲維持其經濟生活而給予之薪資補助。又依本會 89 年 6 月 9 日台 89 勞保 3 字第 0022720 號函略以，勞工保險條例第 34 條規定所稱『不能工作』，係指勞工於傷病醫療期間不能從事工作，經醫師診斷審定者。是以勞工罹患傷病正在治療中，凡有工作之事實者，無論工作時間長短，依上開規定自不得請領是項給付。故勞工是否不能工作，應依醫師就醫學專業診斷勞工所患傷病之『合理療養期間（含復健）』及該期間內有無『工作事實』綜合審查，而非僅以不能從事原有工作判定。」

PART2

員工發生職業災害，經勞工保險局認定終身無工作能力後，公司是否就可以終止雙方間的勞動契約？

解析

勞動基準法中設有對職業災害勞工的保護條款～勞動基準法第13條：「勞工在第五十條規定之停止工作期間或第五十九條規定之醫療期間，雇主不得終止契約。」但是，此條文之保護也僅限於「職災醫療期間」而已。

有感於對職業災害勞工保護之不足，遂制定有職業災害勞工保護法，並自91年4月28日起施行。其中職業災害勞工保護法第23條規定：「非有下列情形之一者，雇主不得預告終止與職業災害勞工之勞動契約：

一、歇業或重大虧損，報經主管機關核定者。

二、職業災害勞工經醫療終止後，經公立醫療機構認定心神喪失或身體殘廢不堪勝任工作者。

三、因天災、事變或其他不可抗力因素，致事業不能繼續經營，報經主管機關核定者。」

除歇業、重大虧損或因天災、事變或其他不可抗力因素外，其中

第2款：「職業災害勞工經醫療終止後，經公立醫療機構認定心神喪失或身體殘廢不堪勝任工作者。」若要終止跟職業災害勞工間的勞動契約，最重要的關鍵就是公立醫療機構的認定，而勞工保險局並非公立醫療機構，其角色扮演就只是一個保險人，就像是我們一般買保險的保險公司，只是其為國營的社會保險機制，所以縱經勞工保險局認定該職災勞工為終身無工作能力，其認定也不能作為終止勞動契約的依據。

　　再者，同法第27條規定：「職業災害勞工經醫療終止後，雇主應按其健康狀況及能力，安置適當之工作，並提供其從事工作必要之輔助設施。」所以，雇主若要跟職業災害勞工終止勞動契約，一定要經過職業輔導評量且經公立醫療機構，認定其有心神喪失或身體殘廢不堪勝任工作者，才能取得合法終止雙方勞動契約之法令依據，並依據相關法令提供職業災害勞工補償及安置措施，始符合法令以及企業責任。

　　勞動部104年1月13日勞動福3字第1030136648號函略以：「有關雇主強制職業災害醫療期間之勞工退休疑義，勞工因執行職務致心神喪失或身體殘廢不堪勝任工作者，仍應符合職業災害勞工保護法第23條第2款規定，經治療終止後，經公立醫療機構認定心神喪失或身體殘廢不堪勝任工作，雇主始得終止勞動契約，尚不得逕依勞動基準法第54條第1項規定強制該勞工退休。」

　　111年5月1日實施的勞工職業災害保險及保護法，對於發生職業災害的勞工有更多的保障及保護。

相關判決

最高法院104年度台上字第613號民事判決

員工若因職業災害醫療一段時間後,其傷病已然復元,卻假藉公傷假不來上班,公司該如何是好?

解析

其實這種情況很常見,尤其更該擔心的是,發生職業災害的勞工跟所謂的勞保黃牛掛勾,開立比實際更嚴重的醫療診斷證明書,進而向雇主求償更高額的補償金,而此時,若公司還有違法情事,如勞、健保低報,或扣繳憑單虛報等逃漏稅作為,公司不得不息事寧人,只能遷就該勞工付出更高額的補償金。所以,「守法的企業成本最低」這不僅是為了避免勞工假藉議題發揮,二來也是雇主於工作上要求員工也可以心安理得。

勞動基準法第 59 條所稱「醫療期間」係指「醫治」與「療養」,而一般所稱的「復健」卻屬後續之醫治行為,但都應至其工作能力恢復之期間為限。勞工於職業災害醫療期間,雇主不得終止勞動契約,勞動基準法第 13 條定有明文,但於醫療期間內勞工所為之惡意行為,應不在該條保護範圍之內,此有 78 年 8 月 11 日台 78 勞動 3 字第 12424 號函釋示。

臺灣高等法院 103 年度勞上字第 4 號判決:……按勞基法第 13

條前段規定，勞工在第 59 條規定之醫療期間，雇主不得終止契約。所謂「勞動基準法第 59 條規定之醫療期間」，指勞工因職業災害接受醫療，而不能從事原勞動契約所約定之工作，抑或勞工未能從事原定工作，且未經雇主合法調動勞工從事其他工作者而言。蓋勞工接受醫療期間如已堪任原有工作，或已經雇主合法調動其他工作，勞工即負有提供勞務給付之義務。本件上訴人並非不能工作，已如上述，卻於被上訴人催告上訴人履行勞務給付義務時，拒絕復職，自不受勞基法第 13 條及勞工職業災害保險及保護法第 67 條規定之保護，則被上訴人依勞基法第 12 條第 1 項第 6 款規定終止系爭僱傭契約，並無因違反同法第 13 條前段或勞工職業災害保險及保護法第 67 條規定而無效之情事，上訴人此部分主張亦無可採。

所以，若勞工假藉職業災害而不回來上班，建議公司可以請該員工提供「無法從事原有工作」之證明。還有此時，更該檢視貴公司的勞工請假管理制度，是否有遺漏該補強之處。

若勞工跟勞保黃牛掛勾，把普通傷病處理成職業災害，雇主該怎麼辦？

聯合新聞網
發布時間：2017 年 3 月 28 日 PM 2 點 50 分
三總醫師勾結勞保黃牛檢方第三波搜索
https://udn.com/news/story/2/2369710

 公司員工上下班途中發生車禍，但其根本沒有駕照，算職災嗎？

解析

　　無照駕駛按照「勞工保險被保險人因執行職務而致傷病審查準則」，在勞工保險是不算職業災害，因有違反「勞工保險被保險人因執行職務而致傷病審查準則」第18條明定：「被保險人於第四條、第九條、第十條、第十六條及第十七條之規定而有下列情事之一者，不得視為職業傷害：

一、非日常生活所必需之私人行為。

二、未領有駕駛車種之駕駛執照駕車。

三、受吊扣期間或吊銷駕駛執照處分駕車。

四、經有燈光號誌管制之交岔路口違規闖紅燈。

五、闖越鐵路平交道。

六、酒精濃度超過規定標準、吸食毒品、迷幻藥或管制藥品駕駛
　　車輛。

七、駕駛車輛違規行駛高速公路路肩。

八、駕駛車輛不按遵行之方向行駛或在道路上競駛、競技、蛇行
　　或以其他危險方式駕駛車輛。

九、駕駛車輛不依規定駛入來車道。」

　　除非，該無照駕駛的勞工是有「勞工保險被保險人因執行職務而致傷病審查準則」中所列第 3、8、11 條所規定事項，無照駕駛在「勞工保險被保險人因執行職務而致傷病審查準則」裡才會被認定是職業傷害：

第 3 條

　　被保險人因執行職務而致傷害者，為職業傷害。

第 8 條

　　被保險人於必要情況下，臨時從事其他工作，該項工作如為雇主期待其僱用勞工所應為之行為而致之傷害，視為職業傷害。

第 11 條

　　被保險人由於執行職務關係，因他人之行為發生事故而致之傷害，視為職業傷害。

　　勞工因遭遇職業災害而致死亡、殘廢、傷害或疾病時，雇主應依規定予以補償，勞基法第 59 條定有明文。又所謂職業災害，不以勞工於執行業務時所生災害為限，亦應包括勞工準備提出勞務之際所受災害。所以，上班途中遭遇車禍而傷亡，應可視為職業災害。行政院勞工委員會依勞工保險條例第 34 條第 2 項規定訂定之「勞工保險被保險人因執行職務而致傷病審查準則」第 4 條即明定：「被保險人上下班，於適當時間，以適當交通方法，從日常居、住處所往返就業場所之應經途中發生事故而致之傷害，視為職業傷害。」

　　而無照駕駛在勞動基準法上是否屬於職業災害？絕大部分的法院判決，都是以有駕駛執照才認定是職業災害。而且幾乎是從民國

96 年後的判決都認定只要是上下班途中的事故，而且不違反「勞工保險被保險人因執行職務而致傷病審查準則」規定都算是職業災害。然目前有法院的見解更引用國外看法，只要是上下班縱然無照駕駛依然是職業災害。

參臺灣板橋地方法院 101 年度勞訴字第 4 號民事判決：職業災害，係指勞動者執行職務或從事與執行職務相牽連之行為，而發生之災害而言。申言之，應以勞動者所從事致其發生災害之行為，是否與其執行職務具有相當因果關係為考量重點，而勞動者為從事其工作，往返自宅與就業場所間，乃必要行為，自與業務執行有密切關係。所以從業務執行性及業務起因性來判斷，勞動者為從事其工作，往返自宅與就業場所間，乃必要行為，自與業務執行有密切關係，無照駕駛上下班依然算職業災害。

參臺灣高等法院 106 年度勞上字第 33 號民事判決：按勞工因遭遇職業災害而致死亡、殘廢、傷害或疾病時，雇主應依左列規定予以補償。勞基法第 59 條第 1 項前段定有明文。又依勞工保險條例第 34 條第 2 項所訂之勞工保險被保險人因執行職務而致傷病審查準則第 4 條第 1 項規定「被保險人上、下班，於適當時間，從日常居、住處所往返就業場所之應經途中發生事故而致之傷害，視為職業傷害」；惟勞基法就「職業災害」並未加以定義，而職業災害補償在解釋上須勞工因就業場所或作業活動及職業上原因所造成之傷害，即造成職業災害之原因原則須雇主可得控制之危害始有適用，若危險發生原因非雇主可得控制之因素，則不宜過分擴張職業災害認定之範圍，否則無異加重雇主之責任，而減少企業之競爭力，亦有礙社會之經濟發展，故是否符合上開規定，自應慎重認定，若非

勞工於上、下班,於適當時間,從日常居、住處所往返就業場所之
應經途中所發生之事故傷害,即非屬職業傷害。

　　前述上下班途中無照駕駛算職災應屬個案,為目前大多數的法院
見解是需具備駕駛執照,且不違反勞工保險被保險人因執行職務而
致傷病審查準則。有興趣的朋友可以參閱國立中正大學法律學研究
所黃愛珍的碩士論文,論文題目是:從我國司法判決探討通勤災害
法規範未來應有之發展。

相關判決

1. 最高法院 92 年度台上字第 1960 號判決
2. 最高法院 88 年度台上字第 508 號判決

PART2

公司因為未幫員工加保勞工保險,被處以職業災害勞工保護法第 34 條但書的罰鍰,請問其罰鍰得否抵充公司於勞動基準法第 59 條之補償責任?

解析

職業災害勞工保護法第 6 條:「未加入勞工保險而遭遇職業災害之勞工,雇主未依勞動基準法規定予以補償時,得比照勞工保險條例之標準,按最低投保薪資申請職業災害殘廢、死亡補助。

前項補助,應扣除雇主已支付之補償金額。

依第一項申請殘廢補助者,其身體遺存障害須適合勞工保險殘廢給付標準表第一等級至第十等級規定之項目及給付標準。

雇主依勞動基準法規定給予職業災害補償時,第一項之補助得予抵充。」

勞動基準法第 59 條規定,勞工因遭遇職業災害而致死亡、殘廢、傷害或疾病時,雇主應依該條規定予以補償。但如同一事故,依勞工保險條例或其他法令規定,「已由雇主支付費用補償者」,雇主得予以抵充之。

依財務罰鍰處理暫行條例第 3 條規定:罰鍰應悉數解庫。有關雇主遭依職業災害勞工保護法第 34 條但書規定所處之罰鍰,並不

是勞動基準法所稱已由雇主支付費用補償者，所以雇主不得予以抵充。

建議公司該保的勞保還是要加保，別因小失大。

於 111 年 5 月 1 日實施的勞工職業災害保險及保護法，對於發生職業災害而未幫其加保的雇主有更高的罰緩，相關規定也有所不同。與本題有關的法條如下：

第 36 條

投保單位未依第十二條規定，爲符合第六條規定之勞工辦理投保、退保手續，且勞工遭遇職業傷病請領保險給付者，保險人發給保險給付後，應於該保險給付之範圍內，確認投保單位應繳納金額，並以書面行政處分令其限期繳納。

投保單位已依前項規定繳納者，其所屬勞工請領之保險給付得抵充其依勞動基準法第五十九條規定應負擔之職業災害補償。

第一項繳納金額之範圍、計算方式、繳納方式、繳納期限及其他應遵行事項之辦法，由中央主管機關定之。

第 81 條

未加入本保險之勞工，於本法施行後，遭遇職業傷病致失能或死亡，得向保險人申請照護補助、失能補助或死亡補助。

前二條及前項補助之條件、基準、申請與核發程序及其他應遵行事項之辦法，由中央主管機關定之。

第 101 條

本法施行前依法應爲所屬勞工辦理參加勞工保險而未辦理之雇

主，其勞工發生職業災害事故致死亡或失能，經依本法施行前職業
災害勞工保護法第六條規定發給補助者，處以補助金額相同額度之
罰鍰。

勞動部職業安全衛生署未加勞保職業災害勞工補助
https://www.osha.gov.tw/1106/1176/1177/1180/2619/
最後瀏覽日：2018/03/22

員工於工作現場發生職業災害～手指頭夾傷，經送教學醫院檢查包紮治療後即返家，之後該員工就近至診所就診，該診所卻開立宜休養二個月之診斷書，公司應否准假？

解析

只要員工於工作現場發生職業災害，實務上，雇主很少是無過失的。

依照勞工請假規則第 10 條：「勞工請假時，應於事前親自以口頭或書面敘明請假理由及日數。但遇有急病或緊急事故，得委託他人代辦請假手續。辦理請假手續時，雇主得要求勞工提出有關證明文件。」其中，只提及得要求提出有關證明文件，卻未說明係何種證明文件？

參照勞動部 107 年 3 月編印工作規則參考手冊，第四章第 30 條第 1 項第 3 款普通傷病假：員工因普通傷害、疾病或生理原因必須治療或休養者，得依下列規定請普通傷病假，請假連續＿日（含）以上者，須附繳醫療證明。（普通傷病假一年內合計未超過三十日部分，工資折半發給，其領有勞工保險普通傷病給付未達工資半數者，由本公司補足之）（一）未住院者，一年內合計不得超過三十日。（二）住院者，二

年內合計不得超過一年。（三）未住院傷病假與住院傷病假，二年內合計不得超過一年。經醫師診斷，罹患癌症（含原位癌）採門診方式治療或懷孕期間需安胎休養者，其治療或休養期間，併入住院傷病假計算。普通傷病假超過前款規定之期限，經以事假或特別休假抵充後仍未痊癒者，經本公司同意得予留職停薪。逾期未癒者得予資遣，惟如適用勞動基準法退休金制度且符合退休要件者，應發給退休金。

據此，內政部於民國 74 年 9 月 11 日，發文字號（74）台內勞字第 344223 號說明：勞工依勞工請假規則第 10 條規定，於辦理普通傷病假請手續時，提出合法醫療機構或醫師證明書，應可作為請假之依據。同年，內政部又以（74）台內勞字第 374520 號函說明：「勞工依勞工請假規則第十條規定，於辦理普通傷病假請假手續時，提出合法醫療機構或醫師證明書，應可作為請假之依據。」雇主如對上開診斷證明書認為記載不實者，可自行酌情處理。

所以，依上開解釋，只要勞工提出合法醫療機構或醫師證明書，公司不得不准假。然為避免有勞工藉職業災害巧取不來上班，建議公司可以勞動契約載明，員工申請普通傷病假，每次如在一日以內者，得以就醫收據或診斷書為證明；如在一日以上三日以內時，應提出合法醫療機構之診斷證明；如超過三日時，應提出衛生福利部醫院評鑑優等以上、醫院評鑑合格之醫學中心或區域醫院、醫院評鑑及教學醫院評鑑合格之全民健康保險特約醫院之診斷證明（註1）。透過醫院等級來管理請假日數，再者，建議公司應成立員工關懷小組，當員工有請公傷假或普通傷病假三日以上，給予適當的關懷，可以提高該員工對公司的認同感及向心力。

延伸問題

若員工以國術館就診資料來請假公司該給假嗎？

國術館係屬民俗療法，非所謂的合法醫療機構或醫師證明書，然若貴公司考量員工就診習慣，而同意准假，則依貴公司之規定。

想請兩個月的假，公司會准嗎？

（註1）

　　若書寫於工作規則中，於107年3月1日前是可行，目前主管機關會要求該條文需參照勞動部107年3月編印工作規則參考手冊辦理，所以建議可以訂於勞動契約或經勞資會議同意或者再搭配其他管理制度。讓有需要休養的員工獲得充分休息靜養，又要避免鑽漏洞的員工。

勞動基準法第 59 條第 1 項第 3 款：「勞工經治療終止後，經指定之醫院診斷，審定其身體遺存殘廢者，雇主應按其平均工資及其殘廢程度，一次給予殘廢補償。」而何謂「治療終止」？如何認定？

解析

勞動基準法並沒有對「治療終止」下定義及註解，本文作者於 105 年 11 月 7 日發電子郵件詢問勞動部，該部勞動條件及就業平等司第二科回覆：……第 3 款規定：「勞工經治療終止後，經指定之醫院診斷，審定其身體遺存殘廢者，雇主應按其平均工資及其殘廢程度，一次給予殘廢補償。殘廢補償標準，依勞工保險條例有關之規定。」爰個案是否治療終止，仍應依醫院之診斷審定而定。

行政院勞工委員會（勞動部前身）於民國 99 年 9 月 30 日以勞保 2 字第 0990140398 號函說明：勞工保險被保險人請領失能給付，以全民健康保險特約醫院或診所診斷為實際永久失能之當日為發生保險事故日期。

更於民國 100 年 8 月 12 日以勞保 2 字第 1000140263 號函，更進一步說明何謂「治療終止」，該函釋亦成為日後多件治療終止判決

的重要參考依據：……依勞工保險條例第 53 條第 1 項規定，被保險人遭遇普通傷害或罹患普通疾病，經治療後，症狀固定，再行治療仍不能期待其治療效果，經保險人自設或特約醫院診斷爲永久失能，並符合失能給付標準規定者，得按其平均月投保薪資，依規定之給付標準，請領失能補助費。……又依本會 99 年 9 月 30 日勞保 2 字第 0990140398 號函示規定，有關勞保被保險人請領失能給付，以全民健康保險特約醫院或診所診斷爲實際永久失能之當日爲發生保險事故日期。

愛被保險人申請失能給付，依上開規定，應經治療後，症狀固定，再行治療仍不能期待其治療效果，並以全民健保特約醫院或診所診斷爲實際永久失能之當日爲發生保險事故日期，其請求權時效亦自該日起算。愛如被保險人於 98 年 1 月 1 日前已因傷病經治療後，症狀固定，再行治療仍不能期待其治療效果，並經相關醫院或診所診斷爲永久失能者，自應以其診斷爲永久失能之日爲發生保險事故日期，並依當時適用之失能給付標準規定核定種類、等級。

其中經治療後，症狀固定，再行治療仍不能期待其治療效果，可以從下列說明來讓大家更清楚了解。例如：血液透析俗稱「洗腎」，其血液透析的行爲並非可以讓腎臟恢復功能，而是維持生命的行爲。所以當血液透析日就是所謂的治療終止日，爲勞工保險失能給付標準表第七種類胸腹部臟器失能，失能項目爲 7-28 項，第七等級失能。

而若是因爲意外致一手腕關節以上斷掌未接回，則斷掌該日就是治療終止日，爲勞工保險失能給付標準表第十一種類上肢失能，失能項目爲 11-4 項，第六等級失能。而若該斷掌有接回，則需看其

復原情況如何，是否會屬於完全正常，或者是手指機能失能項目，或者是第十一種類上肢失能，失能項目爲 11-34 項，第十一等級失能或是第十一種類上肢失能，失能項目爲 11-40 項，第十三等級失能。這些都是要看當時的狀況由專業醫師來判別。

相關判決

1. 最高行政法院 102 年度判字第 620 號判決
2. 臺灣屏東地方法院行政訴訟 102 年度簡字第 8 號判決

我的員工是採日薪制的，職業災害期間還需要給薪資嗎？

PART2

解析

　　勞動基準法第 59 條第 2 款規定：「勞工在醫療中不能工作時，雇主應按其原領工資數額予以補償。」該規定旨在維持勞工於職業災害醫療期間之正常生活。事業單位內不論全部時間工作勞工或部分時間工作勞工，於遭遇職業災害醫療中不能工作之期間，雇主為原領工資數額補償時，仍應按日補償。

　　同時，依勞工請假規則第 6 條規定，勞工因職業災害而致殘廢、傷害或疾病者，其治療、休養期間，給予公傷病假。該公傷病假之期間，依實際需要而定。雇主若對勞工請假事由有所質疑時，可依勞工請假規則第 10 條規定，要求勞工提出有關治療的證明文件。

　　是以，只要是適用勞基法的行業，勞工在醫療中不能工作時，其勞動力業已喪失，然其醫療期間之正常生活，仍應予以維持。因此，按日計酬勞工之工資補償應依曆逐日計算。故而，當受僱勞工發生職業災害，雇主就必須按照勞動基準法給予補償，計日薪只是其工資計算方式的不同而已，並不會因此而影響其權益。

相關函釋判決
最高法院 102 年度台上字第 1891 號民事判決

◎行政院勞工委員會民國 98 年 7 月 27 日勞動 3 字第 980078535 號函

一、復貴府 98 年 7 月 8 日府勞動字第 980157930 號函。

二、依本會 92 年 11 月 5 日勞動 3 字第 0920061820 號函釋，查勞動基準法第 59 條第 2 款規定，勞工在醫療中不能工作時，雇主應按其原領工資數額予以補償。上開規定旨在維持勞工於職業災害醫療期間之正常生活。事業單位內不論全部時間工作勞工或部分時間工作勞工，於遭遇職業災害醫療中不能工作之期間，雇主為原領工資數額補償時，仍應按日補償。本會 97 年 9 月 30 日勞動 3 字第 0970079284 號函亦為相同釋示（原函影本如附）。

三、另，依勞工請假規則第 6 條規定，勞工因職業災害而致殘廢、傷害或疾病者，其治療、休養期間，給予公傷病假。該公傷病假之期間，依實際需要而定。雇主若對勞工請假事由有所質疑時，可依同規則第 10 條規定，要求勞工提出有關證明文件。又，上開證明文件應足顯勞工之實際需要醫療期間。

四、基上，有關所詢按日（時）計酬勞工遭遇職業災害不能工作時，其原領工資應否按日補償疑義，應依上開函釋辦理。又，本會 97 年 9 月 30 日勞動 3 字第 0970079284 號函內所稱例假日，係指勞動基準法第 36 條之例假。

五、另，本案係本會基於職權，就主管法規所為之釋示，併予敘明。

職業災害勞工領取雇主給付之醫療補償費需要繳稅嗎？

解析

職業災害勞工領取雇主給付之醫療補償費免稅！

所得稅法第4條第1項第3款：「傷害或死亡之損害賠償金，及依國家賠償法規定取得之賠償金。」同條項第4款：「個人因執行職務而死亡，其遺族依法令或規定領取之撫卹金或死亡補償。個人非因執行職務而死亡，其遺族依法令或規定一次或按期領取之撫卹金或死亡補償，應以一次或全年按期領取總額，與第十四條第一項規定之退職所得合計，其領取總額以不超過第十四條第一項第九類規定減除之金額為限。」

所以，由雇主支付給職業災害勞工的各項職業災害醫療補償費，是不用繳納所得稅的。為此，財政部於101年5月22日台財稅字第10100549630號函釋：勞工因遭遇職業災害而受傷，公司依勞動基準法第59條第1款規定補償其必需之醫療費用，與勞工因遭遇職業災害，在醫療中不能工作，雇主依同法第59條第2款規定，按原領工資數額予以補償之補償金，兩者性質相同，均屬補償金性

質，非屬工資，且該醫療費用係雇主依法應負擔之費用，應不視爲該勞工之薪資所得可免納所得稅。至非屬雇主依法應負擔之員工醫療費用，依本部 62 年 2 月 1 日台財稅第 30831 號函規定，屬補助費性質，應計入員工薪資所得課稅。

Q49

公司員工說他已經有加保農保了，不願意再加保勞保，公司可以同意嗎？

解析

　　只要是屬於勞工保險強制加保對象，雇主不可以不幫員工加保，縱然勞工簽立切結書自願不加保，其切結書亦屬無效，發生風險仍要由雇主負責賠償。

　　勞工保險係屬強制性保險，參加與否非取決於受僱人之意願，縱受僱人不願參加，雇用人仍有為其投保之義務。確實經常聽聞受僱勞工以已經有加保農保，為了避免農保資格被取消，通常都會請雇主不要幫他加保勞工保險。

　　有關受僱勞工有農保而不加勞保的問題，行政院勞工委員會勞工保險局承保新字第 09810062560 號函釋說明：依照規定，年滿 15 歲以上，60 歲以下，受僱於僱用員工滿 5 人以上之工廠、農場、牧場、公司、行號等事業單位之員工，應以其雇主為投保單位參加勞工保險為被保險人。而受僱於僱用員工未滿 5 人之前開事業單位，雖非勞工保險之強制投保單位，仍得以自願投保方式為員工申報參加勞工保險，如不願參加勞工保險，則應為員工申報參加就業

保險，以保障員工權益。如延遲不辦，依規定將有相關罰則之適用，勞工發生保險事故時所受之損失，亦應由僱用單位負責賠償。受僱用已具農保身分者，仍應依規定辦理加保。若為適用勞動基準法之事業單位，無論僱用之員工是否已投保農民保險，皆應為其提繳勞工退休金。

其實，公司若依照員工的請求未幫其加保勞工保險，當保險事故發生後，勞工無法請領勞保給付的損失部分，就是公司要負責賠償。

收文日期：1070301 收文文號：1070047328
姓　　　名：林定樺
主　　　旨：職業工會加保勞保就保勞退問題
陳情內容：公司僱用勞工三人，屬 5 人以下，可否這三位的勞
　　　　　　保加保在職業工會，就保與勞退於受僱公司加保

回覆內容：您好：107 年 2 月 28 日的電子郵件已收到。
　　　依勞工保險條例第 6 條及第 8 條規定，年滿 15 歲以上，
65 歲以下之受僱於 5 人以上事業單位等之員工，僱主應為其
辦理參加勞工保險；受僱於第 6 條第 1 項各款規定各業以外
或受僱於 4 人以下事業單位之員工，得以僱主為投保單位自
願參加勞工保險。同條例第 6 條第 1 項第 7 款規定，無一定
僱主或自營作業而參加職業工會者，始得由職業工會辦理加
保。依此，勞工如非無一定僱主或自營作業之身分，依上開
規定不得以職業工會為投保單位辦理加保。為保障勞工之勞
保權益，仍請僱主依規定為所僱員工辦理加保。

相關判決
臺灣高等法院 104 年度重勞上字第 52 號民事判決

自殺是否屬於故意犯罪行為？勞保有給付嗎？

解析

自殺是否屬於故意犯罪行為？

依照勞工保險條例第 26 條：「因戰爭變亂或因被保險人或其父母、子女、配偶故意犯罪行為，以致發生保險事故者，概不給與保險給付。」又同條例施行細則第 51 條：「本條例第二十六條所稱故意犯罪行為，依司法機關或軍事審判機關之確定判決為準。」換言之，被保險人因犯罪行為及畏罪自殺，既經檢察官為不起訴之處分或諭知不受理之判決，自不構成故意犯罪之行為。

行政院勞工委員會 79.1.12（79）台勞保 1 字第 31025 號：勞工保險死亡給付之功能旨在保障被保險人遺屬最低生活之安全，故上開被保險人遺屬津貼及喪葬津貼，仍得由未涉案之當序受益人依勞保條例第 63 條、第 65 條規定請領。

內政部 59.12.29 台內社字第 393566 號：關於自殺已遂或未遂者，依照勞工保險條例第 32 條（現修正為第 23 條）規定，除能確證具有取得保險給付之意圖或已構成同條例第 36 條（現修正為第 26 條）所規定之犯罪行為外，均應予以給付。

　　行政院勞工委員會 77.6.7（77）台勞保 2 字第 11298 號：查依勞保條例第 26 條規定「被保險人如因故意犯罪行為，以致發生事故者，概不給與保險給付」，故如被保險人非因故意犯罪行為而造成死亡事故，應可申請喪葬津貼。另有關經辦人是否有通知家屬辦理請領手續之義務乙節，查依同條例第 19 條第 1 項規定「被保險人或其受益人，於保險事故發生後，依本條例之規定，請領保險給付」。又第 30 條規定「領取保險給付之請求權，自得請領之日起，因二年間不行使而消滅。」 (註) 依上開二條文法意，被保險人或受益人應為請保險給付之主體，有關保險給付之請領程序，自應由被保險人或其受益人向投保單位提出請領保險給付之意思表示後檢附有關文件由投保單位依同條例第 10 條及施行細則第 54 條規定應為辦理申請保險給付手續。

主旨：請問勞工自殺勞保有給付嗎？

林君您好：

一、105 年 12 月 5 日您的來信已收到。

二、依照勞工保險條例第 23 條規定：「被保險人或其受益人或其他利害關係人，為領取保險給付，故意造成保險事故者，保險人除給與喪葬津貼外，不負發給其他保險給付之責任。」

(註)

　　上述解釋令未廢止，然勞工保險條例第 30 條已將領取保險給付之請求權時效，由自得請領之日起，因二年間不行使而消滅修改為自得請領之日起，因五年間不行使而消滅。

三、有關來信問題，如被保險人於保險有效期間死亡，並非
　　為領取保險給付故意造成保險事故者，除由支出殯葬費
　　之人請領喪葬津貼外，當序遺屬並得選擇按月請領遺屬
　　年金給付（遺屬須符合請領條件），或一次請領遺屬津
　　貼（被保險人於 98 年 1 月 1 日前須有勞保年資）。

相關判決

臺灣桃園地方法院 98 年度勞訴字第 57 號民事判決

PART2

員工因卡債收到強制執行令,為了不要被扣薪三分之一,請公司回文說他已經離職(假離職真僱用),而他希望領現金,公司只要把他的勞、健保退掉就好,請問,公司可以配合他這麼做嗎?

解析

公司這麼做雖然可以避免勞工不會被扣薪三分之一,但可能為自己惹上麻煩。

債權人若得知上情,可依強制執行法第 119 條:「第三人不承認債務人之債權或其他財產權之存在,或於數額有爭議或有其他得對抗債務人請求之事由時,應於接受執行法院命令後十日內,提出書狀,向執行法院聲明異議。第三人不於前項期間內聲明異議,亦未依執行法院命令,將金錢支付債權人,或將金錢、動產或不動產支付或交付執行法院時,執行法院得因債權人之聲請,逕向該第三人為強制執行。」

再者,勞保退保仍僱用,將來該勞工若發生職業災害或符合請領勞保老年給付時,因為未加保勞保的損失,又全部概由公司負責~勞工除可依照勞工保險條例第 72 條向公司求償外,若有訴訟還可以依照勞工保險條例施行細則第 98 條之 1 第 1 項:「勞工因僱主

違反本條例所定應辦理加保或投保薪資以多報少等規定，致影響其保險給付所提起之訴訟，得向中央主管機關申請扶助。」也就是說，相關提告公司的訴訟費用，政府還有補助呢！

實務上處理過幾件，最後都是家屬回過頭來反咬雇主一口。所以，公司「值得」配合他這麼做嗎？

民國 107 年 6 月 13 日總統令修正公布強制執行法第 122 條：「
債務人依法領取之社會福利津貼、社會救助或補助，不得爲強制執行。

債務人依法領取之社會保險給付或其對於第三人之債權，係維持債務人及其共同生活之親屬生活所必需者，不得爲強制執行。

債務人生活所必需，以最近一年衛生福利部或直轄市政府所公告當地區每人每月最低生活費一點二倍計算其數額，並應斟酌債務人之其他財產。

債務人共同生活親屬生活所必需，準用前項計算基準，並按債務人依法應負擔扶養義務之比例定其數額。

執行法院斟酌債務人與債權人生活狀況及其他情事，認有失公平者，不受前三項規定之限制。但應酌留債務人及其扶養之共同生活親屬生活費用。」

所以現在扣薪的金額已不是以往所常用的扣三分之一薪，而是以債務人生活所必需，且以最近一年衛生福利部或直轄市政府所公告當地區每人每月最低生活費一點二倍計算其數額，並應斟酌債務人之其他財產。

還有連債務人共同生活親屬生活所必需，也都適用前項計算基準，並按債務人依法應負擔扶養義務之比例定其數額。

老丁於前公司工作十幾年，公司有為他加保勞保，後來因身體不適自行離職，不料，離職不到一年就因癌症身故，他的保險業務員說：沒繳國民年金的保險費一樣可以領國民年金的死亡給付，這樣對嗎？

解析

　　為確保未能於相關社會保險獲得適足保障之國民於老年、生育及發生身心障礙時之基本經濟安全，並謀其遺屬生活之安定，特制定國民年金法。該法規定，年滿 25 歲未滿 65 歲國民，在國內設有戶籍，除應參加或已參加相關社會保險者外，應參加本保險為被保險人。

　　國民年金保險費在年資十年內未繳都可以補繳，且保險人在核發各項給付時，應將被保險人因繳款單開立及繳納時差而尚未逾繳納期限之保險費、逾期繳納保險費所應計收之利息，由發給之保險給付中扣抵，並計入保險年資。亦即，縱然被保險人未繳國民年金的保險費，然若具備國民年金各項給付請領資格及條件時，一樣可以請領國民年金給付。

　　本案例中，雖然老丁已經身故，若其遺屬符合喪葬給付或遺屬

年金給付條件時，縱然未繳保費一樣可以申請，只是申請時會扣除逾期繳納保險費及所應計收之利息，所以他的保險業務員說的是對的。

可是，老丁因有加保勞保十幾年，且於退保一年內身故，依照勞工保險條例第 20 條：「被保險人在保險有效期間發生傷病事故，於保險效力停止後一年內，得請領同一傷病及其引起之疾病之傷病給付、失能給付、死亡給付或職業災害醫療給付。」為此，行政院勞工委員會（勞動部前身）於民國 94 年 12 月 6 日勞保 2 字第 0940068245 號函釋：有關勞保被保險人於保險效力停止之日起一年內因疾病導致住院診療、診斷殘廢或死亡者，不宜僅依醫理見解判斷，仍應依保險有效期間因同一疾病或其相關疾病之診療紀錄，按勞工保險條例第 20 條規定核發相關保險給付。

換句話說，老丁的遺屬若符合喪葬津貼或遺屬津貼給付時，在喪葬津貼的部分可以按平均月投保薪資一次發給五個月，遺屬津貼只要參加保險年資合計已滿二年者，按平均月投保薪資發給三十個月。所以說，老丁的遺屬若符合請領喪葬津貼或遺屬津貼給付時，合計可以領取三十五個月的勞保給付。

而國民年金與勞工保險皆屬於社會保險的一環，基於同一種保險給付，不得因同一事故而重複請領，所以，老丁的家屬僅能選擇領國民年金或勞保給付。故而，其家屬若申領勞保給付，其金額可能會比國民年金多上百萬元。相對的，若選擇領國民年金給付，其金額也會少了上百萬元～問對專業很重要。

國民年金於 104 年 1 月起投保金額調整為新臺幣 18,282 元。

 倘若申領了失業給付，是否會影響勞保的老年給付？

解析

經常被問到是不是領了失業給付，勞保的年資就會減少？事實上是不會的。

勞工保險的老年給付法源係依據「勞工保險條例」，而失業給付的法源依據是「就業保險法」，這是截然兩個不同的法律規定，只是目前都是由勞動部勞工保險局統籌辦理各項業務，也因此才會讓人產生誤解。

依據就業保險法的規定，要領取就業保險中的各種保險給付的請領條件如下：

1. 失業給付

被保險人於非自願離職辦理退保當日前三年內，保險年資合計滿一年以上，具有工作能力及繼續工作意願，向公立就業服務機構辦理求職登記，自求職登記之日起十四日內仍無法推介就業或安排職業訓練。

2. 提早就業獎助津貼

符合失業給付請領條件，於失業給付請領期間屆滿前受僱工作，

並參加本保險三個月以上。

3. 職業訓練生活津貼

被保險人非自願離職，向公立就業服務機構辦理求職登記，經公立就業服務機構安排參加全日制職業訓練。

4. 育嬰留職停薪津貼

被保險人之保險年資合計滿一年以上，子女滿三歲前，依性別工作平等法之規定，辦理育嬰留職停薪。

被保險人因定期契約屆滿離職，逾一個月未能就業，且離職前一年內，契約期間合計滿六個月以上者，視為非自願離職，並準用前項之規定。

本法所稱「非自願離職」，係指被保險人因投保單位關廠、遷廠、休業、解散、破產宣告離職；或因勞動基準法第 11 條、第 13 條但書、第 14 條及第 20 條規定各款情事之一離職。

就業保險法第 16 條：「失業給付按申請人離職辦理本保險退保之當月起前六個月平均月投保薪資百分之六十按月發給，最長發給六個月。但申請人離職辦理本保險退保時已年滿四十五歲或領有社政主管機關核發之身心障礙證明者，最長發給九個月。中央主管機關於經濟不景氣致大量失業或其他緊急情事時，於審酌失業率及其他情形後，得延長前項之給付期間最長至九個月，必要時得再延長之，但最長不得超過十二個月。但延長給付期間不適用第十三條及第十八條之規定。

前項延長失業給付期間之認定標準、請領對象、請領條件、實施期間、延長時間及其他相關事項之辦法，由中央主管機關擬訂，報請行政院核定之。申領失業給付未滿前三項給付期間，再參加本保

險後非自願離職者，得依規定申領失業給付，但合併原已領取之失業給付月數及依第十八條規定領取之提早就業獎助津貼，以發給前三項所定給付期間爲限。依前四項規定領滿給付期間者，自領滿之日起二年內再次請領失業給付，其失業給付以發給原給付期間之二分之一爲限。依前五項規定領滿失業給付之給付期間者，本保險年資應重行起算。」

前述第16條第6項「依前五項規定領滿失業給付之給付期間者，本保險年資應重行起算」指的是就業保險的年資，而非勞工保險的年資；勞工保險的年資只有在下列幾種情形下才會有影響：被保險人本人領取老年給付後退保、領取被保險人本人死亡給付、領取被保險人本人失能給付後因終身無工作能力被退保，還有就是掛名加保被查獲，該掛名加保期間的勞保年資被取消。

所以，若符合就業保險中的各種保險給付的請領條件時，可以放心請領相關保險給付，因爲，領取就業保險中的各種保險給付，並不會影響勞保老年給付的資格或年資。

但若勞保加保在職業工會，因未加保就業保險所以是無法請領失業給付、提早就業獎助津貼、職業訓練生活津貼以及育嬰留職停薪津貼。

勞工朋友爲了您本身的權益應該要合法加保勞工保險。

請問受僱勞工因為債務問題擔心所領的勞保各項給付會被假扣押，請問該如何處理？

解析

目前受僱勞工可以開立專屬帳戶，避免所領取的各項給付，因為債務問題而被強制執行或假扣押。

而目前常見勞工可以領取的有勞工保險的各項給付、勞動基準法上的勞工退休金以及勞動基準法上的職業災害補償金，相關金融機構也都不盡相同。造成勞工朋友可能要開立多本帳戶或跑多家金融機構，原本立法的美意，在此時有顯不足。主管的政策執行，應考慮到勞工的實際需求，並以方便勞工為主。所以勞工朋友要善用各項工具，避免自己的權益受損。當然若有積欠債務，建議還是盡快償還，畢竟跟銀行借的錢還是屬於眾生財，此生不還，來世還是要加計利息償還。

主管機關／法規	項目	銀行
勞工保險局／ 勞工保險條例第 29 條	存入勞工保險各項給付。 附件 1	土地銀行各地分行申請開立勞保專戶。
勞動部／ 勞動基準法第 58 條	勞工退休金（舊制退休金）。 附件 2	土地銀行、郵局或台灣銀行開立專戶存入退休金。

主管機關／法規	項目	銀行
勞動部／ 勞動基準法第 61 條	職業災害補償金。 附件 3	開立職災補償金專戶之金融機構為合作金庫商業銀行。

經以電子郵件詢問主管機關，相關回覆如下：

1. 有關您詢問勞工保險條例第 29 條修法後，未來請領勞工保險各項一次金給付是否可存入勞保年金專戶一案，查本局為便利勞工請領勞工保險給付，開放勞保年金專戶，可適用存入勞工保險各項一次金給付。如您已開立勞保年金專戶，未來如請領其他一次金給付可逕行存入年金專戶，無須重新開立。

2. 有關您函詢勞保年金專戶該如何申請乙節，查被保險人或受益人申請勞保各項年金給付時，如因債務問題，擔心銀行帳戶可能遭扣押或強制執行，可填具「開立專戶申請書」寄送本局申請勞保年金專戶，本局受理申請後會出具證明文件（同意函）通知申請人，請申請人持本局同意函及攜帶身分證、貼有照片的第二證件及印章，親自至土地銀行各地分行或郵局申請開立勞保年金專戶。另申請人如已於土地銀行或郵局開立存摺封面載有「年金專戶」、「就保專戶」或「勞退（月退）專戶」等字樣之帳戶，因各專戶間均可通用，無須再重新開立。

3. 勞動基準法第 58 條第 3 項規定：「勞工依本法規定請領勞工退休金者，得檢具證明文件，於金融機構開立專戶，專供存入勞工退休金之用。」，前開金融機構係指土地銀行、郵局或台灣銀行。

4. 查勞動基準法第 61 條第 3 項規定：「勞工或其遺屬依本法規定受領職業災害補償金者，得檢具證明文件，於金融機構開立專戶，專供存入職業災害補償金之用。」前開金融機構係指合作金庫。

有關勞保專戶問題為更仔細查證，又以電子郵件詢問勞工保險局，回覆如下：

一、您110年7月6日的來信已經收到。

二、有關您詢問開立勞保給付專戶案，本局目前僅委託土地銀行辦理專戶設立事宜。另本局刻正與相關單位洽談中，預計於本年8月於本局官網公布新增之委託單位。若您有急迫需求，仍建請先洽土銀辦理，不便之處，敬請見諒。

　　　　勞　動　部　勞　工　保　險　局

敬啟

　　　　　　　　　　中華民國110年7月8日

所以勞工朋友若有需要辦理，建議先洽主管機關詢問清楚，因為其所配合的金融機構有可能會有所更動，像本文在書寫時，詢問勞工保險局當時所配合的金融機構還有郵局，本文截稿前就取消跟郵局的合作，只剩土地銀行。

所以建議有開立專戶需要之申請勞保給付的被保險人或受益人，應先向勞保局或勞動部詢問了解相關程序及所需準備資料，避免因為程序錯誤或遺漏文件，而浪費時日。

申請開立專戶，勞保局受理後會出具「開立專戶通知函」，被保險人或受益人在看需要準備哪些文件資料，就近至金融機構辦理勞保給付專戶。

附件一

開立專戶申請書

　　本人因債務問題致帳戶存款可能遭扣押等原因，無法以一般金融機構帳戶作為匯入勞工保險給付、就業保險給付、國民年金、勞工退休金、農民退休儲金、老年農民福利津貼等款項之用，擬申請開立專戶（**註一**），請郵寄可供本人於金融機構開立專戶之通知。

註一：依勞工保險條例第 29 條、就業保險法第 22 條、國民年金法第 55 條、勞工退休金條例第 29 條、農民退休儲金條例第 20 條或老年農民福利津貼暫行條例第 4 條之 1 規定於金融機構開立專戶，該專戶內之存款不得作為抵銷、扣押、供擔保或強制執行之標的。

註二：依上開任一規定開立之專戶，均可適用存入上開條文所定之保險給付、年金給付、退休金、農民退休儲金及老年農民福利津貼。

註三：尚未開立專戶者，請領保險給付、年金給付、退休金者，可擇定於土地銀行或郵局開立專戶；請領老年農民福利津貼者，可擇定於合作金庫、郵局或有開立專戶服務的所屬農、漁會信用部開立專戶；請領農民退休儲金者，僅可開立郵局專戶存入。

註四：已開立專戶者，如為郵局之專戶，可存入保險給付、年金給付、退休金、農民退休儲金及老年農民福利津貼；如為土地銀行專戶，可存入保險給付、年金給付及退休金；如為合作金庫或農（漁）會專戶，僅可存入老年農民福利津貼。

　　此致

勞動部勞工保險局

立書人：　　　　　　　　　（簽章）

法定代理人：　　　　　　　（簽章）

身分證統一編號：

出生年月日：

聯絡電話：

聯絡地址：

中　華　民　國　　　　　　年　　　　　　月　　　　　　日

附件二

勞工開立「勞基法退休金專戶」流程及注意事項

一、 為保障勞工依勞動基準法（以下簡稱勞基法）規定請領之退休金，該法第 58 條已明定，勞工依該法規定請領勞工退休金者，得檢具證明文件，於金融機構開立專戶，專供存入勞工退休金之用，該專戶內之存款，不得作為抵銷、扣押、供擔保或強制執行之標的。

二、 勞工欲開立「勞基法退休金專戶」存入退休金，須填具勞工開立「勞基法退休金專戶」存入退休金聲明書（註 1）向特定金融機構（註 2）申請開立專戶，存入勞基法規定給付之退休金，**該專戶不得再以任何方式存（匯）入款項。**

三、 勞工若已於上述特定金融機構開立社會救助專戶、勞（國）保年金專戶或就保專戶等者，得選擇沿用該專戶或新開立「勞基法退休金專戶」存入勞基法規定給付之退休金。**（註：郵政儲金匯兌法第 19 條規定，郵政存簿儲金每 1 人僅得開立 1 戶，爰勞工如已開立郵局一般帳戶者，得攜帶國民身分證及檢附勞工開立「勞基法退休金專戶」存入退休金聲明書，申請轉換為「勞基法退休金專戶」，並須將一般帳戶提領至零元。存簿儲金每戶最高計息金額為新臺幣 100 萬元（按每日平均結餘計算），超出部分不予計息。**

四、 勞工開立專戶後，應通知事業單位並提供專戶帳號，由事業單位勞工退休準備金監督委員會審核、填具勞工退休金給付通知書（勾選匯款至專戶）、給付通知書名冊-匯款專用、勞工退休金以匯款交付勞工聲明暨切結書，製作勞工退休金給付通知書媒體檔格式送臺灣銀行信託部審核。

五、 臺灣銀行信託部審核後，自事業單位勞工退休準備金專戶撥付退休金，匯款至勞工開戶之特定金融機構，該金融機構匯款至「勞基法退休金專戶」之作業時間**為 5 個營業日。**

六、 臺灣銀行信託部撥付退休金後，函知勞工並副知開立專戶之金融機構，據以作為開立專戶之證明文件。

註 1：空白聲明書請至臺灣銀行股份有限公司網站(http://www.bot.com.tw→表單下載→勞工退休基金相關表格→表格資料)下載列印。
註 2：特定金融機構係指臺灣土地銀行、中華郵政公司(郵局)或臺灣銀行所屬分支機構。

附件三

勞動基準法職業災害補償金專戶開戶注意事項

一、　依據：

勞動基準法（以下簡稱勞基法）第 61 條規定，勞工或其遺屬依該法規定受領職業災害（以下簡稱職災）補償金者，得檢具證明文件，於金融機構開立專戶，專供存入職災補償金之用，該專戶內之存款，不得作為抵銷、扣押、供擔保或強制執行之標的。

二、　開戶作業流程：

（一）　職災勞工或其遺屬（以下簡稱申請人），填具「**勞動基準法職業災害補償金專戶地方主管機關證明申請書**」（以下簡稱申請書），並檢附相關資料，送件至**職災勞工勞務提供地之地方勞工行政主管機關**（註一）申請開立專戶之證明公文。

（二）　申請書原則應由本人申請，但本人精神障礙或其他心智缺陷，致不能為意思表示或受意思表示，或不能辨識其意思表示之效果，或其為意思表示或受意思表示，或辨識其意思表示效果之能力，顯有不足者，得取得**監護宣告**或**輔助宣告**，由監護人、輔助人檢具相關證明後，代為辦理開戶事宜。至於申請人**因故無法親自辦理**，則需填具「**委託書**」後，以代為申請。

（三）　申請人取得「**開戶及存入職災補償金證明公文**」（以下簡稱證明公文）後，請詳閱「**勞動基準法職業災害補償金專戶開戶注意事項**」（以下簡稱注意事項），並親簽「**勞動基準法職災補償金專戶存入職災補償金聲明書**」（以下簡稱聲明書）。非由本人申請者，則由監護人、輔助人或受託人簽署聲明書。

（四）　申請人攜帶「**證明公文**」及「**聲明書**」，至公文上指定合作金庫商業銀行之分行 (註二) 辦理開戶事宜。

（五）　因「**證明公文**」將載明得至金融機構協助開戶之申請人、監護人、輔助人或受託人，非公文所記載之相對人，金融機構得拒絕辦理。

（六）　申請人因資料不全，致地方勞工行政主管機關無從認定者，地方勞工行政主管機關得敘明理由發函限期通知補正。

三、　辦理開戶應攜帶證(文)件：

（一）　以勞工本人身分開戶者：

1. 由地方勞工行政主管機關出具之「**證明公文**」。

2. 閱覽開戶「**注意事項**」並簽署「**聲明書**」。

3. 國民身分證正本及第二身分證明文件（如附有相片之健保卡、駕照、護照等）。

4. 其他依金融機構開戶所需文件(如印鑑等)。

（二）　以勞工遺屬身分開戶者：

1. 由地方勞工行政主管機關出具之「**證明公文**」。

2. 閱覽開戶「**注意事項**」並簽署「**聲明書**」。

3. 國民身分證正本及第二身分證明文件（如附有相片之健保卡、駕照、護照等）。

4. 載有勞工本人死亡日期之戶口名簿影本、開戶者之戶口名簿影本，若勞工及其遺屬非同一戶籍者，其證明身分關係之戶口名簿影本或其他相當之證明文件。

5. 遺屬之開戶身分，依勞基法第59條第4款順位辦理，同一順序遺屬若有二人以上，且皆須開立專戶存入補償金者，均須親自到場辦理開戶事宜。

6. 其他依金融機構開戶所需文件(如印鑑等)。

四、　已開立專戶續存職災補償金流程：

（一）　申請人填具**申請書**，並檢附相關資料，送件至**職災勞工勞務提供地之地方勞工行政主管機關**申請存入補償金專戶之證明公文。

（二）　相關資料除有必要者，免重複檢附（如：法院強制執行命令）。

（三）　申請人取得「**存入職災補償金證明公文**」，至原開立職災補償金專戶之合作金庫商業銀行分行辦理存入補償金事宜。

（四）　**職災勞工如欲存入不同性質之職災補償金，應另開立新專戶，同一專戶內無法存入不同性質之職災補償金（即醫療補償、原領工資補償、失能補償及死亡補償應分別開立專戶存入）。**

五、　勞基法職災補償金專戶性質：

（一）　**專戶內存款不會被抵銷、扣押、供擔保或強制執行。**

（二）　專戶存款自由分次提領，**除職災補償金之性質外，不得存(匯)入任何款項。**

（三）　專戶內之存款，依該金融機構活期儲蓄存款掛牌利率計息。

（四）　專戶內存款提轉入其他帳戶或定期存款，則該筆存款即不受勞基法第 61 條規定之保障。

（五）　開立專戶後一年內，未存入任何勞基法職災補償金者，得免經本人同意，逕由金融機構予以銷戶。

註一：指各直轄市、縣（市）政府、科技部新竹、中部、南部科學工業園區管理局及經濟部加工出口區管理處。

註二：目前得開立職災補償金專戶之金融機構為合作金庫商業銀行。

員工請求公司協助其提高勞保投保薪資，其所增加的費用，員工願意自己全額負擔，請問公司適合幫助他嗎？

PART2

解析

常見中小企業基於人情壓力，在不敵員工的請託下，勞、雇雙方談好條件，由公司幫員工提高勞保投保薪資，其所增加的費用，概由員工自行負擔。看起來好像公司沒有損失，還幫了員工大忙，事實上並非如此。

勞工保險條例第 72 條第 3 項：「投保單位違反本條例規定，將投保薪資金額以多報少或以少報多者，自事實發生之日起，按其短報或多報之保險費金額，處四倍罰鍰，並追繳其溢領給付金額。」換言之，當公司幫員工將投保薪資金額以多報少或以少報多而被查獲或經檢舉，除會被處以四倍保費罰鍰，而且也會被追回溢領給付之金額。更嚴重的是，這麼做已經涉及刑法詐欺罪。

再者，因為調高勞保投保薪資，其投保薪資會比實際工資高，該員工若有勞動基準法舊制年資，將來計算退休金時，公司可能要付出的退休金會比實際高。還有，員工的扣繳憑單金額也會比實際領的金額多，導致公司虛增薪資費用，有涉及逃漏稅之疑。而且，最

擔心的是，若將來勞、雇雙方發生嫌隙，難保勞方不會藉此議題來興訟，甚至要求公司額外給付一筆封口費。

所以強烈建議，有些事可以幫忙，至於違法亂紀的事就別幫，因為，最後都會害到自己。

聯合新聞網
發布時間：2017 年 3 月 25 日 AM 4 點 13 分

台東漁民被判詐領勞退金追繳 4 人自殺
正確應為未實際從事工作，掛名加保勞工保險被查獲追繳所領勞保給付，蘇澳區也有 232 名漁民被查辦，起訴 216 人，192 人被追繳，總計全台溢領勞保退休金逾 27 億元，主動移請司法機關徹查。

勞保高薪低報的風暴即將來臨，應儘速轉正！

解析

　　過去，員工願意勞、健保低報最重要的原因是可以少繳保費，況且，公司對於員工的所得也會低報，都是等到要申請勞保老年給付的前三年，才會開始提高其勞保投保薪資級距；於勞保年金實施後，為領取年金給付，也才會從離職退保前五年左右，開始提高其投保薪資級距。而公司因為勞、健保低報，勞退少提繳，負擔較輕，於是就在勞、雇雙方的默契下，只要不出事（身故、失能或職災），就自然形成共犯結構～老闆少出錢，員工少負擔，稅又可少繳。

　　隨著年金改革議題發酵，以及國稅局查稅方式進步，未來勞保年金給付計算，將採取 15 年最高平均投保薪資，也就是至少要在申請勞保老年給付前 15 年就要開始將投保薪資提高；再加上國稅局精進對公司的查帳方式，公司若再持續低報員工所得，其所需費用憑證將嚴重不足，對公司而言，被追補稅的風險也隨之增加。

　　更不用說此次勞動基準法修正，明確要求雇主應置備勞工工資清冊，將發放工資、工資各項目計算方式明細、工資總額等事項記

入。工資清冊應保存五年，亦即過去查無實證的時代已結束。同法第 74 條規定，員工發現公司有違法情形，可以隨時申訴勞檢，公司對員工還不可以有不利益的處分。

以下這個案子為高薪低報及受雇於 A 公司，勞健保卻加保於 B 公司，因偽造文書案件，經檢察官提起公訴（105 年度偵字第 00000 號）。臺灣臺南地方法院刑事判決 106 年度易字第 1662 號：

1. 汪○○係展○興實業有限公司（下稱展○興公司）之負責人及展○鋁業股份有限公司（下稱展○公司）之股東及管理人，李○○為展○公司之會計及人資課長，均係從事業務之人，被告是一家公司的負責人及另一家公司股東，還有會計及人資課長。

2. 被告李○○則辯稱：顧問公司跟我們規劃這樣，我們一直覺得我們這樣做，是沒有違反法令，我們真的沒有那個意思去做低報等詞。

3. 員工受雇於 A 公司，勞、健保卻加保於 B 公司，員工有跟公司簽定不定期勞動契約及員工薪資結構議定勞資協議書各 1 份。

   被告汪○○、李○○明知許○○實際自 105 年 10 月 3 日至展○公司任職，卻由李○○於 105 年 10 月 3 日，將許○○係任職於展○興公司之不實事項，登載於該公司業務上作成之人事資料，據以持向勞保局及健保署申報而行使之，致生損害於勞保局及健保署分別對勞工保險及全民健康保險資料管理之正確性，因認被告汪○○、李○○此部分所為，亦係犯刑法第 216 條、第 215 條之行使業務上登載不實文書罪嫌。

　　面對勞工意識抬頭的今天，手機網路資訊發達，1955 隨時打，企業還有空間違法亂紀嗎？當員工申請退休或資遣時，其資遣費或退休金，未依勞動基準法第 17 條、第 55 條規定之標準或期限給付者，處新臺幣 30 萬元以上 150 萬元以下罰鍰，並限期令其給付，屆期未給付者，應按次處罰。簡言之，企業禁得起被連續高額處罰嗎？

　　「守法的企業成本是最低的」，當低報勞、健保投保薪資時，為員工省下所得稅的同時，最後公司全部要負責買單，最終付出巨額賠償金給員工的還是公司呀！

被保險人因假結婚娶一名泰國女子,該女子結婚後即離台,無子女,其父母健在,死亡給付應如何申請?

解析

倘被保險人未遺有子女,且配偶於國外行蹤不明,依勞工保險條例第 65 條第 3 項第 2 款規定,其父母如符合請領遺屬年金給付條件,得填具本人死亡給付申請書及附應備書件,並出具載明「被保險人未遺有子女且配偶確於國外行蹤不明,以上所稱若有不實,願負法律責任」之切結書送局申請遺屬年金。並得由支出殯葬費之人檢附實際支出殯葬費用之證明文件正本,向勞保局請領本人死亡喪葬津貼 5 個月。

相關法令規定

一、勞工保險條例第 63 條第 1 項規定:「被保險人在保險有效期間死亡時,除由支出殯葬費之人請領喪葬津貼外,遺有配偶、子女、父母、祖父母、受其扶養之孫子女或受其扶養之兄弟、姊妹者,得請領遺屬年金給付。」

二、第 63 條第 2 項規定父母得請領遺屬年金給付之條件,須年滿 55 歲,且每月工作收入未超過投保薪資分級表第一級。

三、第 65 條第 3 項規定:「前項第一順序之遺屬全部不符合請

領條件，或有下列情形之一且無同順序遺屬符合請領條件時，第二順序之遺屬得請領遺屬年金給付：1. 在請領遺屬年金給付期間死亡。2. 行蹤不明或於國外。3. 提出放棄請領書。4. 於符合請領條件起一年內未提出請領者。」

四、行政院勞工委員會 99 年 10 月 6 日勞保 2 字第 0990140412 號函示略以，有關勞工保險條例第 65 條第 3 項第 2 款所稱「於國外」，應於第一順位遺屬於國外有行蹤不明之情形，第二順位始得主張其請領年金之權利。考量實務上第一順位遺屬出境未返或未曾入境等於國外之情形，且難以透過駐外單位證明其是否行蹤不明，爰第二順位遺屬於前開情形下，得以切結書主張第一順位遺屬為行蹤不明，請領遺屬年金。

> 勞工平均投保薪資 4 萬元，勞保年資超過 20 年，於加保期間身故，遺有獨生女（26 歲）及高齡母親，祖母與孫女長期相處不睦，為爭奪勞保給付問題而起爭執。是否獨生女超過一年沒申領，可由第二順位的祖母領取？

解析

被保險人於保險有效期間身故（勞工保險條例第 63 條），其遺有可以領取遺屬年金給付及遺屬津貼的人（勞工保險條例第 65 條），當第一順位受益人存在時，後順序的人是不可以請領，亦即當女兒還在時，祖母就不可以請領。除非有勞工保險條例第 65 條第 3 項第 4 款情形出現時，後順序的人才可以請領。也就是女兒不提出請領且超過一年，祖母才能請領。

本案例中其獨生女兒健在，且未超過一年不提出請領，所以祖母是沒有請求權。

然而，若其獨生女提出請領，且是請領遺屬年金，也會因其請領資格不符合規定，（勞工保險條例第 54 條之 2，超過 25 歲），被勞工保險局駁回申請資格，而不予給付。後續勞工保險局就會依照勞保條例第 63 條之 2 規定：但其遺屬不符合請領遺屬年金給付或遺屬津貼條件，或無遺屬者，按其平均月投保薪資一次發給十個月

喪葬津貼。

　　聰明的女兒若是一開始即請領遺屬津貼（勞保條例第 63 條之 2）則因無請領條件的限制，可以領到五個月的喪葬津貼及三十個月的遺屬津貼，合計 35 個月。可見選對、領錯相差 25 個月，以平均投保薪資為 4 萬元，相距差額高達 100 萬元，這是一筆大損失。

　　再者，若已申請遺屬年金，且經保險人核付十個月喪葬津貼後，還可以變更申請嗎？按照目前勞工保險條例第 63 條第 3 項：「經保險人核付後，不得變更。」

　　經詢問勞工保險局，勞保局回覆如發現子女不符遺屬年金資格，會先確認死者於 98 年前是否曾加保，如曾加保，再與申請人確認是否改請遺屬津貼。

　　然又有多少人可以清楚分辨遺屬年金跟遺屬津貼的差別？

　　再者，勞保局承辦人員的確認，並非法定要做的事項，承辦人員若忘了確認，只因為勾選錯誤，或不知如何選擇，選錯！相差就是 100 萬！

　　所以要找專業的人士免費幫忙這很重要。（你的保險業務人員是否專業且能免費幫你）

————————————

（註）

　　立法院第 9 屆第 5 會期第 7 次會議議案關係文書，院總第 468 號委員提案第 21776 號，提案要刪除勞工保險條例第六十三條規定身故勞工的遺屬年金限「受扶養之孫子女、兄弟姊妹」的限制，並增加被保險人可生前預立遺囑，可指定領受人。

Q&A

PART3

實務問題

 企業要如何面對這次勞基法的修法以及未來的轉變？

解析

105 年 12 月 21 日的勞動基準法一例一休修正案，可堪稱有史以來最大的變革，修法後不到一個月即生效實施，當初沒想到的問題一一浮現，造成勞、雇雙方一時間都無所適從。

勞動部表示，本次勞動基準法修法實是保障勞工權益的立法。為避免事業單位對勞動法令新制認知不足，甚或取巧玩法，勞動部已協同各地方勞工行政主管機關、工商團體辦理宣導會，協助事業單位落實法令，建立勞資互信，期使事業單位可以永續經營，並以確保勞工權益。

面對一例一休所造成的勞資雙方都不滿意，於是勞基法再次修正並於 107 年 3 月 1 日實施，勞動部強調，法令執行沒有空窗期，事業單位應依法辦理，絕不容許有違規脫法情事，也會加強勞動檢查。對於申訴案件及重大惡意違規等情事，仍將依法實施檢查及裁罰。

勞動部宣導網址：https://www.mol.gov.tw/announcement/ 2099/36289/
最後瀏覽日：2017/03/23

　目前企業界的做法，大概有以下幾種，這些做法有合法、有違情、更有違法！不論要如何變更來降低成本，企業老闆要先問自己：公司要越做越大還是要越做越小？～再決定自己要怎麼做！因為老闆的想法決定企業的未來！

　在 94 年勞退新制實施時，看到許多中小企業為了降低勞退新制的 6% 提撥成本，在沒有跟員工協商下，採取了減薪、減少福利或是將 6% 提撥的退休金，由員工自己支付或者採薪資內涵勞退金 6%，剛開始好像是立即降低人事成本，但員工向心力、對公司組織的認同也不見了，隨著時間的過去，人員一個個離開，造成人才斷層，甚至勞資糾紛四起。一晃眼，勞退新制實施至今十幾年過去了。而隨著科技及網路的發達，資訊取得相當方便，若企業面對「一例一休」的實施，採取的若是不討論、不溝通、不說明，而採用減薪、降福利或其他方式，我想傷害的不僅是勞資互信，而是企業長久經營之路。而在勞動事件法實施後，雇主的各項管理制度更顯重要。

　把目前企業的常用手法做整理供大家參考，期望大家能用正確的方式來面對新法實施。以下的做法，有合法、有違情、更有違法，請自行判斷！

1. 人員培訓，提升技能。
2. 降低不良率。
3. 善用排班調休。
4. 自動化、增加人力。
5. 運用年終獎金來調整。
6. 鼓勵員工辦退休再僱用。

7. 低底薪、高獎金、高福利的薪資政策。

8. 訂定休息日加班管理辦法，做好做滿。

9. 善用變形工時及補休，制定補休管理辦法。

10. 注重績效，控管加班，制定加班管理辦法。

11. 分析淡旺季，年、半年、季、月、週，來排班，調整人力。

12. 減薪。

13. 採輪休。

14. 凍結加薪。

15. 運用人力派遣。

16. 特別休假預休。

17. 減少福利及獎金。

18. 休息日加班費內含於薪資中。

19. 鼓勵延長工時、休息日加班換補休。

20. 鼓勵特休排旺季加班換補休。

21. 勞工直接改成約聘僱人員。

22. 勞工直接改成部分工時人員。

23. 廠內外包，直接不適用勞基法。

24. 調整薪資結構，制定薪資管理辦法。

25. 制定績效考核管理辦法。

26. 兩家公司上班，受僱 A 公司週休三日後，在於 B 派遣公司上班。

27. 更重視勞資雙方協商溝通。

28. 改為勞動合作社，直接不適用勞動基準法。

29. 將原僱用制改成承攬制。

30. 增加事假天數或給榮譽假。

31. 制定特別事假管理辦法。

32. 制定積分考核管理辦法。

公司上下班出勤紀錄係以指紋和臉型識別，但有員工反映，指紋打卡違反個資法而不願設指紋，請問公司該如何因應？

解析

員工上下班出勤紀錄係用指紋和臉型識別，或者採打卡或簽到，其主要目的應該都只是要記錄勞工的工作時間，以方便薪資計算。

一、公司的出勤紀錄是否是法律規定必備？

按照勞動基準法第 30 條及同法施行細則第 21 條，皆有規定必須對勞工出勤時間做紀錄並保留五年。此為勞動法上為保障勞工權益所作之規定。所以，公司的出勤紀錄是法律規定必備的。

二、出勤紀錄一定要用指紋和臉型識別嗎？

在勞基法施行細則第 21 條原本的規定是：「雇主依本法第三十條第五項規定記載勞工出勤情形之時間，記至分鐘為止。」然因社會變遷及科技的發達，以及勞動方式的變革，勞動部遂於民國 104 年 12 月 9 日修法將於勞基法施行細則第 21 條修正為：「本法第三十條第五項所定出勤紀錄，包括以簽到簿、出勤卡、刷卡機、門禁卡、生物特徵辨識系統、電腦出勤紀錄系統或其他可資覈實記載出勤時間工具所為之紀錄。前項出勤紀錄，雇主於接受勞動檢查、

調查或勞工向其申請時，應以書面方式提出。」此時，法規上已授權雇主可以使用生物特徵辨識系統，亦即個人指紋或臉部特徵（機場快速通關用眼睛虹膜）。按法務部法律決字第 10200655250 號：只要是基於法規規定且未逾越其規定，並無違反就業服務法及個人資料保護法之規定。所以，出勤紀錄沒有規定一定要用指紋或臉型識別，只要能記錄勞工出勤情形之時間，記至分鐘為止即可，只是若使用指紋和臉型識別，並無違反就業服務法以及個人資料保護法之規定。

三、若全公司皆採用只有該員不願配合該如何處理？

　　建議公司除了將出勤紀錄方式，經工會或勞資會議同意外，基於尊重勞工，亦應獲得其同意（雖然法務部或法院皆說，無違反規定，亦即無就業隱私之侵犯或個人資料之侵犯）。當然，公司也可以其他方式變相誘使勞工同意，例如：無使用指紋和臉型識別，減少恩惠性獎金。然勞工的感受如何？也應一併考量，除非是公司原本就想汰除的人員，就另當別論。

四、若勞工是無指紋的人該怎麼辦？

　　有可能因為截肢斷掌或因化學藥劑的傷害讓勞工無指紋時，是否有替代方案可供勞工選擇？這些都是企業需去深思了解的。

　　企業管理始終來自於人性，以人為出發點，以法律為基礎的管理制度，才是可長可久的管理制度。

勞動基準法規定勞工出勤時間需記錄到以分鐘為止，但是不可能完全剛好整點上下班，請問公司該如何處理？

解析

勞動基準法規定勞工出勤時間需記錄到分鐘為止，這一點實務上真的很難做到，尤其是員工人數越多的企業，縱然有多處的出勤紀錄機器可用，仍不可能達成。

按勞動基準法第 30 條第 5 項：「雇主應置備勞工簽到簿或出勤卡，逐日記載勞工出勤情形。」同法施行細則第 21 條規定，將勞工出勤情形記載時間，以分鐘作為單位，以求較精確之工時數據。目的在於使最易損及勞、雇關係和諧之工時、工資、休息及休假等認定有紀錄以資明確。勞動部前身行政院勞工委員會 93.3.16 勞動 2 字第 0930011871 號函文：勞動基準法第 30 條第 5 項及同法施行細則第 21 條規定，旨在確實記載勞工出勤情形（含工作時間等）並予保存，以明相關權益。如雇主置備之勞工簽到簿或出勤卡，未記載至分鐘，惟另有其他資料（如已事先約定正常工作時間，加班及請假另外呈報或統計等資料）可稽勞工之工作時間等出勤情形，仍符合該法之意旨。（特別注意：是雇主應置備勞工簽到簿或出勤卡，而不是勞工應置備勞工簽到簿或出勤卡。）

　　所以，建議公司應該在勞資會議及勞動契約中載明正常上下班時間，同時公司應該制定加班管理辦法，規定同仁若要加班，應該簽寫加班申請書，將加班日期、時數、休息時間、上班前加班或下班後加班、加班權限及加班工作進度等加以說明，並經相關主管同意，始符合加班之事實（雇主要求勞工加班需要勞工同意，而勞工要加班，當然也需要雇主同意）。特別注意的是，勞工在正常工作時間外，延長工作時間，無論係基於雇主明示或可得推知之意思而為雇主提供勞務，或雇主明知或可得而知勞工在其指揮監督下之工作場所延長工作時間提供勞務，卻未制止或為反對之意思而予以受領，均應認勞動契約之雙方當事人就延長工時達成合致之意思表示，該等提供勞務時間即屬延長工作時間，雇主負有本於勞動契約及勞基法規定給付延長工時工資之義務，此不因雇主採取加班申請制而有所不同。也就是若勞工自願留在公司加班，而雇主未反對，也要付加班費，此為最高行政法院 106 年度判字第 617 號判決。

　　若公司有依照上述建議做好管理，而還是被勞檢員開罰，可參照臺南地方法院行政訴訟 103 年度簡字第 59 號及臺北高等行政法院判決 104 年度簡上字第 5 號判決以資救濟。

相關函釋判決

1. 臺灣高等法院高雄分院 105 年度勞上易字第 16 號民事判決
2. 臺灣臺北地方法院 105 年度簡字第 49 號行政訴訟判決

員工往往一到公司就先打卡再吃早餐或處理私人事務，未來勞檢人員若因此認為公司未付加班費，而要開罰公司該如何說明？

解析

經常有企業反映，勞工一大早就先到公司打卡後再用餐，其實際工作時間跟打卡紀錄會有所不同，很擔心勞檢時無故被開罰，同時被追補加班費，這種狀況經常造成管理者的困擾。

所以，建議應在勞動契約、勞資會議以及工作規則中載明實際工作起訖時間。再者，公司若設有監視器，其監視器的錄影詳情也是可以提供佐證的方式之一，最後就是透過管理方式來因應。

案例上，也有法院認為勞基法第 30 條第 5 項之規定，並非意謂勞工工作時間之認定，必以簽到簿或出勤卡為唯一證明方式，而不得以反證推翻，雇主得舉證推翻此一事實之推定。如臺南地方法院行政訴訟 103 年度簡字第 59 號判決略以：成大醫院既已提出證據證明李君於 102 年 1 月份提早到院係為配合接送小孩，刷上班卡後即去從事個人私事，於應上班的時間才就位工作，並非因成大醫院要求加班或有工作需要才提前到班。此外，該院認為臺南市政府以李君每天有超時數分鐘或數十分鐘，累計 5 天即可達延長工時 1 小

時之認定，係對法規之極度擴張適用，按勞工每天不可能均整點上下班，臺南市政府嚴守整點計算，以行政主管之角色強行介入，使和諧之勞資雙方被逼入高度嚴竣的緊張關係，已昧於常情與經驗法則，實落入苛政，與一般民情脫節，且亦違反勞基法立法之本意。

又，臺灣臺南地方法院行政訴訟簡易判決 103 年度簡字第 60 號判決亦指出：法院認為依勞基法第 24 條之規定，必須是「雇主」延長勞工之工作時間，方有發給延長工時工資之責任。所謂雇主延長勞工工作時間，應係指勞工延長工時，是由雇主要求或安排勞工延長工時，且勞工亦依其要求或安排延長工作時間；或是勞工確有延長工時，事後經雇主追認或核准其延長工時者。反之，勞工若未經雇主之同意，逕自延長工時，是否構成雇主之延長工時即有疑慮。因此，不得以勞工之簽到或簽退作為是否延長工時之唯一依據。

相關法規

勞動事件法第 38 條

出勤紀錄內記載之勞工出勤時間，推定勞工於該時間內經雇主同意而執行職務。

我們上班要打卡，但老闆說辦公室人員只是電腦文書操作，是管理人員及監視性工作，屬於責任制，所以是沒有加班費，這樣說對嗎？

解析

當然是錯誤，因為並不是辦公室人員（只是電腦文書操作）即是管理人員及監視性工作，就屬於責任制。

所謂「責任制」，必須是勞動基準法第 84 條之 1 經中央主管機關核定公告之工作者，其工作時間、例假、休假等事項得由勞、雇雙方另行約定。依該條第 2 項規定，該約定應參考該法所定之基準且不得損及勞工之健康與福祉，除應以書面為之外，而且責任制人員的勞動契約必須是經過主管機關核備，才是屬於真正的責任制。而且若經地方勞工行政主管機關核備之書面勞動契約如附期限，所允個別勞、雇間法定勞動基準之公法效果自應於期限屆滿時失其效力。

所以，縱然是真正的勞動基準法第 84 條之 1 經中央主管機關核定公告之工作者，其勞動契約如未經當地主管機關核備，仍不適用責任制，此為大法官釋字第 726 號文之意旨。本案例，辦公室人員並不屬於責任制，若有延長工時工作情形，是可以申請加班費。即

使是真正的責任制工作人員，只要其工時超過經主管機關核備的勞動契約所載的工時，雇主仍須給付加班費。

　　所以說，責任制人員沒有加班費請求權，這是錯誤的觀念。因以建議雇主，與其給高額的獎金或年終獎金，倒不如先將各項管理制度合法，因為不合法，給再高的獎金，勞工還是會覺得公司虧欠他；再者，當勞檢時，公司一樣會被開罰，而且積欠勞工的延長工時工資，還是要補給勞工，與其如此，還是依法合規為上策。

Q64

> 員工工作時間是早上八點至十二點，下午一點至五點，中午休息一個小時，員工今天早上請事假四個小時，該日工作時間從下午一點至五點，下午五點半至九點半，請問下午五點半至九點半工作時間，公司該如何給薪？

解析

員工與雇主原本於勞動契約中所約定的工作時間是早上八點至十二點，下午一點至五點，中午休息一個小時，而現在勞工因有要事請假，請假的時間是否也計入工作時數？

勞動基準法施行細則第 7 條第 1 項第 2 款：「工作開始與終止之時間、休息時間、休假、例假、休息日、請假及輪班制之換班，應由勞雇雙方於勞動契約約定。任一方有調整工作時間之必要時，應與他方重行協商合致，始得為之。」勞動基準法第 32 條所稱「延長工時」，指雇主使勞工於正常工作時間以外延長工作。

勞工請事假之時間本為原約定正常工時之一部，原受雇主指揮監督，縱因請假而實際上未從事工作，於檢視工作時間是否符合該條第 2 項「每日延長工時連同正常工時不得超過 12 小時」規定時，請事假之時段仍應與該日工作時間合併計算，此為勞動條 3 字 103

年 10 月 15 日第 1030132065 號函釋。所以,對於勞工遲到的時段,不論採遲到扣薪或以請事假方式處理,於計算該日延長工時時數時,遲到或請事假的時段仍應與該日提供勞務時數合併計算。惟若雙方對於勞工遲到之事實,於當日原定正常工作時間不變之前提下,協商合議調整工作開始及終止時間者,得以超過變更後之正常工作時間計算延長工時。

請事假之時間原本就是約定的正常工時之一部分,只是勞工未履行請假時間的勞務,其未履行勞務期間工資可以扣除。所以,若公司未和該員工變更該日之正常工作時間,則超過原定正常工時後的工作時間,應以延長工時計薪。

名稱	事假	病假
假別	早上請事假四小時	早上請病假四小時
薪資	請假期間不給薪	請假期間給半薪
下午上班	正常給薪	正常給薪
晚上上班四小時	照延長工時給薪,併入 46 小時計～算加班	照延長工時給薪,併入 46 小時計～算加班
當日實際工作總工時	8 小時	8 小時
當日工作總工時	12 小時	12 小時

員工若覺得公司加班費有少給，該如何主張權益？若申訴公司是否會秋後算帳？

解析

1. 員工若覺得公司加班費有少給而其權益受損，若有疑問，建議可以先向公司財務部請教，由其說明，也可以用電子郵件向當地主管機關詢問，最後若都無法得到滿意或可理解的答案，還可以向各縣市政府勞工局處申訴，或者是打 1955 專線也可以。

2. 主管機關或檢查機構應對申訴人身分資料嚴守秘密，不得洩漏足以識別其身分之資訊。若洩漏申訴人身分，除公務員應依法追究刑事與行政責任外，對因此受有損害之勞工，應負損害賠償責任。而且公司不可以因為勞工為申訴，而予以解僱、降調、減薪、損害其依法令、契約或習慣上所應享有之權益，或其他不利之處分。縱然有做了處分，該處分仍屬無效。

最近聽聞有顧問公司教雇主，把員工薪資改成底薪加獎金，然後每個月修改獎金名稱，例：底薪 + 出勤獎金 + 績效獎金；下個月改：底薪 + 工作獎金 + 技術獎金；再下個月改：底薪 + 職務獎金 + 輪班獎金，藉此逃避薪資計算方式而少給員工，這樣做有用嗎？

解析

其實，不論是底薪、工作獎金、技術加給、效率獎金、輪班獎金、職務獎金、全勤獎金、月獎金、工作津貼及加班津貼等是否屬工資，並不是以名詞來看，而是以其是否為工資來看。按勞基法第 2 條第 3 款「工資」之定義重點稱：勞工因工作而獲得之報酬，包括工資、薪金及按計時、計日、計月、計件以現金或實物等方式給付之獎金、津貼及其他任何名義之經常性給與均屬之。

最高法院於 103 年度台上字第 453 號民事判決書中詳載：業據其提出員工辦理退休申請書、薪資條等為證，上訴人雖辯稱應扣除節金始為工資云云，並提出節金管理辦法，惟上訴人公司之節金管理辦法，其形式名稱合於勞動基準法施行細則第 10 條第 2、3 款所列，惟上訴人所給付究屬工資抑係該條所定之給與，仍應具體認定，不因形式上所用名稱為何而受影響。而依被上訴人所提薪資條

記載，上訴人係將被上訴人原有領取之底薪及工作獎金之一部分列為節金，並減少全勤獎金之金額。再對照被上訴人於 94 年 9 月以後所領之薪資總額，與被上訴人於上訴人節金管理辦法實施前之薪資總額並無明顯增加，堪認上訴人係經由節金管理辦法達到調整被上訴人薪資結構之目的，上訴人所為既未增加被上訴人之所得，自不得認其薪資條記載之節金係屬獎勵性質。

臺灣彰化地方法院 92 年度勞訴字第 34 號民事判決：只要實質上是勞工因提供勞務，而由雇主所獲得之對價，非屬雇主基於勉勵、恩惠、照顧等目的所為之福利措施者，即為工資，其給付項目之名義，究稱為工資、薪金、獎金、津貼或其他名目，並無不同。而其所稱「技術加給」、「效率獎金」，均非屬勞動基準法施行細則第 10 條各款之給與，乃每月定額發給，為勞工因提供勞務所獲得之對價，並且具有經常性，自屬工資。

臺灣高等法院臺中分院 101 年度重勞上字第 4 號民事判決：如屬固定給付項目，是否屬「工資」，即應以各該給付之本質是否勞力對價作為認定標準。查系爭「職務獎金」、「全勤獎金」、「月獎金」、「基獎金」及「加班津貼」均為王文吉每月薪資表固定所列項目，是上開給付項目，均應認係王文吉勞動對價而給付之經常性給與，而屬勞基法所定工資。

臺灣彰化地方法院 101 年度勞訴字第 9 號民事判決：依內政部民國 74 年 5 月 24 日（74）台內勞字第 317449 號函示：「勞動基準法第 38 條所定之特別休假係屬勞工法定權益，勞工在特別休假期間，不應視為缺勤而影響全勤獎金之發給。」故原告請求被告發給全勤獎勵 2 日、工作津貼獎勵 1 日之津貼及工作獎金，核屬有據，

應予准許。

　　臺灣高等法院 104 年度勞上易字第 104 號民事判決：故被上訴人等人所領取系爭輪班獎金為具備勞務對價性之經常性給與，為勞基法第 2 條第 3 款所稱之工資，應計入勞工退休金之應提繳工資。被上訴人等人主張：上訴人應據以為被上訴人等人分別提撥勞工退休金如附表所示等語，即屬有據。

　　所以，只是變更薪資的科目名稱，這樣做有用嗎？

　　企業應制定符合法規，又可激勵勞工成長的薪酬管理制度，讓勞資雙方共享企業經營成果，而非建立爾虞我詐的企業文化。坦白說，勞工對於自身權益會不關心嗎？更直白說，雇主在搞什麼飛機，勞工會不知道嗎？

　　所以，與其用各種薪資名目來把薪資搞得很複雜，還不如開誠布公實實在在處理，這才是企業長久經營之道。企業要做違法的事，根本不用請顧問，自己做就可以了。企業花錢請顧問做違法的事，倒不如把該筆費用做提案獎勵金，跟員工討論薪資名目，建立讓勞資雙方彼此互惠的方案。

> 小丁今年 26 歲，育有一子二歲，配偶在甲公司任
> 職，於本公司任職五個月後自請離職去甲公司上
> 班，上班不到二個月因為無法適應甲公司的工作
> 環境，又回來本公司任職，請問其年資該如何計
> 算？

解析

　　勞工任職五個月後離職，後經過二個月又回到原公司上班，其年資是合併計算？或者是重新起計？

　　按定期契約屆滿後或不定期契約因故停止履行後，未滿 3 個月而訂定新約或繼續履行原約時，勞工前後工作年資，應合併計算，勞基法第 10 條定有明文。其立法本旨在於保護勞工權益，避免雇主利用換約等方法，中斷年資之計算，損及勞工權益。上開規定之因故停止履行，並無明文例示，為保護勞工權益，應採擴張解釋，除退休外，縱因資遣或其他離職事由，於未滿 3 個月內復職，而訂立新約或繼續履行原約時，勞工前後工作年資應合併計算（最高法院 82 年度台上字第 598 號判決意旨參照）。

　　所以，小丁自請離職後不到三個月又回來上班，其工作年資要合併計算，所以當小丁回來上班合併之前年資滿六個月時，公司就必

須按照勞動基準法第 38 條規定，告知小丁排定特別休假日期以及
享有特別休假三日。

　　同理，性別工作平等法第 16 條：「受僱者任職滿六個月後，於
每一子女滿三歲前，得申請育嬰留職停薪，期間至該子女滿三歲
止，但不得逾二年。」小丁育有一子二歲於其受僱年資滿六個月
後，也可以跟公司申請育嬰留職停薪，最長可申請二年。所以，有
些企業對於離職後再受僱的勞工就有特殊潛規則～離職員工若要回
來就職，必須離職超過三個月後，才可以再獲得面試的機會，這是
為了避免勞工因一時的衝動而離職後，再回來受僱，於三個月內年
資全數合計，而造成公司的困擾。

行政院勞工委員會（勞動部前身）（79）臺勞資 2 字第 27641 號函釋：
一、查勞動基準法第十條規定有關「不定期契約因故停止履行
　　後」所稱之「因故」，係指中止契約之事由，該等事由可因
　　法律規定或本契約自由之合意而成立。二者之共同點為無可
　　歸責當事人一方之事由存在。
二、辭職係單獨行為，與前項要件不合；解僱係存在一方歸責事
　　由所致，亦與要件不相牟合，應予區分。

　　對於離職後再受僱，期限要多久？年資才不會被合併計算？這點
主管機關看法與法院見解不同，也正因為如此，企業大多訂有離職
後一定期限不予錄用的潛規則。

相關判決
1. 臺灣屏東地方法院 94 年度勞訴字第 7 號民事判決
2. 最高法院 80 年度台上字第 295 號民事判決

員工在前公司登記結婚,到職半年才宴客,日前拿喜帖來要請婚假,公司應該准假嗎?還有請婚假有限制次數嗎?

解析

　　勞工結婚者給予婚假八日。過往,員工請婚假大多是拿喜帖為證(儀式婚),然從民國 97 年 5 月 23 日起,民法第 982 條規定修正結婚採「登記」制度,結婚自當事人辦理登記後,即生效力。行政院勞工委員會 94.10.11 勞動 2 字第 0940056125 號:「婚假至遲應於事實發生之日請起,且應一次連續請足。」故,依此解釋令來看,結婚的事實應該是以法定的登記日為事實日,而非宴客日,且到職前若已婚,則無婚假可請。

　　然,勞動部於 104 年 10 月 7 日發布勞動 3 字第 1040130270 號令釋:自 104 年 10 月 7 日起,勞工之婚假可自結婚之日前 10 日起 3 個月內請休。但經雇主同意者,得於一年內請畢。若不說清楚,這個解釋令會讓員工認為其婚假請求是可以在一年內請求,這個解釋令的意思是,結婚登記當日在甲公司受僱,其婚假若經雇主同意可在一年內請畢。

　　現在遇到的難題是，員工拿喜帖來公司請假，到底該不該給假？不給又有失人情，或者說員工有可能因為結婚一次，而請了二次婚假。倒不如簡單來看，若公司願意給假當然最好（或者看該員工的表現狀況而定），通常而言，拿喜帖來一定會有宴客，此時員工的心情是喜悅的，加上既然帖子都給公司了，公司也會包個紅包去喝個喜酒，完全不給假也是怪怪的。建議公司可以先跟員工說明清楚婚假的請假規定，然後先讓他以特別休假來處理婚事，若特別休假天數不夠處理婚事，還可以讓其預休特別休假，到職滿一年後，表現良好，公司就可以考慮給其榮譽假 3～8 天，來當作其婚假及公司對他的祝福。這樣做對該員而言有激勵效果，又不失人情，又不會增加公司太多負擔。

　　還有，請婚假並沒有次數的限制，勞工離婚後再婚，既有結婚之事實，雇主即應給予婚假八日，工資照給，這是內政部 75 年 12 月 26 日（75）台內勞字第 467204 號函釋。所以，員工可以辦離婚又結婚，辦離婚很方便，兩人去戶政事務所辦理辦理就好，辦結婚也很方便，兩人去登記就可以；何況又沒規定，離婚後不可以跟同一個人再結婚。所以，若公司太執著於婚假何時登記為要件，而勞工為了請婚假，去戶政事務所辦一天的離婚跟結婚，以取得合法請婚假的要件時，相信對企業及員工都是傷害。

小提醒：

　　請婚假並沒有年資的限定，也就是說，勞工到職受僱第一天要請婚假，雇主也不可以拒絕。

請問老丁於甲公司工作十年，考核都是優等，日前因其母親癌症末期，醫生說時日不多，大約只剩三個月，特休已請完，這次老丁向主管請假，一次要請假三個月，經雇主詢問相關專業人士，其回覆說只有事假 14 天、家庭照顧假 7 天，合計 21 天，其他為曠職，請問公司該如何處理？

解析

企業該如何面對這樣的狀況？

若依勞工本身的假別，沒錯，只有事假 14 天，家庭照顧假 7 天，然家庭照顧假是併入事假計算，所以合計還是只有 14 天，但公司要多給也是可以。

在台灣邁入老年化後未來因需要回去照顧父母而離職或請假的員工將會越來越多 (註1)。

然如何激勵勞工、落實照顧勞工，讓其願意跟公司一起成長是未來企業的必修課題。

當然也有人提出可否讓勞工休無薪假？無薪假除是法律專屬名詞外，更重要的是無薪假期間仍須給付工資給勞工，且不得低於基本

工資，更重要的是還要報當地主管機關。

　　當然也有人提出可否讓該勞工辦留職停薪？

　　然留職停薪有兩種：一種是法定留職停薪（如勞工請假規則第 5 條普通傷病假未癒留職停薪或性別工作平等法第 16 條育嬰留職停薪），另一種是公司同意的留職停薪。

　　然本人建議可以讓勞工請孝親假（雇主自創假期），為何？

　　因為孝親假並非法定假別，如何請？可以請多久？誰可以請？請假期間是否給薪？這部分都是優於勞基法，所以由雇主自訂公告即可。然若要經勞資會議通過亦可，但未來若要修正，亦須經勞資會議同意。

　　還有孝親假的一詞，於勞工對長輩的照護有一種獎勵的性質，縱然和留職停薪相同，其意義亦有不同，當然也建議公司可以至少給請孝親假的勞工一定比率的薪資，至少比照普通傷病假給薪，這也不失為企業福利的一種 (註2)。

　　法律是死的，人是活的。若企業只是一昧把勞動基準法當成勞動標準法，幸福企業或企業社會責任一詞將遙遙無期。

（註 1）

《商業周刊》第1289期銀色海嘯，出刊日期：2012-08-02

（註 2）

該公司後來採用專業人士建議，未採用本人建議，於喪假期滿即辦離職，轉同業任職，該公司懊悔不已。

Q70

請問女性員工流產有規定可以請假嗎？

解析

女性員工流產有規定可以請假嗎？請假該給薪嗎？

　　勞動基準法及勞工請假規則中，並沒有女性員工流產請假的事由，但是在性別工作平等法第 15 條有規定：「雇主於女性受僱者分娩前後，應使其停止工作，給予產假八星期；妊娠三個月以上流產者，應使其停止工作，給予產假四星期；妊娠二個月以上未滿三個月流產者，應使其停止工作，給予產假一星期；妊娠未滿二個月流產者，應使其停止工作，給予產假五日。」其產假期間薪資之計算，應依相關法令之規定，而相關法令指的是勞動基準法第 50 條：「女工分娩前後，應停止工作，給予產假八星期；妊娠三個月以上流產者，應停止工作，給予產假四星期。前項女工受僱工作在六個月以上者，停止工作期間工資照給；未滿六個月者減半發給。」所以，並沒有說流產要給薪又給假。

　　性別工作平等法第 15 條，沒有說請流產假要給薪，也就是說女性員工請求一星期或五日之產假，雇主並無給付薪資之義務，但受僱者為此項請求時，雇主不得視為缺勤而影響其全勤獎金、考績或

爲其他不利之處分。而若該員工依勞工請假規則請普通傷病假，則雇主應依勞工請假規則第 4 條第 2 項規定，就普通傷病假一年內未超過三十日部分，折半發給工資。

　　所以，建議當女性員工有流產事實發生時，公司應本於照顧勞工之立場，給予其普通傷病假，待其好好休養，才有心力重返職場。

相關函釋

◎行政院勞工委員會民國 91 年 10 月 22 日勞動 3 字第 0910055077 號

一、勞動基準法第五十條及兩性工作平等法第十五條所稱「分娩」與「流產」，依醫學上之定義，妊娠二十週以上產出胎兒爲「分娩」，妊娠二十週以下產出胎兒爲「流產」。

二、前勞工行政主管機關內政部 73 年 11 月 30 日（73）台內勞字第 267656 號函不再援用。

◎行政院勞工委員會民國 80 年 7 月 24 日（80）台勞動 3 字第 18494 號

依行政院衛生署 79 年 9 月 18 日衛署保字第 901786 號函稱：「產科學所稱懷孕十個月之足月生產，係指懷孕二百八十天，即四十週」。故女工經醫師診斷爲十二週流產，其與妊娠三個月或八十四天流產之意相同。

Q71

> 女性員工請產假期間剛好公司發年終獎金，公司
> 年終獎金發放辦法中有規定，領取年終獎金當時
> 須以在職者為限，請問可否不發給該女性員工年
> 終獎金？

解析

每年歲末年終對於想離職的勞工而言，是個期待又怕受傷害的時刻，期待一年的努力可以有所回報，但又擔心提離職後公司就不給年終獎金，正因如此，農曆年後才會是離職轉業潮的開始。

而女性員工請產假期間剛好是公司發年終獎金期間，此時公司該發給請產假的女性同仁年終獎金嗎？

事實上，女性員工請產假期間，其與公司間的勞動契約並未終止，勞動基準法第 50 條規定：「女工分娩前後，應停止工作，給予產假八星期；妊娠三個月以上流產者，應停止工作，給予產假四星期。」也就是說，請產假期間是不用出勤工作，原有薪資公司要繼續給付。另，性別工作平等法第 21 條：「受僱者依前七條之規定為請求時，雇主不得拒絕，即受僱者為前項之請求時，雇主不得視為缺勤而影響其全勤獎金、考績或為其他不利之處分（包含申請生理假、產假、安胎假、陪產假、育嬰留職停薪等）。」

所以，女性員工請產假期間，若逢年終獎金發放，公司應該發給其年終獎金。一來是符合法規的規定，再來若女性員工於請產假在家，若能領到年終獎金，其心情必定高興愉悅，也會帶動組織氣氛，且將來在重新投入職場時，必更加認真，小小獎金一舉數得。

相關判決

◎臺灣屏東地方法院刑事簡易判決 99 年度簡字第 1278 號

查勞動基準法第 50 條第 1 項前段之所以有女工分娩前後，應停止工作，由雇主給予產假八星期之規定，係為保護母性身體安全之行政強制規定，不得任意拋棄，縱祥○公司對於未給予勞工李○惠、陳○足額之產假部分，係勞工自願銷假上班且按月發給薪資，仍無解於被告祥○公司違反勞動基準法第 50 條第 1 項前段之事實。是被告祥○公司因其受僱人及其受僱人甲○○於執行職務之際，違反勞動基準法第 50 條第 1 項前段女工分娩前後，應停止工作，給予產假八星期之規定，而應分別依同法第 81 條第 1 項之規定，科以同法第 78 條之罰金。

產假不足 56 天，女性員工自願銷假上班，雇主會被判刑。

> 員工因子宮肌瘤，須住院開刀，含療養期間，約須 2-3 個月時間，公司打算另請新人來接替他的位置，請問，可否以該員工請假過久為由而辦理資遣？

解析

　　勞工請普通傷病假期間，公司用替代性人力或增加人手，原本就是正常的事。而員工請假治療是其權益，再者，依照勞工請假規則第 4 條明定：「勞工因普通傷害、疾病或生理原因必須治療或休養者，得在左列規定範圍內請普通傷病假：

　　一、未住院者，一年內合計不得超過三十日。

　　二、住院者，二年內合計不得超過一年。

　　三、未住院傷病假與住院傷病假二年內合計不得超過一年。

　　經醫師診斷，罹患癌症（含原位癌）採門診方式治療或懷孕期間需安胎休養者，其治療或休養期間，併入住院傷病假計算。

　　普通傷病假一年內未超過三十日部分，工資折半發給，其領有勞工保險普通傷病給付未達工資半數者，由雇主補足之。」

　　也就是說，勞工請假有住院二年內合計可以請一年，更況其請假才需要三個月左右。再者，勞工請假規則第 5 條：「勞工普通傷病假超過前條第一項規定之期限，經以事假或特別休假抵充後仍未痊

癒者，得予留職停薪。但留職停薪期間以一年爲限。」換言之，若當勞工請假住院，二年內合計天數超過一年者，也可以依照同法第5條辦理留職停薪。

雖然行政院勞工委員會（勞動部前身）於民國76年12月11日以（76）台勞動字第9409號：勞工依勞工請假規則第5條規定申請留職停薪，雇主得否拒絕，可由事業單位於工作規則訂定，或由勞資雙方於勞動契約、團體協約中預先訂定；若對該項未明文規定者，則於勞工提出申請時，由勞資雙方自行協商。亦即主管機關並未硬性規定，雇主一定需要讓勞工辦理留職停薪，然勞動基準法第1條即明定：「爲規定勞動條件最低標準，保障勞工權益，加強勞雇關係，促進社會與經濟發展，特制定本法；本法未規定者，適用其他法律之規定。雇主與勞工所訂勞動條件，不得低於本法所定之最低標準。」所以，站在保障勞工的立場上，本人以爲勞工因傷病辦理留職停薪，是勞工的權利。亦即，不可以因爲該員請假三個月即將其資遣，若將其資遣不僅違反解雇最後手段性原則，根本就違法。

所以建議公司給予勞工較長之假期，給予其適當之休息，這期間若人力真不足，再用臨時性人力來代替。或者企業是否該思考增聘人力，除可降低員工彼此的工作量，也可以藉此訓練培育新的人才。

因病切除子宮及卵巢的女性員工還可以請生理假嗎？

解析

請生理假是女性員工的專屬權利，是為了讓生理期來臨的女性員工，因身體不適可以充分休息所設，而沒有生理期的女性，並未規定不可以申請生理假。

性別工作平等法第 14 條規定：「女性受僱者因生理日致工作有困難者，每月得請生理假一日。」依據前行政院衛生署 91 年 9 月 23 日衛署國健字第 910012162 號書函說明，生理日，醫學上之定義為週期性之經血來潮。是以，請假係以生理週期來臨，有事實需要為原則。生理日之認定，依據前行政院衛生署 95 年 8 月 23 日署授國字第 0950400912 號函轉台灣婦產科醫學會同年 8 月 10 日台婦醫字第 95151 號函略以：關於生理日，因病摘除子宮但未切除兩側卵巢的情況下，手術之後如果卵巢仍然有功能，則還是有正常排卵之可能；不過由於子宮已切除，因而無法直接以月經來潮的狀態來判斷是否正常排卵，而必須藉助病史、基礎體溫或檢測血中荷爾蒙等方法來判斷；因此，如果確能經由上述適當的醫學方法而合理判斷女性勞動者仍然有排卵，且於排卵日及原行經之日仍因荷爾蒙變

化而有身體不適，則對生理日可能引起之症狀而言，應可屬於「廣義生理日」的認定範圍。

　　所以，受僱者如確係因上開生理症狀致工作有困難時，得依性別工作平等法規定請生理假，受僱者提出生理假申請時，無需提出證明文件，且雇主不得拒絕請假。

PART3

> 我任職的公司跟其他公司要合併，公司要留我下
> 來，我不願意留下來，我該如何主張？

解析

　　面對多變的商業行為，企業間的合併是相當正常的事，而若新公司要你留下來，可見你是有能力的人，目前你卻不願意留下來，該如何處理呢？

　　你可以依照勞動基準法第 14 條終止勞動契約。勞動基準法第 20 條：「事業單位改組或轉讓時，除新舊雇主商定留用之勞工外，其餘勞工應依第十六條規定期間預告終止契約，並應依第十七條規定發給勞工資遣費。其留用勞工之工作年資，應由新雇主繼續予以承認。」事業單位併購，新舊雇主商定留用之勞工，於併購潛在消滅公司、讓與公司或被分割公司之工作年資，併購後存續公司、新設公司或受讓公司均予承認時，勞工既已留任，則無所謂資遣問題，故舊雇主不需依就業服務法第 33 條規定辦理資遣通報；至如留用之勞工其工作年資新雇主不予承認時，則已違反勞動基準法第 20 條及企業併購法第 16 條第 3 項等相關規定，屬勞資爭議問題，可提請當地勞工主管機關調解。

再者，企業併購法第 16 條第 1 項不同意留用之勞工是否需辦理資遣通報乙節，依企業併購法第 16 條第 1 項規定：「併購後存續公司、新設公司或受讓公司應於併購基準日三十日前，以書面載明勞動條件通知新舊雇主商定留用之勞工。該受通知勞工，應於受通知日起十日內，以書面通知新雇主是否同意留用，屆期未為通知者，視為同意留用」。另同法第 17 條明文規定：「公司進行併購，未留用勞工及依前條第一項不同意留用之勞工，應由併購前之雇主依勞動基準法第十六條規定期間預告終止契約或支付預告期間工資，並依法發給勞工退休金或資遣費。」 (註1) 準此，勞工如已依規定通知新雇主不同意留用時，舊雇主應依法辦理資遣通報，此為行政院勞工委員會職業訓練局民國 92 年 11 月 11 日職業字第 0920059015 號函釋。

因公司與他公司因合併而消滅，對於新舊雇主商定留用而不願留任之員工，因勞務提供對象已變更，如因而有損害勞工權益之虞者，勞工有權主張依勞動基準法第 14 條第 1 項第 6 款及第 17 條規定，向原雇主終止勞動契約並請求發給資遣費。如雇主確有勞動基準法第 14 條第 1 項第 6 款情事者，勞工得不經預告終止契約，並要求發給資遣費。勞動基準法第 14 條第 2 項，勞工依前項第 1 款、第 6 款規定終止契約者，應自知悉其情形之日起，三十日內為之。但雇主有前項第 6 款所定情形者，勞工得於知悉損害結果之日起，三十日內為之。而新雇主與留用員工既經合意，已成立另一勞雇關係。

所以，既然你不願意留下來，就可以依法提出你的主張請求給付資遣費，並要求開立非自願離職證明書，而不是寫自願離職書，什

麼都沒有而默默離開。

（註）

　104 年 7 月 8 日企業併購法第 17 條條文已改為：「公司進行併購，未經留用或不同意留用之勞工，應由併購前之雇主終止勞動契約，並依勞動基準法第十六條規定期間預告終止或支付預告期間工資，並依法發給勞工退休金或資遣費。

　前項所定不同意留用，包括經同意留用後，於併購基準日前因個人因素不願留用之情形。」

我要離職，公司說要等找到人接手才可以離職，請問這是正確的嗎？離職證明書，公司可以不給嗎？

解析

　　如果已經跟公司提出離職，公司說要找到人接手才可以離職，這樣的說法是有點牽強。其實只要提出離職，公司不可以藉用任何理由否准離職。

　　雖然在勞動基準法第 15 條有規定：「不定期契約，勞工終止契約時，應準用第十六條第一項規定期間預告雇主。」但是此規定只是訓示規定並沒有罰則。除非兩造間有簽定合法的保證服務年限合約，或者是勞資間已事先約定比照勞動基準法第 16 條離職預告之約定，否則只要你提出書面或口頭離職，即可離職，不需等找到人接手。

　　但為了不讓彼此間的關係過於僵硬或惡化，會建議欲離職的勞工，也應該給雇主一段時間來招募新人，而不是直接拍拍屁股走人，而時間的長短，用勞動基準法第 16 條第 1 項規定期間預告雇主是滿不錯的，至少有相當的法律規定期間。

　　而所謂的「離職證明書」應該指的是「服務證明書」。勞動契約終止時，勞工如請求發給服務證明書，雇主或其代理人不得拒絕。而服務證明書跟要請領失業給付的證明書「非自願離職證明書」是不相同的，服務證明書只是證明你曾經在這家公司服務過，服務的時間，就這樣而已。經常企業因為這種誤解，而造成不願意發給勞工服務證明書，相信只要說明清楚、互相溝通就可以。

老丁在 A 公司受僱月薪資為 38,200 元，公司為了規避超時加班的問題，於是跟老丁商量，每週在 A 公司上班五天後，到 B 公司上班二日，這樣可行嗎？

解析

企業往往會想出各種方法來求生存。依據勞動部勞動條件及就業平等司 107.3.22 於週休二日常見問答題第 16 題說明：A 公司員工於休息日至 B 公司工作，雖然 B 公司可能減少休息日加班費成本，但是 B 公司仍須依勞基法規定，為該員工提供法定權益（如：特休、加班費、提繳勞退金、職災補償責任……等）及依法提繳勞工保險，而且雇主也還要兼顧流動率等管理責任，兩相比較，雇主未必節省成本。（http://www.mol.gov.tw/service/19851/19852/19861/30886/）

兩家公司上班，受僱 A 公司工作五日後，在於 B 公司上班二日，見下頁比較分析表。

名稱	原在 A 公司	改為 AB 二家公司同時受僱	
勞保投保薪資	38,200 元	27,600 元	11,100 元
健保投保薪資	38,200 元	27,600 元	二代健保補充保險費
勞退提繳工資	38,200 元	27,600 元	11,100 元
二家公司好處 備註： 加班費、特休未休工資及勞動法上的有薪假都以 38,200 元為計算基礎，優於勞基法。		1. 不會有超時加班的問題。 2. 不會有排班的問題。 3. 合計平均勞保投保薪資為 38,700 元比原來的要高。 4. 公司、員工健保保費都降低。 5. 勞工退休金提繳金額增加。	
二家公司缺點		1. 過勞認定。 2. 行政成本會增加。 3. 員工向心力。 4. 特別休假問題。	

PART3

收文日期：1051021

收文文號：1050140617

主　　旨：派遣問題，B 公司有位林姓員工加保勞保及勞退提繳，請問是否可以？

陳情內容：A 公司林姓員工下班後至 B 派遣公司上班，結果 B 派遣公司將林姓員工要派至 A 公司，B 公司有位林姓員工加保勞保及勞退提繳，請問是否可以？

回覆內容：您好：105 年 10 月 18 日的電子郵件已收到。所詢派遣相關疑義，說明如下：

一、依勞工保險條例第 6 條及第 8 條規定略以，受僱於僱用 5 人以上之公司、行號之員工，應以其雇主為投保單位參加勞工保險；受僱於 4 人以下之公司、行號之員工，得準用本條例規定，自願參加勞工保險。爰派遣公司僱

用之員工，應依上開規定辦理。至受僱 2 份工作者，依本部改制前之行政院勞工委員會 98 年 5 月 1 日勞保 2 字第 0980140222 號函釋略以，受僱從事 2 份以上工作之勞工，並符合第 6 條第 1 項第 1 款至第 5 款規定者，應由所屬雇主分別為其辦理參加勞工保險。如尚有加保疑義，可逕洽詢本部勞工保險局（電話：02-23961266）。

二、次查勞工退休金條例第 6 條及第 14 條規定，雇主應按月為其勞工負擔提繳不低於勞工每月工資 6% 之退休金，儲存於勞保局設立之勞工退休金個人專戶。雇主派遣員工他公司工作，應依上開規定辦理。另同條例施行細則第 9 條規定，勞工同期間受僱於 2 個以上之雇主者，各該雇主應依本條例第 6 條規定分別提繳。順祝萬事如意！

◎司法院第十四期司法業務研究會期民國 78 年 2 月 25 日

研究意見：母公司與子公司之關係，僅為母公司支配子公司，但兩公司仍為個別之權利主體，因此該勞工若係基於借調由母公司調往子公司工作，工資請求權及契約終止權僅得對母公司請求，但子公司負有安全維護及福利供應之義務。若非基於借調關係，而係經勞工之同意，則屬另一勞動契約之履行，與原雇主即母公司之勞雇關係亦因合意而終止。因此，甲乃係與母公司合意終止勞雇關係後，再與子公司成立新的勞雇關係。

不過若雇主要操作改為將勞工於 AB 二家公司同時受僱，除了要找專業的人處理外，仍要避免過勞情形發生，以免當過勞發生，或操作上有所疏失，而被以實體同一性認定。

　　按爲保障勞工之基本勞動權，加強勞雇關係，促進社會與經濟發展，防止雇主以法人之法律上型態規避法規範，遂行其不法之目的，於計算勞工退休年資時，非不得將其受僱於「現雇主」法人之期間，及其受僱於與「現雇主」法人有「實體同一性」之「原雇主」法人之期間合併計算，庶符誠實及信用原則（最高法院 100 年度台上字第 1016 號判決意旨參照）。

相關判決

1. 臺灣基隆地方法院 98 年度勞訴字第 11 號民事判決
2. 臺灣基隆地方法院 99 年度勞訴字第 5 號民事判決

勞工受僱至今五年，申請育嬰留職停薪二年，後申請復職，至今已三年，請問計算特別休假時是用八年計還是十年計？育嬰留職停薪這二年將來是否會併入勞工的服務年資計算？

解析

孩子的成長只有一次，因此會申請育嬰留職停薪的父母，普遍都有這種想法。所以，性別工作平等法將原本需受僱滿一年才可以申請育嬰留職停薪，修正為只要受僱六個月即可申請，每一子女滿三歲前，且若同時撫育子女二人以上者，其育嬰留職停薪期間應合併計算，最長以最幼子女受撫育二年為限。為了提供更完整的保障，更規定受僱者於育嬰留職停薪期間，得繼續參加原有之社會保險，原由雇主負擔之保險費，免予繳納；原由受僱者負擔之保險費，得遞延三年繳納。而且，不僅是自己所生育的小孩，其父母可以申請育嬰留職停薪，依法令規定與收養兒童先行共同生活之受僱者，其共同生活期間也可以依規定申請育嬰留職停薪。

育嬰留職停薪實施辦法第 4 條：「育嬰留職停薪期間，除勞雇雙方另有約定外，不計入工作年資計算。」也就是說，勞雇雙方可以約定將育嬰留職停薪期間計入勞工之工作年資。性別工作平等法第 2 條規定：「雇主與受僱者之約定優於本法者，從其約定。」勞動

基準法第 1 條：「為規定勞動條件最低標準，保障勞工權益，加強勞雇關係，促進社會與經濟發展，特制定本法；本法未規定者，適用其他法律之規定。雇主與勞工所訂勞動條件，不得低於本法所定之最低標準。」

當員工申請生理假、育嬰留職停薪、家庭照顧假、陪產假、安胎休養請假、產假、產檢假時，本公司不得拒絕或視為缺勤而影響其全勤獎金、考績或為其他不利之處分。正因如此，往往許多公司就會在不知不覺中，把員工育嬰留職停薪的年資也計算至其工作年資。從人資的角度來看，申請育嬰留職停薪的人畢竟是少數，再者，育嬰留職停薪期間的二年年資，會影響而增加企業成本的只有資遣費跟特別休假二種，頂多再加上調薪的幅度或是年終獎金的福利給予等跟年資有相關性的薪酬，否則對企業影響不大。若能將此一少少的企業成本，變成勞工向心力的根源似乎很划算。

當勞工年資超過 12 年，其在勞退新制上的資遣費亦到頂了，因為最多採計 12 年。而若算特別休假的話，滿 5 年以上未滿 10 年都是 15 天，滿 10 年以上每滿 1 年增加 1 天，最多也是 30 天。所以，公司可以制定獎勵規定，將申請育嬰留職停薪後，連續三年考績或表現好的員工，其育嬰留職停薪期間，其年資予以承認，少少成本，大大獎勵。可以增加勞工向心力，為企業形象加分。

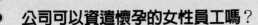

公司可以資遣懷孕的女性員工嗎？

解析

公司可以資遣懷孕的女性員工嗎？相信大家的回答幾乎都是不可以。

事實上並非如此，公司是可以資遣懷孕的女性員工，只是資遣的原因及理由，不可以是因為該女性員工懷孕而資遣。依據性別工作平等法第 11 條規定：「雇主對受僱者之退休、資遣、離職及解僱，不得因性別或性傾向而有差別待遇。」同條文第 2 項規定：「工作規則、勞動契約或團體協約，不得規定或事先約定受僱者有結婚、懷孕、分娩或育兒之情事時，應行離職或留職停薪；亦不得以其為解僱之理由。違反前述規定者，其規定或約定無效；勞動契約之終止不生效力。」

再者，行政院勞工委員會（90）台勞資 2 字第 0006580 號函釋：勞動基準法第 13 條規定：「勞工在第五十條規定之停止工作期間……雇主不得終止契約」，其所謂「停止工作期間」係指同法第 50 條所定之女工產假期間，亦即女工分娩「前後」，給與產假八星期之期間。至非於該段停止工作期間，事業單位或勞工如確有

同法第 11 條、第 12 條所定各款情事之一者，雇主固得依法終止契約，惟不得有就業服務法第 5 條所定就業歧視之情事；而其如係依法資遣時，並應依同法第 34 條第 1 項規定，於勞工離職之七日前（目前爲就服法第 33 條且已改爲十日），列冊向當地主管機關及公立就業服務機構通報。

其中，並未說不可以資遣懷孕女性員工；而是說不可以以其懷孕爲解僱理由，換言之，女性懷孕員工，若有觸犯勞動基準法或工作規則，致有終止勞動契約之理由時，雇主一樣可以提出終止勞動契約。例如：侵占或挪用公款，觸犯工作規則屬情節重大者，或者是對於雇主、雇主家屬、雇主代理人或其他共同工作之勞工，實施暴行或有重大侮辱之行爲者，一樣都是達到懲戒解僱之理由。

所以，公司對於女性懷孕員工若犯有重大的錯誤及違法情形，一樣是可以行使契約終止權，只是要很小心處理，避免落入有懷孕歧視的情形。

相關函釋

◎勞動部 109 年 4 月 8 日勞動條 4 字第 1090130311 號函

一、查就業服務法第 5 條第 1 項規定種族、性別、性傾向、年齡、身心障礙等 18 項就業歧視禁止項目，性別工作平等法第 7 條至第 11 條定有性別、性傾向就業歧視禁止規定，中高齡者及高齡者就業促進法第二章規定禁止年齡歧視，雇主違反前開各項法定就業歧視禁止規定者，皆處新臺幣 30 萬元以上 150 萬元以下罰鍰，另應公布其姓名或名稱、負責人姓名，並限期令其改善；屆期未改善者，應按次處罰。

二、承上，有關雇主違反就業歧視禁止規定之處理原則如下：

（一）混合類型就業歧視：

1. 查現行就業服務法之就業歧視禁止規定已可涵蓋性別工作平等法、中高齡者及高齡者就業促進法就業歧視禁止事項，且其罰則規定皆相同，又雇主、受僱者或求職者不服地方主管機關所為處分，皆得逕提訴願，其中，性別工作平等法雖併定有得申請審議之規定，惟僅得處理性別、性傾向歧視事項。

2. 衡酌就業歧視事項及救濟途徑涵蓋範圍，有關雇主一行為涉及多項就業歧視（如容貌、性別及中高齡歧視等），涉同時違反就業服務法、性別工作平等法或中高齡者及高齡者就業促進法之就業歧視禁止規定時，應依就業服務法論處，嗣後如有不服處分者，救濟途徑為提起訴願，以周全保障民眾行政救濟權益。

3. 又是類案件既經認定同時該當數法規之違法構成要件，其有關性別工作平等法、中高齡者及高齡者就業促進法中有關舉證責任倒置等對受僱者較有利之規定，處分機關於職權調查及事實認定時，自可一併參酌引用，並於處分書載明所涉法規、事實行為、處分適用法規等事實及理由，以為周妥。

（二）單一類型就業歧視：按中央法規標準法第 16 條規定略以，法規對其他法規所規定之同一事項而為特別之規定者，應優先適用之。爰就雇主一行為僅涉單一就業歧視（例如僅涉性別歧視或僅涉中高齡歧視）者，衡酌性別工作平等法所定性別、性傾向歧視禁止，以及中高齡者及高齡者就業促進法所定年齡歧視禁止，為就業服務法所定就業歧視禁止之特別規定，依特別法優先適用原則，應回歸各該特別規定處理。

資遣員工一定要通報嗎?

解析

事業單位若有資遣員工,縱然是在試用期間,也必須依照相關規定做好資遣通報以免受處分。

依照就業服務法第 33 條規定:「雇主資遣員工時,應於員工離職之十日前,將被資遣員工之姓名、性別、年齡、住址、電話、擔任工作、資遣事由及需否就業輔導等事項,列冊通報當地主管機關及公立就業服務機構。但其資遣係因天災、事變或其他不可抗力之情事所致者,應自被資遣員工離職之日起三日內為之。公立就業服務機構接獲前項通報資料後,應依被資遣人員之志願、工作能力,協助其再就業。」

其中所謂的「列冊通報」當地主管機關及公立就業服務機構,是指雇主應以書面或透過主管機關資遣通報系統傳送方式辦理。而雇主資遣員工應列冊通報期間日數之計算,以員工離職生效日為始日,並包含星期例假日,末日為星期日、國定假日或其他休息日者,以該日之次日為期間之末日。故有關資遣通報期間日數之計算,係以「員工離職生效日」為始日。

　舉例說明：雇主預定讓某員工任職至 101 年 2 月 20 日，則該員工之離職生效日為 101 年 2 月 21 日，依前揭函釋，雇主資遣員工應列冊通報期間以離職生效日 101 年 2 月 21 日為始日，末日原為 101 年 2 月 12 日（星期日）因適逢假日，以該日之次日 101 年 2 月 13 日（星期一）為期間之末日，故雇主應於 101 年 2 月 13 日前為該員工辦理資遣通報，此為行政院勞工委員會 95 年 10 月 30 日勞職業字第 0950506599 號函釋說明。

相關函釋

◎行政院勞工委員會 102 年 6 月 5 日勞職業字第 1020501283 號令

　核釋就業服務法第三十三條第一項所定「列冊通報」當地主管機關及公立就業服務機構，雇主應以書面或透過主管機關資遣通報系統傳送方式辦理，並自即日生效。

> 勞動基準法第 40 條:「因天災、事變或突發事件,雇主認有繼續工作之必要時,得停止第三十六條至第三十八條所定勞工之假期。」其中何謂天災、事變、突發事件?

解析

勞動基準法第 40 條:「因天災、事變或突發事件,雇主認有繼續工作之必要時,得停止第三十六條至第三十八條所定勞工之假期。但停止假期之工資,應加倍發給,並應於事後補假休息。前項停止勞工假期,應於事後二十四小時內,詳述理由,報請當地主管機關核備。」勞動基準法第 32 條及第 40 條所稱之天災,係泛指因天變地異等自然界之變動,導致社會或經濟環境有不利之影響或堪虞者,如暴風、驟雨、劇雷、洪水、地震、旱災……等所生之災害;包括預知來臨前之預防準備及事後之復建工作均屬之。

依據天然災害停止上班及上課作業辦法規定,只適用於學校、政府機關,一般私人企業並不適用。所以颱風假對勞工而言,並不屬於天然災害,雇主可給假不給薪。所以颱風天若企業及勞資雙方協商上班,亦無勞動基準法第 40 條的適用。

依據天然災害發生事業單位勞工出勤管理及工資給付要點第二點,所稱天然災害,指颱風、洪水、地震及其他經目的事業主管機

關認定屬天然災害者。

　　同法第七點勞工因前點所定之情形無法出勤工作，雇主宜不扣發工資。但應雇主之要求而出勤，雇主除當日工資照給外，宜加給勞工工資，並提供交通工具、交通津貼或其他必要之協助。

　　該要點中亦無強制要求出勤要加倍給工資。

　　而何謂突發事件？勞動基準法第 40 條所稱突發事件，應為足以影響勞僱雙方重大利益且不能控制及預見之非循環性緊急事故，須依個案事實加以認定或者應視事件發生當時狀況判斷是否為事前無法預知，非屬循環性及該事件是否須緊急處理而定。比如「勞工不按所輪班次上班工作，使雇主反應不及，而致無法維持其業務之正常運作，嚴重影響社會大眾社會秩序與社會安全，應可認為係勞動基準法第 40 條第 1 項所稱之「突發事件」，而有該條之適用。

　　雇主因天災、事變或突發事件依勞動基準法第 40 條規定，停止同法第 36 條至 38 條所訂定勞工之假期時，除停止假期之工資應加倍發給外，事後補假休息時間，工資並應照給。所稱「事後」，係指事業單位所停止之假期結束後。

相關函釋

1. 行政院勞工委員會 78.4.20 台勞動 2 字第 09229 號函
2. 內政部 75.5.15 台內勞字第 409383 號函
3. 行政院勞工委員會 99.1.7 勞動 2 字第 0980130847 號

颱風天未出勤而停止上班上課，是否可以不用給薪？

解析

颱風天停止上班上課而未出勤，是否給薪？以往都是由勞資雙方協商，外界一般都有颱風天係「給假不給薪」的說法，且相關主管機關，其函釋也都是由勞資雙方協商決定。

如內政部民國 76 年 3 月 20 日臺內勞字第 487138 號函：關於天然災害發生，經政府有關機關宣布停止工作期間，勞工工資應否由雇主照給，宜由勞雇雙方協商決定或於工作規則中明定。

又如行政院勞工委員會民國 85 年 5 月 17 日（85）台勞動 2 字第 116602 號函：勞工於工作日因天然災害停止工作，該日並非勞動基準法第 36 條至第 38 條之假期，故無該法第 40 條之適用。該日勞工如應雇主要求而到工時，工資如何發給及應否補假休息，可由勞雇雙方自行協商決定。

PART3

行政院勞工委員會民國93年8月31日勞動2字第0930042699號函：

一、本會近來接獲許多事業單位及勞工反映，各縣市政府於颱風過境宣布停止上班、上課時，未提及其效力僅拘束其所轄機關學校之公教員工及學生，以致造成爭議。

二、事業單位於天然災害發生時（後），勞工應否出勤，宜由勞雇雙方事先訂於勞動契約、團體協約或工作規則中，以求明確，明訂時，可參照行政院訂定之「天然災害發生時停止辦公及上課作業要點」規定，並兼顧各行業差異性及業務實際需要及依事業單位慣例，由勞雇協商辦理之。

三、檢附本會80年7月12日（80）勞動2字第17564號函「天然災害發生時（後）勞工之出勤管理及工資給付原則」（如附件），併請加強宣導。

依據民國98年6月19日發布「天然災害發生事業單位勞工出勤管理及工資給付要點」第七點：「勞工因前點所定之情形無法出勤工作，雇主宜不扣發工資。但應雇主之要求而出勤，雇主除當日工資照給外，宜加給勞工工資，並提供交通工具、交通津貼或其他必要之協助。」

該要點中也沒有提及颱風天未出勤應給薪或不得扣薪，然近來只要有送審工作規則即知，皆被要求以勞動部107年3月發布之工作規則參考手冊第20條之1天然災害發生時之工資給付，全文抄錄，主管機關還備有印章直接蓋印（如下圖）。

該條文為：員工因「天然災害發生事業單位勞工出勤管理及工資給付要點」所定之情形無法出勤工作，本公司不予扣發工資。應公

司之要求而出勤之員工，就該段出勤時間加給 X 倍工資。

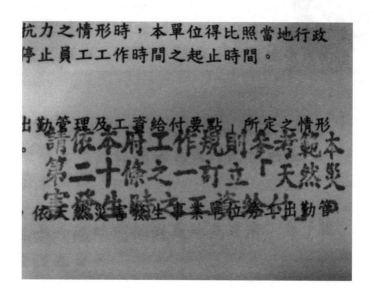

　　本文要強調的是，即使法規並未明定，且照顧勞工實屬當然，惟主管機關應以法律或函釋來落實工作規則參考手冊第 20 條之 1，而非以審查工作規則之方式，來強迫要求，造成勞資雙方無所適從；再者，勞工人數未達 30 人之企業，不需強制送工作規則核備，反造成企業管理上有一廠二制之事。

請問什麼是勞動合作社？

解析

按照合作社法第 1 條本法所稱合作社，指依平等原則，在互助組織之基礎上，以共同經營方法，謀社員經濟之利益與生活之改善，而其社員人數及股金總額均可變動之團體。

合作社為法人。合作社係依平等原則謀社員經濟互助之組織，是由人之集合體而成立之社員團體，勞動合作社與社員之間並非屬雇主與勞工之關係，所以勞動合作社與社員間，若不具僱用關係則無勞動基準法的適用。

而勞動合作社與社員間之法律關係是否具有僱傭關係？僱傭關係有無之判定標準，向以「人格之從屬」、「勞務之對價」及「其他法令之規定」為依據。而前述判定標準又以勞務提供者之給付義務，是否具有從屬性為主要判定。（一）「人格之從屬」係指：1. 對雇主所為之工作是否有承諾與否之自由；2. 業務進行過程中，有無雇主之指揮監督；3. 拘束性之有無；4. 代替性之有無。（二）「勞務之對價報酬」係指在指揮監督下因工作所獲得之工資。（三）「其他法令之規定」者，如勞工保險適用之對象、薪資所得扣繳之對

象、事業單位工作規則適用之對象等。

　　依合作社法及其施行細則規定，勞動合作社得從事多種不同性質之業務，故勞動合作社之行業歸類應由當地勞工行政主管機關查明其實際從事之主要經濟活動，逕行認定之。若雙方具有僱傭關係，勞動作社應依勞工保險條例及勞工退休金條例規定，為其社員辦理參加勞工保險及提繳勞工退休金。至於合作社所聘用之經理、會計如係受僱於該社從事工作獲致工資者，則屬勞動基準法第 2 條所稱之勞工，與該社有僱傭關係。

相關函釋判決

1. 行政院勞工委員會民國 98 年 4 月 3 日勞保 2 字第 0980006307 號
2. 行政院勞工委員會民國 91 年 10 月 14 日勞保 1 字第 0910051561 號
3. 行政院勞工委員會民國 94 年 8 月 31 日勞動 4 字第 0940042326 號
4. 臺灣高等法院 99 年度勞上易字第 151 號民事判決
5. 臺灣桃園地方法院 98 年度勞訴字第 84 號判決

PART3

公司都有幫員工購買團體保險，請問該如何檢視才知道公司是買到正確的團體保險？

解析

職業災害的發生，是企業及勞工都不願意發生的事。但勞工若因遭遇職業災害而致死亡、殘廢、傷害或疾病時，雇主應依左列規定予以補償。但如同一事故，依勞工保險條例或其他法令規定，已由雇主支付費用補償者，雇主得予以抵充之，勞動基準法第 59 條前段定有明文。又由雇主負擔費用之其他商業保險給付，固非依法令規定之補償，惟雇主既係為分擔其職災給付之風險而為之投保，以勞動基準法第 59 條職業災害補償制度設計之理念在分散風險，而不在追究責任，與保險制度係將個人損失直接分散給向同一保險人投保之其他要保人，間接分散給廣大之社會成員之制度不謀而合。是以雇主為勞工投保商業保險，確保其賠償資力，並以保障勞工獲得相當程度之賠償或補償為目的，應可由雇主主張類推適用該條規定予以抵充，始得謂與立法目的相合（最高法院 95 年度台上字第854 號判決參照）。

所以，相信公司會幫員工購買團體保險，大多是為了避免風險發生後，雇主所必須承擔的責任，其次才是增加員工福利及向心力。

而團體保險的種類相當的多，從團體定期壽險、團體醫療險、團體癌症險、團體重大傷病險、團體意外險、到團體意外醫療等等。然若以公司的角度而言，第一層的團體保險保障，應當從價格優惠實在，保單條款內容對公司有利著手才對，有餘力再買第二層的團體保險保障。因法令規範因素無法做商品比較，然可以提供幾項資料，供企業購買第一層的團體保險時的參考比較：

1. 受益人順位：可否寫依照勞動基準法第 59 條之受益順位：
   （1）配偶及子女。
   （2）父母。
   （3）祖父母。
   （4）孫子女。
   （5）兄弟姐妹。
2. 理賠標準：是按照勞工保險來理賠？還是依照商業保險條款來賠？
   若臉部縫合八公分算殘廢，有理賠數十萬至百萬，則是以按照勞工保險來理賠。若同樣事故只有賠個醫療費用、健保明細，就是依照商業保險條款來賠。
3. 是否有理賠原領工資以及精神慰藉金？
4. 是否要簽訂和解書才會理賠？要簽和解書才對喔！
5. 受益人可否寫公司？
6. 業務員是否具備足夠的專業知識？如：勞動基準法、勞工保險實務請領以及和解書內容該如何書寫等，都是需具備的專業知識。

會賣保險的業務員比比皆是，會協助企業主處理勞工職災事故的

專業保險業務人員卻是稀少。團體保險是解決企業風險的第一道保護傘，同樣的保費，可以買到對公司、對員工很好的保障。可別要去看極光，拿著可以買禦寒大衣的錢，卻買了彩色 T 恤，讓自己受凍。

相關判決

最高法院 89 年度台上字第 2582 號

有團險客戶詢問，團險保費全由公司支付，若員工受傷時，由其公司先代墊醫療費用或團險職災補償金，員工收到保險公司理賠金時，是否可請員工將公司於保險給付金額費用內所代墊金額返還給公司？

解析

雖然行政院勞工委員會於民國 87 年 5 月 7 日（87）發布台勞動 3 字第 017676 號函釋說明：「由雇主負擔保險費爲勞工投保商業保險者，勞工所領之保險給付，雇主得用以抵充勞動基準法第 59 條各款所定雇主應負擔之職業災害補償費用，惟不足之部分雇主仍應補足。」且法院判決也大多支持這個論點，但是由公司先代墊的醫療費用於員工領取保險公司理賠給付後，公司是否可以要求員工返還？

首先來看該團保是抵充公司責任還是福利？

若是勞資雙方約定爲福利，或未約定，但於公司長久以來都是公司先墊付，且未向員工請求返還，於員工心理上或制度上，已認定爲福利，且形成一定的制度，此時，若要請求員工返還，可能有問題。

再者，是否事先有約定公司先行墊費費用後，於領取理賠金，員工再返還？公司可以經勞資會議同意，並將返還規定制定於工作規則中，當然，在勞動契約中也要載明，還有最重要的就是，當風險發生時，要跟該員工溝通清楚，避免誤解。

其實，還有一種方式是最好的，那就是購買產險公司的雇主職災責任補償險，大部分的條款中都有約定，只要雇主能證明其費用是公司支付，且員工也知悉，並簽訂和解書，則該理賠金會直接給付給公司。

不過比較麻煩的是醫療收據只有一份，申請團保理賠要，員工個人若有購買保險其保單出險也要，這時就會很麻煩（產險的雇主責任險可以解決～產險可收副本，蓋醫院關防即視同正本章，但要保書必需勾選有其他家保險公司醫療）。最最重要的是，別讓員工認為他發生職災受傷公司還賺錢，所以該如何規劃企業團體保險就很重要。

勞工各種假期一覽表

事假	日數	請假理由	工資
婚假	八日	婚假應自結婚之日前十日起三個月內請畢。但經雇主同意者，得於一年內請畢，並自即日生效。	工資照給
喪假	八日	一、父母、養父母、繼父母、配偶喪亡者。	工資照給
	六日	二、祖父母、子女、配偶之父母、配偶之養父母或繼父母喪亡者。	
	三日	三、曾祖父母、兄弟姊妹、配偶之祖父母喪亡者。	
普通傷病假	三十日	勞工因普通傷害、疾病或生理原因必須治療或休養者，得在左列規定範圍內請普通傷病假： 一、未住院者，一年內合計不得超過三十日。 二、住院者，二年內合計不得超過一年。 三、未住院傷病假與住院傷病假二年內合計不得超過一年。 經醫師診斷，罹患癌症（含原位癌）採門診方式治療或懷孕期間需安胎休養者，其治療或休養期間，併入住院傷病假計算。 普通傷病假一年內未超過三十日部分，工資折半發給，其領有勞工保險普通傷病給付未達工資半數者，由雇主補足之。	工資折半發給
生理假	每月一日	女性受僱者因生理日致工作有困難者，每月得請生理假一日，全年請假日數未逾三日，不併入病假計算，其餘日數併入病假計算。 前項併入及不併入病假之生理假薪資，減半發給。	工資折半發給

傷病留職停薪	一年為限	勞工普通傷病假超過前條第一項規定之期限，經以事假或特別休假抵充後仍未痊癒者，得予留職停薪。但留職停薪期間以一年為限。	可不給薪
公傷假	依實際需要	勞工因職業災害而致殘廢、傷害或疾病者，其治療、休養期間，給予公傷病假。	工資照給
事假	十四日	勞工因有事故必須親自處理者。	可不給薪
公假	依實際需要	勞工依法令規定應給予公假者，其假期視實際需要定之。	工資照給
產假	八星期四星期	女工分娩前後，應停止工作，給予產假八星期；妊娠三個月以上流產者，應停止工作，給予產假四星期。 女工受僱工作在六個月以上者，停止工作期間工資照給；未滿六個月者減半發給。	工資照給
	一星期或五日	妊娠二個月以上未滿三個月流產者，應使其停止工作，給予產假一星期；妊娠未滿二個月流產者，應使其停止工作，給予產假五日。	改請病假，工資折半發給
產檢假	七日	受僱者妊娠期間，雇主應給予產檢假七日。	工資照給
陪產檢及陪產假	七日	受僱者陪伴其配偶妊娠產檢或其配偶分娩時，雇主應給予陪產檢及陪產假七日。 陪產檢及陪產假，除陪產檢於配偶妊娠期間請假外，受僱者陪產之請假，應於配偶分娩之當日及其前後合計十五日期間內為之。（未婚妻或女友分娩無）	工資照給
育嬰留職停薪	不得逾二年	受僱者任職滿六個月後，於每一子女滿三歲前，得申請育嬰留職停薪，期間至該子女滿三歲止，但不得逾二年。同時撫育子女二人以上者，其育嬰留職停薪期間應合併計算，最長以最幼子女受撫育二年為限。	可不給薪
哺（集）乳時間	每日六十分鐘	子女未滿二歲須受僱者親自哺（集）乳者，除規定之休息時間外，雇主應每日另給哺（集）乳時間六十分鐘。 受僱者於每日正常工作時間以外之延長工作時間達一小時以上者，雇主應給予哺（集）乳時間三十分鐘。 前二項哺（集）乳時間，視為工作時間。	工資照給

撫育假		受僱於僱用三十人以上雇主之受僱者，為撫育未滿三歲子女，得向雇主請求為下列二款事項之一： 一、每天減少工作時間一小時；減少之工作時間，不得請求報酬。 二、調整工作時間。	可不給薪
家庭照顧假	七日	受僱者於其家庭成員預防接種、發生嚴重之疾病或其他重大事故須親自照顧時，得請家庭照顧假；其請假日數併入事假計算，全年以七日為限。	可不給薪
特別休假		勞工在同一雇主或事業單位，繼續工作滿一定期間者，依規定給予特別休假：	工資照給
	三日	一、六個月以上一年未滿者。	
	七日	二、一年以上二年未滿者。	
	十日	三、二年以上三年未滿者。	
	十四日	四、三年以上五年未滿者。	
	十五日	五、五年以上十年未滿者。	
	至多三十日	六、十年以上者，每一年加給一日。	
		前項之特別休假期日，由勞工排定之。但雇主基於企業經營上之急迫需求或勞工因個人因素，得與他方協商調整。	
國定假日		勞工應放假之紀念日及節日，回歸內政部一致之規範。	工資照給
榮譽假	依公司規定	符合公司獎勵標準。	勞資雙方協商
孝親假	依公司規定	符合公司孝親認定標準。	勞資雙方協商
義工假	依公司規定	從事社會義工活動，且符合公司標準。	勞資雙方協商

PART3

　　產檢假薪資補助要點在（110）年7月1日正式上路，針對給予受僱者優於法令之第6日、第7日有薪產檢假之雇主，將給予薪資

補助。自 110 年 7 月 1 日後，受僱者若有請第 6 日、第 7 日產檢假之需求，雇主宜優於法令讓受僱者請產檢假，政府也會補助給雇主其發給受僱者的薪資。

而產檢假薪資補助之申請資格僅限雇主給予受僱者第 6 日、第 7 日有薪產檢假者，受僱者如果是請病假或特別休假去產檢，雇主無法享有薪資補助。

產檢假薪資補助申請表單，請至勞保局全球資訊網（https://www.bli.gov.tw/）「業務專區」項下「建構友善生養職場－薪資補助」內查詢。

Q&A

PART4

基本法規

企業面對勞動法令常見錯誤的狀況

1. 我都有控制加班時數，每月不超過 46 小時，所以不會有過勞死的問題！？

2. 我的員工跟他約定好都是責任制，責任制勞工不用給加班費！？

3. 跟勞工簽承攬契約書就可以規避勞動法上雇主的責任！？

4. 把勞工的勞、健保加保在職業工會、漁會、農會就好！？

5. 將工資拆成獎金名目，造成加班費的金額計算錯誤！？

6. 我是小公司只有僱用一位員工所以不適用勞基法！？

7. 公司未滿三十人，不用做工作規則及管理制度！？

8. 勞工扣繳憑單短開是勞工要求的所以公司沒事！？

9. 勞工跟我交情很好不會跟我要退休金或現金！？

10. 發薪日工資以現金發給，員工自己不來領！？

11. 計日薪勞工星期日及國定假日不用給薪！？

12. 勞保低報是勞工要求的所以不用擔心！？

13. 勞保的老年給付就是勞工的退休金！？

14. 拿現金給勞工自己去加保職業工會！？

15. 只有請二位勞工不用加保勞、健保！？

16. 計日薪、時薪勞工沒有特別休假！？

17. 請病假 30 天內例休假日未給薪！？

18. 正職勞工才有勞動基準法的權利！？

19. 勞資會議的勞方代表未經選舉！？

20. 職災勞工未依法給付相關費用！？

21. 加班費、特別休假用底薪計！？

22. 到職未超過七天不用給薪！？

23. 遲到十五分鐘扣薪一小時！？

24. 特休未休工資以底薪計！？

25. 工讀生不適用勞基法！？

26. 曠職一日扣薪三日！？

27. 請病假不用給薪！？

28. 未設置勞資會議！？

29. 資遣員工未通報！？

　　這些常見的錯誤，通常也是勞資糾紛的起源，所以相信雇主只要避開會產生勞資糾紛的地雷，企業與勞方定能一同努力，共創更好的前景。

勞基法未來將是企業必備的基本須知，而遵守法令只是最低的標準。

解析

　　「台灣地區人力資源相關職位之工作規範的演變趨勢」文中說明，一般學者認為，人事管理在實務做法上，較偏重靜態面與消極面，如只負責員工考勤、人事檔案管理、薪資合計與發放等例行性的事務工作，故認為擔任此項工作者，可不具備相關專業知識，且教育水準要求較低。

　　而人力資源管理則正好相反，不僅具有動態與積極的內涵，更將人力視為與其他資源（如資金、材料、機器等）相同，需要良好管理，才能發揮最大的效用，同時也和其他資源一樣，需要企業組織的投資，才能有合理的回收（Quinn,1995; 張火燦，民 87）。

　　台灣的勞動法令從民國 94 年勞退新制的實施，讓勞工了解原來除了勞保老年給付外，他還有退休金。而一例一休以及這次勞基法的修法，讓勞工知道原來還有特別休假以及加班費。

　　未來的中小企業該注重的已不是勞基法問題，而是人力資源管理，依據美國勞動部的統計，65% 的工作將在十年內消失，當自動化、人工智慧以及互聯網的時代來臨，加上勞檢一波波，未來的中小企業，不遵守勞動法令的將走入歷史。

　　然而面對勞工政策的調整，有時主管機關的看法跟法院又不同，我想唯一解決之道就是充分了解人性，從人力資源管理著手。

　　勞資會議納為勞檢的重點，這將會是開啟勞資雙方協商溝通的管道，而隨著新世代的來臨，多溝通、多關懷，更多的同理心，建立企業組織文化，善盡社會責任，能更吸引年輕人加入該企業。

　　沒有年輕人的企業，沒有新進員工，企業倒閉只是遲早的事，不論產品多好，價格多有競爭力。

公司從未與員工簽立勞動契約，什麼是勞動契約？很重要嗎？

解析

勞動契約不以書面為要件，只要勞、雇兩造雙方在不違背相關法令的前提下，雙方意思表示一致～契約成立。換言之，勞動契約就是約定勞僱關係之契約（勞動基準法第 2 條第 1 項第 6 款定義）。

而於勞動基準法施行細則第 7 條明定，勞動契約應依本法有關規定約定下列事項：

一、工作場所及應從事之工作。

二、工作開始及終止之時間、休息時間、休假、例假、休息日、請假及輪班制之換班。

三、工資之議定、調整、計算、結算與給付之日期及方法。

四、勞動契約之訂定、終止及退休。

五、資遣費、退休金、其他津貼及獎金。

六、勞工應負擔之膳宿費及工作用具費。

七、安全衛生。

八、勞工教育及訓練。

九、福利。

十、災害補償及一般傷病補助。

十一、應遵守之紀律。

十二、獎懲。

十三、其他勞資權利義務有關事項。

而在企業併購法第 16 條所稱勞動條件之具體項目包含：

1. 工作場所及應從事之工作有關事項。
2. 工作開始及終止之時間、休息時間、休假、例假、請假及輪班制之換班有關事項。
3. 工資之議定、調整、計算、結算及給付之日期與方法有關事項。
4. 有關勞動契約之訂定終止及退休有關事項。
5. 資遣費、退休金及其他津貼、獎金有關事項。
6. 勞工應負擔之膳宿費、工作用具費有關事項。
7. 應遵守勞工安全衛生事項。
8. 適用工作規則及其他勞資權利義務有關事項。

（行政院勞工委員會民國 99 年 4 月 15 日勞資 2 字第 0990125516 號）

勞動契約屬非要式契約（諾成契約），除違反法律強制禁止規定及公序良俗外，勞雇雙方意思表示一致，契約即成立，不以書面為必要，可依口頭約定，默示的意思表示或事實上之行為而成立；只是傳統中小企業都未與員工簽立書面的勞動契約，往往發生爭議卻口說無憑，而陷己於劣勢，因而誤會法律都只是保護勞工，其實並不然。所以，為防範未然，強烈建議：勞、雇雙方最好是簽立書面的勞動契約，以明確雙方的權利義務，而未來有變更或調整勞動契

約內容之必要時，除可口頭約定補充外，最好還是擬訂書面的契約為要。至於該勞動契約有無必要每年重新簽署？應由勞、雇雙方依其行業別及工作性質予以個別審視其必要性。實務上，會建議勞、雇雙方，在有薪資調漲、法令修改、工作內容、工作地點、工作職務變動時，最好還是簽立新的勞動契約，以避免日後紛擾。

相關法規

勞動事件法

第 2 條

　本法所稱勞動事件，係指下列事件：

　一、基於勞工法令、團體協約、工作規則、勞資會議決議、勞動契約、勞動習慣及其他勞動關係所生民事上權利義務之爭議。

　二、建教生與建教合作機構基於高級中等學校建教合作實施及建教生權益保障法、建教訓練契約及其他建教合作關係所生民事上權利義務之爭議。

　三、因性別工作平等之違反、就業歧視、職業災害、工會活動與爭議行為、競業禁止及其他因勞動關係所生之侵權行為爭議。

　與前項事件相牽連之民事事件，得與其合併起訴，或於其訴訟繫屬中為追加或提起反訴。

 簽立勞動契約後，有需要向主管機關報准才會生效嗎？

解析

　　勞動契約是不需要報經主管機關核准的。事業單位與勞工所簽立之勞動契約，毋庸報經主管機關核准，此為內政部 74 年 2 月 7 日（74）台內勞字第 288937 號函釋；勞動契約係屬勞、雇雙方間的「私契約」，契約內容只要不違背法令強制禁止規定即可。

　　相對於工作規則就不同，觀勞動基準法第 70 條：「雇主僱用勞工人數在三十人以上者，應依其事業性質，就左列事項訂立工作規則，報請主管機關核備後並公開揭示之。」

　　除勞動基準法第 32 條、34 條、36 條、65 條、84 條之 1 與工作規則外，常見還有哪些是需要報經主管機關核備、備查或公開揭示的？

1. 性騷擾防治措施、申訴及懲戒辦法

　　主管機關依性別平等工作法規定，會要求事業單位或雇主，為防治性騷擾行為之發生，應訂定性騷擾防治措施、申訴及懲戒辦法，並在工作場所公開揭示，且將其納入勞動檢查項目。

2. 勞資會議代表名單

勞資會議實施辦法第 11 條：「勞資會議代表選派完成後，事業單位應將勞資會議代表及勞方代表候補名單於十五日內報請當地主管機關備查；遞補、補選、改派或調減時，亦同。」

3. 職業安全衛生工作守則

職業安全衛生法第 34 條：「雇主應依本法及有關規定會同勞工代表訂定適合其需要之安全衛生工作守則，報經勞動檢查機構備查後，公告實施。勞工對於前項安全衛生工作守則，應切實遵行。」

4. 因天災、事變或突發事件停止勞工假期

勞動基準法第 40 條：「因天災、事變或突發事件，雇主認有繼續工作之必要時，得停止第三十六條至第三十八條所定勞工之假期。但停止假期之工資，應加倍發給，並應於事後補假休息。前項停止勞工假期，應於事後二十四小時內，詳述理由，報請當地主管機關核備。」

5. 大量解雇勞工之解僱計畫書

大量解雇勞工保護法第 4 條：「事業單位大量解僱勞工時，應於符合第二條規定情形之日起六十日前，將解僱計畫書通知主管機關及相關單位或人員，並公告揭示。但因天災、事變或突發事件，不受六十日之限制。」及有同法第 11 條情事者，由相關單位或人員向主管機關通報。

寒暑假學生工讀或平時打工也需要簽立勞動契約嗎？

解析

雇主和勞工間簽立勞動契約，是釐清彼此間關係、義務與責任的重要環節，所以只要有僱傭關係存在，都建議簽立勞動契約。

比較特別的是，對於未滿十八歲之勞工，除勞動契約外，雇主應置備其法定代理人同意書及其年齡證明文件（對於童工及十六歲以上未滿十八歲之人，不得從事危險性或有害性之工作）。而在職業安全衛生法第 29 條更規定：「雇主不得使未滿十八歲者從事下列危險性或有害性工作：

一、坑內工作。

二、處理爆炸性、易燃性等物質之工作。

三、鉛、汞、鉻、砷、黃磷、氯氣、氰化氫、苯胺等有害物散布場所之工作。

四、有害輻射散布場所之工作。

五、有害粉塵散布場所之工作。

六、運轉中機器或動力傳導裝置危險部分之掃除、上油、檢查、修理或上卸皮帶、繩索等工作。

七、超過二百二十伏特電力線之銜接。

八、已熔礦物或礦渣之處理。

九、鍋爐之燒火及操作。

十、鑿岩機及其他有顯著振動之工作。

十一、一定重量以上之重物處理工作。

十二、起重機、人字臂起重桿之運轉工作。

十三、動力捲揚機、動力運搬機及索道之運轉工作。

十四、橡膠化合物及合成樹脂之滾輾工作。

十五、其他經中央主管機關規定之危險性或有害性之工作。

前項危險性或有害性工作之認定標準,由中央主管機關定之。

未滿十八歲者從事第一項以外之工作,經第二十條或第二十二條之醫師評估結果,不能適應原有工作者,雇主應參採醫師之建議,變更其作業場所、更換工作或縮短工作時間,並採取健康管理措施。」

公司可否都跟員工簽立定期的勞動契約？

解析

公司為何想與員工簽立定期的勞動契約？因為定期勞動契約相較於不定期勞動契約，對雇主較為有利（對勞工不利）～雇主可免除資遣費、預告工資或預告期間等給付義務，故而使雇主利用形式之口頭或書面的定期契約以意圖規避其法定義務。

所以，為保護弱勢之勞工，勞動基準法第 9 條明定：「勞動契約，分為定期契約及不定期契約。臨時性、短期性、季節性及特定性工作得為定期契約；有繼續性工作應為不定期契約。

定期契約屆滿後，有左列情形之一者，視為不定期契約：

一、勞工繼續工作而雇主不即表示反對意思者。

二、雖經另訂新約，惟其前後勞動契約之工作期間超過九十日，前後契約間斷期間未超過三十日者。

前項規定於特定性或季節性之定期工作不適用之。」

勞動契約究屬定期或不定期，應依據相關法令及所從事之工作性質予以認定，並非以契約書約定「定期」或「不定期」為唯一判斷基準。

PART4

　　為了讓勞、雇雙方更了解何謂「有繼續性工作」，行政院勞工委員會（勞動部前身）於 89.3.11 以（89）台勞資 2 字第 0011362 號函釋說明：

1. 所詢「有繼續性工作」如何認定疑義，按現行勞動基準法之規範及勞動市場之僱傭型態以繼續性工作為一般常態，非繼續性工作為例外，又勞動基準法中針對從事繼續性工作之勞工與非繼續性工作之勞工之保護有所差別，是以，行政機關歷來對於從事非繼續性工作之定期契約工採取嚴格性之解釋，以避免雇主對受僱人力之濫用。而該法中所稱「非繼續性工作」係指雇主非有意持續維持之經濟活動，而欲達成此經濟活動所衍生之相關職務工作而言。至於實務上認定工作職務是否為非繼續性當視該事業單位之職務（工作）說明書等相關文件載明之職務或企業內就同一工作是否有不定期契約工及定期契約工同時從事該相同工作，如有之，應視為有繼續性工作之認定參據。

2. 至於「短期性工作」與「特定性工作」如何認定疑義，就勞動基準法之立法原旨，該法第九條所稱「短期性工作」是謂工作標的可於預見間完成，完成後別無同樣工。作標的者。「特定性工作」是謂某工作標的係屬於進度中之一部分，當完成後其所需之額外勞工或特殊技能之勞工，因已無工作標的而不需要者。

　　事業單位如純以補充人力，或基於市場需要或其他因素而增加工作量，非短期或特定期內工作（屬繼續性之工作），所僱用之勞工，均屬不定期契約。所以，只要是符合上述狀況，縱然跟勞工於

口頭或以書面約定為定期契約,其契約仍屬不定期契約。

　　換言之,有繼續性工作應為不定期契約,就算公司跟勞工簽立定期契約,亦屬不定期之勞動契約,而勞工也享有勞動基準法上的各項權利,如特別休假等。再者,定期契約屆滿後或不定期契約因故停止履行後,未滿三個月而訂定新約或繼續履行原約時,勞工前後工作年資,應合併計算。

相關判決

最高行政法院 101 年度判字第 184 號判決

公司可以將「僱傭」的勞動契約跟員工改簽「承攬」合約嗎？

解析

公司想將「僱傭」關係改成「承攬」關係，最主要的目的還是想規避勞動基準法。勞動基準法第 2 條第 6 款：「勞動契約：謂約定勞僱關係之契約。」又「勞工：謂受雇主僱用從事工作獲致工資者。」「工資：謂勞工因工作而獲得之報酬。」為同條第 1 款、第 3 款明文規定。

最高法院 89 年度台上字第 1301 號判決略以：勞動契約是勞工與雇主間具有使用從屬及指揮監督之關係，勞動契約並不是僅限於僱傭契約，關於勞務給付之契約，其具有從屬性勞動性質者，縱兼有承攬、委任等性質，仍應屬勞動契約。另，承攬於民法第 490 條第 1 項規定：「稱承攬者，謂當事人約定，一方為他方完成一定之工作，他方俟工作完成，給付報酬之契約。」同法第 482 條：「稱僱傭者，謂當事人約定，一方於一定或不定之期限內為他方服勞務，他方給付報酬之契約。」

實務上，當事人所訂契約究竟係屬「僱傭契約」或「承攬契約」？

並不以契約名稱論斷，而應以實際的權利、義務來判定，如「從屬性」即是勞動契約的特色，勞動契約上的「從屬性」有以下三個內涵：人格上從屬性、經濟上從屬性、組織上從屬性。

1. 所謂人格上從屬性，即受僱人在僱主企業組織內，服從僱主權威，並有接受懲戒或制裁之義務。工作上需親自履行，不得使用代理人。例如：勞動者須服從工作規則，而僱主享有懲戒權等等。

2. 所謂經濟上從屬性，即受僱人並不是為自己之營業勞動而是從屬於他人，為該他人之目的而勞動。

3. 所謂組織上從屬性，即納入僱方生產組織體系，並與同僚間居於分工合作狀態等項特徵。

相反的，承攬契約之當事人則以勞務完成之結果為目的，承攬人只須於約定之時間完成一個或數個特定之工作，與定作人間無從屬關係，可同時與數位定作人成立數個不同之承攬契約，二者性質並不相同。所以，公司只是簡單的把勞動契約的名稱改成承攬契約，而勞務給付內容卻未調整，則實際上並未改變仍是僱傭的勞動契約事實。

相關判決

1. 臺灣高等法院 104 年度重勞上字第 24 號民事判決
2. 臺灣高等法院 104 年度勞上字第 120 號民事判決

公司可否跟員工簽「保證服務年限」的勞動契約？
要怎麼簽才能合法有效？

解析

　　「保證服務年限」的勞動契約過往大多係由航空公司與其機師、機組人員簽訂，而相關保證服務年限的爭議判決，亦大多屬於其兩造之間，邇來，卻慢慢發生於其他行業別。

　　歷年來「保證服務年限」大多以內政部 75.4.1（75）台內勞字第393675 號與行政院勞工委員會 83.8.10（83）台勞資 2 字第 58938號解釋令爲依據，只要勞動契約當事人間意思表示合意即成立，且是事業單位基於企業經營之需要，經徵得勞工同意，於勞動契約中爲服務年限及違約賠償之約定，只要不違反誠信原則及民法相關規定即可。

　　而民法第 247 條之 1 第 3 款亦定有明文：當事人一方預定用於同類契約之條款而訂定之契約，爲使他方當事人限制其行使權利之約定，按其情形顯失公平者，該部分約定無效。

　　爲釐清有關「保證服務年限」的勞動契約糾紛問題，於 104 年

12 月 16 日總統華總一義字第 10400146731 號令增訂勞動基準法第 15 條之 1，該條文明定未符合下列規定之一，雇主不得與勞工爲最低服務年限之約定：

一、雇主爲勞工進行專業技術培訓，並提供該項培訓費用者。

二、雇主爲使勞工遵守最低服務年限之約定，提供其合理補償者。

前項最低服務年限之約定，應就下列事項綜合考量，不得逾合理範圍：

一、雇主爲勞工進行專業技術培訓之期間及成本。

二、從事相同或類似職務之勞工，其人力替補可能性。

三、雇主提供勞工補償之額度及範圍。

四、其他影響最低服務年限合理性之事項。

違反前二項規定者，其約定無效。

勞動契約因不可歸責於勞工之事由而於最低服務年限屆滿前終止者，勞工不負違反最低服務年限約定或返還訓練費用之責任。

所以，公司要跟勞工簽訂「保證服務年限」是可以的，然其約定內容必須符合勞動基準法第 15 條之 1。再者，因勞工就勞動契約之締結明顯欠缺與雇主平等談判議約之能力，爲期達到維護勞資雙方實質公平之目的等情，該勞動契約內容約定若有違民法第 247 條之 1 規定而顯失公平，亦屬無效之範圍。因而，人力資源管理部必須針對該簽訂「保證服務年限」勞工之培訓期間及成本，提出分析及相關花費預算、教案、上課時數等證明，同時將此培訓費用分析，列入勞動契約中，勞資雙方才能有較公平性的參考依據。

觀內政部 75.4.1（75）台內勞字第 393675 號：「查勞動契約爲私

法上之契約，係以當事人間意思表示之合意而成立。事業單位若基於企業經營之需要，於勞動契約中約定，派赴國外受訓之勞工返回後，須繼續為該事業單位服務若干期限，自無不可；惟於指派時，宜先徵得該勞工之同意，其約定服務之期限，應基於公平合理由勞資雙方之自由意願，於勞動契約中約定之。惟如係技術生契約，仍應受勞動基準法有關技術生規定之限制。」勞動契約中可以訂定保證服務年限及違約金嗎？查行政院勞工委員會 83.8.10（83）台勞資 2 字第 58938 號：「查勞動契約為私法上之契約，因當事人間之意思表示一致而成立。因之事業單位若基於企業經營之需要，經徵得勞工同意，於勞動契約中為服務年限及違約賠償之約定，尚無不可，惟該項約定仍應符合誠信原則及民法相關規定。」

相關法規

勞動事件法

第 33 條

　　法院審理勞動事件，為維護當事人間實質公平，應闡明當事人提出必要之事實，並得依職權調查必要之證據。

　　勞工與雇主間以定型化契約訂立證據契約，依其情形顯失公平者，勞工不受拘束。

> 有俗稱勞工可以開除雇主是依勞動基準法第 14 條第 1 項第 6 款：「雇主違反勞動契約或勞工法令，致有損害勞工權益之虞者。」究竟指的是哪些情形？

解析

勞動基準法第 14 條第 1 項第 6 款條文中有關「雇主違反勞動契約或勞工法令，致有損害勞工權益之虞者」，指的是包括：違法調動、不當減薪、加班費少給、不當調職、退休金少提撥、勞、健保低報等，違反勞工法令或勞動契約內容事項等皆屬之，另，違反職業安全衛生法亦同。

司法院 78 年 2 月 25 日第十四期司法業務研究會期就討論，公司將勞工降級、降薪至該勞工原入職時之原階、原薪級（例如最初以課員錄用，嗣升級為課長、經理，再被降為課員），是否違反勞動契約？

研討結論認為：是否違反勞動契約，應依勞動契約之內容而定，如勞動契約之約定，升遷、降調有其標準，雇主依標準降調勞工職位、薪階，自無違反勞動契約可言，如雇主為減省退休金、資遣費之給付，任意降調自屬違反勞動契約。

　　所以，當勞工知道雇主有違反相關法令或勞動契約時，勞工是可以提出終止雙方勞動契約，並依照勞動基準法向雇主請求給付資遣費。值得注意的是，若是企業發動資遣勞工，除應有勞動基準法第11條等情事外，雇主尚須依法給付資遣費，及預告期間或預告工資；而若由勞工依照勞動基準法第14條提出終止契約，只能請求給付資遣費，而無預告期間或預告工資的請求權。

契約終止原因	勞動基準法第 11 條	勞動基準法第 14 條
兩者差異	雇主需有法定事由，且符合解僱最後手段方可為之。	雇主有違反本法條規定，且在法定期限內，勞工即可提出契約終止。
勞動基準法第 17 條或勞工退休金條例第 12 條所定資遣費	依法要給	依法要給
勞動基準法第 16 條所定預告工資或期間	依法要給	不用給
就業保險法第 11 條所定非自願離職證明書	依法要給	依法要給
勞動基準法第 19 條所定服務證明書	依法要給	依法要給

公司可以跟新進員工約定多久的試用期？

解析

現在勞動基準法已沒有試用期的規定。原勞動基準法施行細則第6條第3項規定：「勞工之試用期間，不得超過四十日。」而後在86年6月12日將勞動基準法施行細則中有關「試用期間」之規定已刪除，目前在勞動基準法上已無試用期的規範。但公司還是一樣可以跟勞工簽立有試用期的勞動契約。

試用期的目的是要對勞工的職業特性、業務能力、操守、人際關係、專業能力與應對態度等各方面之考核及評估，以綜合判斷其是否為公司之適格員工，同時決定是否長期錄用，而若試用評估後未達公司標準，雇主欲終止勞動契約，仍須給付勞工資遣費及預告期間。

臺灣臺北地方法院105年度勞訴字第96號民事判決略以：「按勞動契約種類繁多，其內容彼此差異，就各種不同性質之勞動內容，其所需之勞動能力多屬不同，雇主需多久之試用期間始能考核確定所僱用勞工是否適任，尤難以一定之標準日數相繩。此一高度歧異化、個案化之情狀，本應委由當事人依其個別情形加以約定，

故勞動契約有關試用期間之約定，應屬勞雇間契約自由之範疇，若其約定符合一般情理，並未違反公序良俗、誠信原則或強制規定，其約定應生契約法上之效力，而得拘束當事人。此觀勞基法施行細則原來有關試用期間不得超過 40 日之規定，嗣後已遭刪除，並不再就試用期間之長短為規定等情至明……即雇主於試用期間內綜合判斷求職者對企業之發展是否適合，如不適合，雇主即得於試用期滿前終止勞雇契約，而勞工於試用期間內，亦得評估企業環境與將來發展空間，決定是否繼續受僱於該企業，若勞雇雙方於試用期間內發覺工作不適於由該勞工任之，或勞工不適應工作環境，應認勞資雙方於未濫用權利情形下，得任意終止勞動契約。」

是故，試用期最好是多久？建議以 90 天為試用期的極限（參勞動基準法第 16 條規定）。又，原本公司與員工試用期約定為二個月，但還是無法確定該員工是否適合公司，是否可以延長其試用期？原則上，只要經勞資雙方協商同意都可以，只是不論試用期或再延長的試用期，該勞工於勞動法令上的權利並沒有因此而受改變。

試用不合格，終止勞動契約，仍須按就業服務法規定要做資遣通報，並依法給付資遣費。

若試用期未達 90 天而終止契約，勞資雙方都沒有勞動基準法第 16 條所定預告期間或謀職假的給付義務或請求權。

何謂確認「僱傭關係存在」？為何要確認僱傭關係
是否存在？

解析

「確認僱傭關係存在」～簡單來說，就是雇主單方面違法資遣員工或在無法令依據下終止和勞工間的勞動契約，而勞工訴請確認兩造僱傭關係存在的訴訟。最常見的是雇主用勞動基準法第 11 條第 5 款規定：「勞工對於所擔任之工作確不能勝任時。」～這個理由來資遣員工。

最高法院 103 年度台上字第 1116 號判決略以：勞動基準法第 11 條第 5 款規定，勞工對於所擔任之工作確不能勝任時，雇主得預告勞工終止勞動契約，其立法本意，在於勞工提供之勞務，如無法達成雇主透過勞動契約所欲達成客觀合理之經濟目的，雇主始得解僱勞工，其造成此項合理經濟目的不能達成之原因，應兼括勞工客觀行為及主觀意志，是該條款所稱之「勞工對於所擔任之工作確不能勝任」者，舉凡勞工客觀上之能力、學識、品行及主觀上違反忠誠履行勞務給付義務均應涵攝在內，且須雇主於其使用勞動基準法所賦予保護之各種手段後，仍無法改善情況下，始得終止勞動契約，以符「解僱最後手段性原則」。而勞工被非法解僱而提起訴訟，於

訴訟期間勞工不用提供勞務，且勞工並無補服勞務之義務，並得依原定勞動契約請求該期間之報酬（最高法院 105 年度台上字第 675 號裁定）。

易言之，當勞工被非法解僱，提起確認僱用關係存在之訴，如經過二年後確定勝訴，這二年勞工不用補服勞務，且工資雇主必須一次全額給付給勞工，且訴訟期間的福利也可享有（若工資為每月 5 萬元，則一次須補二年工資 120 萬）。還有因被非法解僱而將其勞、健保退保及勞退未提繳的退休金，這部分雇主也必須賠償勞工的損失，並補足未提繳的退休金。所以，雇主若要終止跟員工間的勞動契約，要非常小心，並且要確定該勞動契約終止是否合法。

相關函釋判決

1. 行政院勞工委員會民國 81 年 12 月 12 日（81）台勞保 2 字第 45118 號
2. 臺灣高等法院 104 年度重勞上字第 39 號民事判決
3. 臺灣高等法院 104 年度勞上字第 126 號民事判決

什麼是「工資」？如何認定？為何是牽動勞資關係最敏感的神經？

解析

「工資」是勞動所得的計算基礎，舉凡薪資、加班費、退休金、資遣費、勞、健保投保薪資等都與工資有關。勞動基準法第 2 條第 3 款：「工資謂勞工因工作而獲得之報酬；包括工資、薪金及按計時、計日、計月、計件以現金或實物等方式給付之獎金、津貼及其他任何名義之經常性給與均屬之。」

換言之，「工資」即勞務對價，亦即勞工因工作而獲得之報酬，縱然是按計時、計日、計月、計件以現金或實物等方式給與之獎金、津貼及其他任何名義之給與，均屬「工資」；至於是否屬於「經常性給與」則不論，即使其他非經常性給與，雖非以類似工資之名義發放，但如其本質屬勞工因工作所得之報酬，仍屬「工資」。

所謂「因工作而獲得之報酬」，係指符合「勞務對價」而言，而所謂「經常性之給與」者，係指在一般情形下經常可以領得之給付。判斷某項給付是否具「勞務對價」及「經常性給與」，應依

一般社會之通常觀念爲之，其給付名稱爲何，尚非所問（最高法院 100 年度台上字第 801 號裁判意旨）及臺灣高等法院 103 年度上易字第 682 號民事判決略以：工資需具備「勞務對價」及「經常性給與」二項要件，所謂經常性之給與，只要在一般情形下經常可以領得之給付即屬之，此之「經常性」未必與時間上之經常性有關，而是指制度上之經常性而言，即勞工每次滿足該制度所設定之要件時，雇主即有支付該制度所訂給與之義務。另，何謂經常性給與？一般而言係指在勞動契約存續中，不論是按日、按月甚至按年可預期的所得，亦即到了一定的時點可獲得之所得。

所以，如果一項給與的發生與數額已制度化，且在時間與次數上經常發生，而勞工對該給與之繼續獲得已產生正當之信賴，則該項給與即具有「經常性給與」之性質，不因其形式上所用之名稱或給付數額之多寡而有所影響。按月發給的薪資或實物配給固然屬之，按日、按月、甚至按年已制度化的津貼或獎金亦應被視爲經常性給與。給付是否屬工資，應依一般社會通常之觀念，視該給付是否具有勞務對價性及經常性，作爲判斷之標準，給付名稱則非所問。至於勞動基準法施行細則第 10 條第 2 款所稱之年終獎金，應僅指不具確定或經常性給與性質之年終獎金而言。倘雇主依勞動契約、工作規則或團體協約之約定，對勞工提供之勞務約定應於一定時期反覆給付固定金額，此固定金額爲勞工工作某一段時間之對價，縱名爲年終獎金，亦不失其爲工資之性質（最高法院 104 年度台上字第 613 號民事判決）。

茲整理與工資有關的解釋令及判決如下，以供參考，讓大家對「工資」一詞的認定有更深刻的了解及認識，而不會只拘泥於文字的用詞。

相關函釋判決

◎行政院勞工委員會 87.8.20（87）台勞動 2 字第 035198 號

　　績效獎金如係以勞工工作達成預定目標而發放，具有因工作而獲得之報酬之性質，依勞動基準法第 2 條第 3 款暨施行細則第 10 條規定，應屬工資範疇，於計算退休金時，自應列入平均工資計算。

◎行政院勞工委員會 87.8.31（87）台勞動 2 字第 036795 號

　　查勞動基準法第 2 條第 3 款規定工資係指勞工因工作而獲得之報酬，包括工資及其他任何名義之經常性給與均屬之。本案事業單位為激發勞工工作士氣，獎勵工作績效所發放之「團體獎金」，難謂與勞工工作無關，如係經常性按月而非臨時性之發給，已符上開工資定義，應屬勞動基準法上工資。

◎行政院勞工委員會 77.6.2（77）台勞動 2 字第 10305 號

　　績效獎金係以勞工達成預定目標而發放，具有因工作而獲得之報酬性質，依勞動基準法第 2 條第 3 款暨施行細則第 10 條規定，應屬工資範疇。

◎行政院勞工委員會 87.9.14（87）台勞動 2 字第 040204 號

　　勞動基準法第 2 條第 3 款工資定義，謂勞工因工作而獲得之報酬，故全勤獎金若係以勞工出勤狀況而發給，具有因工作而獲得之報酬之性質，則屬工資範疇。至平均工資之計算，同條第 4 款定有明文。

◎行政院勞工委員會 85.2.10（85）台勞動 2 字第 103252 號

　　查勞動基準法第 2 條第 3 款規定「工資：謂勞工因工作而獲得之報；包括工資、薪金及按計時、計日、計月、計件以現金或實物

等方式給付之獎金、津貼及其他任何名義之經常性給與均屬之」，基此，工資定義重點應在該款前段所敘「勞工因工作而獲得之報酬」，至於該款後段「包括」以下文字係例舉屬於工資之各項給與，規定包括「工資、薪金」、「按計時……獎金、津貼」或「其他任何名義之經常性給與」均屬之，但非謂「工資薪金」、「按計時……獎金、津貼」必須符合「經常性給與」要件始屬工資，而應視其是否為勞工因工作而獲得之報酬而定。又，該款末句」其他任何名義之經常性給與」一詞，法令雖無明文解釋，但應指非臨時起意且非與工作無關之給而言，立法原旨在於防止雇主對勞工因工作而獲得之報酬不以工資之名而改用其他名義，故特於該法明定應屬工資，以資保護。

◎行政院勞工委員會 82.11.22（82）台勞動 2 字第 69028 號

　　查勞動基準法第 2 條第 3 款規定工資定義係指勞工因工作而獲得之報酬，故雇主按月發給勞工在外地工作之「外地津貼」，係勞工於外地提供勞務而獲得之報酬，應屬工資。

◎行政院勞工委員會 82.5.11（82）台勞動 2 字第 24899 號

　　勞動基準法第 2 條第 3 款規定工資定義：「謂勞工因工作而獲得之報酬」，故生產效率獎金如係勞工因工作而獲得之報酬，不論是否屬於經常性，均屬前開規定所稱之工資。

◎行政院勞工委員會 78.6.15（78）台勞動 2 字第 14941 號函

　　事業單位發給勞工之「久任津貼」，如係雇主按月計給勞工之工作報酬，依勞動基準法第 2 條第 3 款規定，應屬工資範疇。

◎臺灣高等法院暨所屬法院 93 年法律座談會民事類提案第 14 號
93.11.25

法律問題：勞動基準法第 2 條第 3 款「工資」之定義，是否應具備「勞務之對價」（即勞工因工作而獲得之報酬）及「經常性之給與」二性質為必要？

甲說：（肯定說）「工資：謂勞工因工作而獲得之報酬，包括工資、薪金及按計時、計日、計月、計件以現金或實物等方式給付之獎金、津貼及其他任何名義經常性給與均屬之。」，此為勞動基準法第 2 條第 3 款所明定，則依該條款就工資之定義觀之，於認定何項給付內容屬於工資，係以是否具有「勞工因提供勞務所得之報酬即勞務對價」及「經常性之給與」之性質而定，而於判斷給付是否為「勞務之對價」及「經常性之給與」，應依一般交易觀念決定之，至於其給付名稱如何，在非所問。

（臺灣高等法院高雄分院 92 年度勞上易字第 37 號、最高法院 92 年度台上字第 2108 號判決參照）

乙說：（否定說）按勞動基準法第 2 條第 3 款係規定：「工資：謂勞工因工作而獲得之報酬，包括工資、薪金及按計時、計日、計月、計件以現金或實物等方式給付之獎金、津貼及其他任何名義之經常性給與均屬之」，準此，工資之定義重點應在該款前段所稱勞工因工作而獲得之報酬，至該款後段「包括」以下文字係例舉屬於工資之各項給與，規定包括「工資、薪金」、「按計‧獎金、津貼」或「其他任何名義之經常性給與」均屬之，非謂「工資、薪金」、「按計時……獎金、津貼」必須符合「經常性給與」要件始屬工資，而應視其是否為勞工因工作而獲得之報酬定之。（臺灣高等法院 92 年度勞上更（二）字第 3 號判決參照）

審查意見：採甲說。

◎臺灣士林地方法院行政訴訟判決 104 年度簡字第 30 號

　　又判斷某一給與是否為「工資」，應以其實質內涵決定，而非以給付時所用「名目」為準，因此即使某項給付係以前揭勞基法施行細則第 10 條各款所稱之名目為之，然實質上並非該種給付之性質，且屬經常給付者，仍應屬工資之一部，如此認定始能與勞動基準法第 2 條第 3 款之立法意旨相符（最高行政法院 93 年度判字第923 號、96 年度判字第 1008 號判決參照）。又勞動基準法第 2 條第 3 款所謂經常性，與固定性給與不同，僅須在一般情況下經常可領取，即屬經常性給付（最高法院 85 年度臺上字第 246 號民事判決參照）。是以，凡勞工因任職工作之關係，經常可獲得之報酬即為工資，至其每次領取之數額是否固定，形式上所用之名稱為何，均不影響其工資性質。

　　承上，原告所給付其所屬勞工之「夜點費」「出勤獎工」「激勵獎金」「多角化獎金」均屬勞動基準法第二條第三款定義之「工資」，縱原告對其工資訂定不同給與名稱，亦僅是原告自為名目設計之報酬給付方式，不因其形式上所用之名稱而受影響，自應併計申報月投保薪資。

◎臺灣高等法院 103 年度上易字第 682 號民事判決

　　又按工資乃勞工因工作而獲得之報酬，如經常性給與之工資、薪金固均屬之，即便是按計時、計日、計月、計件以現金或實物等方式給與之獎金、津貼及其他任何名義經常性之給與，如係以勞工達成預定目標而發給，具有因工作而獲得對價之性質者，參諸勞動基準法第 2 條第 3 款及該法施行細則第 10 條規定之精神，亦應包括在內，初不因其形式上所用之名稱而受影響（最高法院 96 年度台上字第 5 號裁判意旨參照）。而所謂「因工作而獲得之報酬」者，係指符合「勞務對價性」而言，所謂「經常性之給與」者，係指在

一般情形下經常可以領得之給付。判斷某項給付是否具「勞務對價性」及「給與經常性」，應依一般社會之通常觀念為之，其給付名稱為何，尚非所問（最高法院 100 年度台上字第 801 號裁判意旨參照）。亦即工資需具備「勞務對價性」及「給與經常性」二項要件，所謂經常性之給與，祇要在一般情形下經常可以領得之給付即屬之，此之「經常性」未必與時間上之經常性有關，而是指制度上之經常性而言，即勞工每次滿足該制度所設定之要件時，雇主即有支付該制度所訂給與之義務。

◎臺灣高等法院 106 年度勞上字第 69 號民事判決

　　勞動基準法第 2 條第 3 款規定：工資謂勞工因工作而獲得之報酬；包括工資、薪金及按計時、計日、計月、計件以現金或實物等方式給付之獎金、津貼及其他任何名義之經常性給與均屬之。所謂經常性之給付，祇要在一般情形下經常可以領得之給付即屬之。舉凡某種給與係屬工作上之報酬，在制度上有經常性者，均得列入平均工資以之計算退休金，最高法院 87 年度台上字第 2754 號判決意旨可資參照。

◎臺灣高雄地方法院民事判決

　　106 年度勞訴字第 137 號、106 年度勞訴字第 142 號

　　106 年度勞訴字第 125 號、106 年度勞訴字第 23 號

　　被告都是台灣電力股份有限公司，原告所爭事項都是請求給付退休金差額，系爭退休前所領取之夜點費是否係屬工資？經判決都是屬工資之範疇而應列入平均工資之一部以計算退休金。

夜點費、誤餐費列工資計算退休金？高等法院台南分院判中油敗訴

中油前員工勝訴

聯合電子報 https://udn.com/news/story/7321/3048301

最後瀏覽日：2018/03/25

相關法規

勞動事件法

第 37 條

　　勞工與雇主間關於工資之爭執，經證明勞工本於勞動關係自雇主所受領之給付，推定為勞工因工作而獲得之報酬。

每三個月給一次或每季給一次的獎金或津貼算「工資」嗎？

解析

「每三個月或按季給」並不是重點，重點是該獎金或津貼，是否有勞務對價？倘若是雇主為其單方之目的，給付具有勉勵、恩惠性質之給與，為改善勞工生活而給予之獎勵，就屬於非經常性給與。所以重點非「給付名詞」，而是是否具有「勞務對價」？只要有勞務對價、只要制度上經常可得，名詞縱然是年終獎金還是屬於「工資」。

臺灣高雄地方法院 99 年度勞簡上字第 5 號民事判決略以：「工資」實係勞工之勞力所得，為其勞動對價而給付之經常性給與，倘雇主為改善勞工生活而給付非經常性給與，或為其單方之目的，給付具有勉勵、恩惠性質之給與，即非為勞工之工作給付之對價，無論其係固定發放與否，倘未變更其獎勵恩惠給與性質，均不得列入「工資」範圍之內（最高法院 86 年度臺上字第 255 號、91 年度臺上字第 897 號判決意旨參照）。

所以，公司即使經勞資會議同意，也經過全體員工個別簽名同

意，而將每個月可以領得的工資拆解成「工資」與「非工資」，再以「工資」來計算加班費及作為勞、健保投保薪資的依據，卻並不代表該「非工資」就是為照顧勞工所為而具有勉勵恩惠性質之給與，也沒有改變原本發放屬於「工資」的本質。

最高行政法院 99 年度裁字第 2890 號裁定略以：況且所謂「經常性給與」係指非臨時起意且非與工作無關之給與。且立法意旨在於防止雇主規避「工資」之名而改用其他名義發放，則員工縱已就「其他名義之給與」簽立同意書，認同為「非工資」，亦不能因而改變該給與是否屬於「工資」之認定。本件上訴人（為該公司）所提供之「薪資結構調整協議書」，雖記載雙方同意將薪資所得區分為工資與非工資，但不因此妨礙該給與為「工資」之認定。上訴人每位員工每月所領取之「端午節獎金」、「母親節禮品代金」、「忠誠獎金」、「社團活動津貼」、「夏季旅遊補助」、「服務優良獎金」等「非工資」部分，名目雖有不同，然其金額及每月占薪資總額之比率大致相同，此眾多不同名目之「非工資」，若確係上訴人所稱之福利或其單方恩惠性之給與，自應有其發放之依據或標準，然上訴人對此並未提出計算依據或發放標準，顯非福利或其單方恩惠性之給與。再依上訴人所提供 95 年度各類所得扣繳暨免扣繳憑單登載資料，上訴人均將其所稱「非工資」列入「薪資所得」申報，上訴人所立「非工資」等名目，顯係因工作而獲得之報酬，應列入工資計算。

相關解釋令

◎行政院勞工委員會 81.11.25（81）台勞動 2 字第 42026 號

查依勞動基準法第 2 條第 3 款規定，工資係勞工因工作而獲得之報酬，是以事業單位每三個月固定給付之工作獎金，如係勞工因工

作而獲得，自屬工資。

◎台北市政府 88.1.8 府人 4 字第 8800189300 號

一、依據「研商本府國內外專家學者市政政策座談會所提人事建議案」會議決議辦理，兼復本府工務局 87 年 1 月 5 日北市工人字第 8720090500 號函。

二、茲勞動基準法第 2 條規定，工資係勞工因工作而獲得之報酬，包括工資、薪金及按計時、計日、計月、計件以現金或實物等方式給付之獎金、津貼及其他任何名義之經常性給與，而目前本府員工交通補助費之核發係由各機關依據規定，衡酌經費狀況，按員工居住遠近，覈實發給之補助，並非按月發給全體員工定額之費用，亦非員工因工作而獲得之報酬。基此，本府員工交通補助費，係屬「補助」性質，並非固定性待遇，依行政院勞工委員會 78 年 9 月 1 日勞動 2 字第 21518 號函釋：「事業單位以勞工實際居住所距離之遠近，核實發給交通補助費……，其性質與提供交通車接送勞工上下班相似，而與一般雇主按月發給全體勞工定額之交通津貼不同，除勞雇雙方另有約定外，可不列入平均工資計算」規定，非屬上開勞動基準法第 2 條所稱工資之範疇，不必列入勞保、健保投保薪資內涵。

◎行政院勞工委員會 87.11.19 台 87 勞動 3 字第 050602 號

勞工在醫療中不能工作，雇主依勞動基準法第 59 條第 2 款規定，按原領工資數額予以補償，係補償金性質，非屬工資，有關免稅疑義，因係屬財政部業務職掌，請逕向該部洽詢。

◎行政院勞工委員會 94.9.29 勞動 4 字第 0940053881 號

一、依據行政院金融監督管理委員會 94 年 9 月 21 日金管保 2 字第 09402091242 號函轉貴會 94 年 8 月 18 日（94）協捌發字第 408 號函辦理。

二、依勞動基準法施行細則第 10 條第 8 款規定，勞工保險及雇主以勞工為被保險人加入商業保險支付之保險費，非屬工資。雇主為員工繳納之保險費如確由雇主支付，而非自勞工工資中扣繳，自非勞動基準法所稱工資，得不計入勞工月提繳工資中提繳退休金。

三、另，有關勞工工資之認定，依勞動基準法第 2 條第 3 款規定：「工資：謂勞工因工作而獲得之報酬；包括工資、薪津及按計時、計日、計月、計件以現金或實物等方式給付之獎金、津貼及其他任何名義之經常性給與均屬之。」凡符合上開定義之報酬，即應計入勞工工資中。貴會會員如有其他工資認定疑義，可逕洽各地勞工行政主管機關（縣、市政府勞工或社會局）請求協處，較為迅捷。

公司的薪資單中有每季發放一次的三節獎金，該三節獎金還可以採每月預支（若三節獎金 15,000 元，則員工可以每月預支 5,000 元），請問這樣的三節獎金是「工資」嗎？

解析

雖然三節獎金（春節、端午節、中秋節之節金）在勞動基準法施行細則第 10 條列為非經常性給與，然並非就代表該三節獎金就是真的不是工資，而是屬於獎勵性、恩惠性、照顧性的獎金。

勞動基準法第 2 條第 3 款規定，勞工之工資，係指勞工因工作而獲得之報酬，包括工資、薪金及按計時、計日、計月、計件以現金或實物等方式給付之獎金、津貼及其他任何名義之經常性給與均屬之。

臺灣高雄地方法院 99 年度勞簡上字第 5 號民事判決略以：「工資」既屬勞工之勞力所得，為其勞動對價且係經常性之給付者，故凡某種給與係屬工作上之報酬，在制度上有經常性者，自為勞動基準法所規定之工資，且雇主與勞工所訂勞動條件，不得低於勞動基準法所定之最低標準，是依上開說明，只要員工受領之款項係屬其勞動對價，且為經常性給與，自屬勞動基準法所稱之工資。公司每

年已有發放三節節金予員工，為何其還要另外借支三節節金予員工？縱然員工簽訂有工資議定契約書及勞動契約，亦不影響其屬工資之本意。但若以勞工每月薪資內皆有包含「三節節金」，此亦不合常理，所謂節金，係雇主於節日額外給予勞工，應視作勉勵、恩惠性質之給與，若該筆金額確實為勉勵、恩惠性質，豈有每月發放之理，自應認屬上述之經常性給與，應屬工資並以其計算勞工所請求退休而應得之退休金。

臺灣高等法院臺南分院 98 年度勞上易字第 23 號民事判決略以：可供參照而所謂預支節金或預付節金，其本質上已屬於勞工對該給與之繼續獲得已產生正當之信賴，則該項給與即具有經常性給與之性質，不因其形式上所用之名稱或給付數額之多寡而有所影響。該公司所發放的三節獎金，其顯與一般發放三節獎金之情形不同，況由勞工若每個月均可以領取該「預付節金」來看，堪認該給付係在一般情形下，經常可以領得之勞動對價無疑，所以縱然在時間上、金額上非屬固定，仍屬工資無誤。

相關法規
勞動事件法
第 37 條

勞工與雇主間關於工資之爭執，經證明勞工本於勞動關係自雇主所受領之給付，推定為勞工因工作而獲得之報酬。

薪資單中要出現哪些資料，讓員工清楚知道，才不會因為勞檢而被開罰？

解析

為了讓勞資雙方對於工資計算方式及明細有更清楚的認知，於新增勞動基準法施行細則第 14 條之 1 規定：

「本法第二十三條所定工資各項目計算方式明細，應包括下列事項：

一、勞雇雙方議定之工資總額。

二、工資各項目之給付金額。

三、依法令規定或勞雇雙方約定，得扣除項目之金額。

四、實際發給之金額。

雇主提供之前項明細，得以紙本、電子資料傳輸方式或其他勞工可隨時取得及得列印之資料為之。」

其中，就「勞雇雙方議定之工資總額」很多企業就會出狀況了，因為約定工資總額不等於薪資總額。例如：薪資各項目及給付金額：月薪 24,000 元、全勤 2,400 元、績效獎金 3,600 元、職務加給 5,000 元、作業用品代金費 200 元、生日禮金 800 元、聚餐補助費 500 元合計薪資總額為 36,500 元。

工資各項目及給付金額為：月薪 2,4000 元、全勤 2,400 元、績效獎金 3,600 元、職務加給 5,000 元合計工資總額為 35,000 元。

依法可代扣除的項目有：代扣繳所得稅款、職工勞保、就保、健保保險費暨眷屬健保保費、自提勞退金、依法成立福委會之福利金、工會會費及債權人依強制執行法執行的金額等。

為了讓勞工可以更清楚認知工資的計算方式，也應該將加班費的計算方式、時數、國定假日、特別休假可休（已休）天數、出勤加班，加班換休（其日期、時數換休比例）等，亦應詳細記載。總之，讓勞工越清楚工資的來源與計算方式，對企業反而是好事，更可避免因認知不同而引發勞資爭議甚至被勞檢開罰。

勞動部民國 106 年 6 月 27 日勞動條 2 字第 1060131291 號函釋亦有說明。

勞動基準法第 59 條第 2 款所稱「原領工資」似乎
又非指單純的「工資」，何謂「原領工資」？

解析

　　勞動基準法施行細則第 31 條：「本法第五十九條第二款所稱原領工資，係指該勞工遭遇職業災害前一日正常工作時間所得之工資。其爲計月者，以遭遇職業災害前最近一個月正常工作時間所得之工資除以三十所得之金額，爲其一日之工資。罹患職業病者依前項規定計算所得金額低於平均工資者，以平均工資爲準。」簡言之，即勞雇雙方約定「正常工作時間」給付給勞工之工資，當然也就不含加班費。

　　依行政院勞工委員會（79）台勞動 3 字第 29610 號函釋：勞動基準法施行細則第 31 條第 1 項規定：「本法第五十九條第二款所稱原領工資，係指該勞工遭遇職業災害前一日正常工作時間所得之工資。其爲計月者，以遭遇職業災害前最近一個月工資除以三十所得之金額爲其一日之工資。」關於前揭後段計月者之工資，係指爲計算該（月）段一日之正常工作時間所得工資，如勞工之工資結構中有同法第 2 條第 3 款所列計月工資（即每月不論出勤狀況固定給與之部分，亦屬正常工時所得）應除以三十再加計正常工作時間內應

得之時薪或日薪之意。

　　舉例說明：假設小丁跟甲公司約定日薪爲 1,600 元，每日工作時間爲 8 小時，小丁昨晚有加班 4 小時（延長工時），卻於今日發生職業災害，則昨日其所領之工資爲 2,804 元（1,600＋536＋668），今日發生職業災害，仍然是以 1,600 元，爲計算「原領工資」之基礎。

公司要召開勞資會議？小公司也需要嗎？勞資會議的紀錄還要核備嗎？

解析

1. 勞資會議實施辦法第 2 條第 1 項：事業單位應依本辦法規定舉辦勞資會議。同法第 2 項：事業單位勞工人數在三人以下者，勞雇雙方為勞資會議當然代表。

2. 勞資會議的紀錄不用核備，但勞資會議代表選派完成後，事業單位應將勞資會議代表及勞方代表候補名單於十五日內報請當地主管機關備查；遞補、補選、改派或調減時，亦同。

　　勞資會議多久要開會一次？依勞資會議實施辦法第 18 條規定，勞資會議至少每三個月舉辦一次，必要時得召開臨時會議。並不是說勞資會議一定是每三個月才舉辦一次，也可以每個月、每二個月召開，看公司的經營型態及需要。

　　另，勞資會議實施辦法第 7 條規定，勞工年滿十五歲，有選舉及被選舉為勞資會議勞方代表之權。只是代表雇主行使管理權之一級業務行政主管人員，不得為勞方代表。每一屆勞資會議代表之任期為四年，勞方代表連選得連任，資方代表連派得連任。勞資會議代

表之任期，自上屆代表任期屆滿之翌日起算。但首屆代表或未於上屆代表任期屆滿前選出之次屆代表，自選出之翌日起算。

資方代表得因職務變動或出缺隨時改派之。勞方代表出缺或因故無法行使職權時，由勞方候補代表依序遞補之。前項勞方候補代表不足遞補時，應補選之。但資方代表人數調減至與勞方代表人數同額者，不在此限。

勞方候補代表之遞補順序，應依下列規定辦理：
一、事業單位依第 3 條第 2 項辦理勞資會議勞方代表分別選舉者，以該分別選舉所產生遞補名單之遞補代表遞補之。
二、未辦理分別選舉者，遞補名單應依選舉所得票數排定之遞補順序遞補之。

而且勞資會議代表選派完成後，事業單位應將勞資會議代表及勞方代表候補名單於十五日內報請當地主管機關備查；遞補、補選、改派或調減時，亦同。

相關判決

1. 最高法院 100 年度台上字第 373 號民事判決
2. 臺灣高等法院 100 年度勞上更（一）字第 3 號民事判決

此判決為勞資會議被判無效，進而造成年終獎金由二個月減少為一個月亦屬無效之判決：「勞資會議勞方代表選舉公告及勞資會議紀錄所示，勞資會議勞方代表選舉結束至勞資會議召開僅距三十分鐘（見第一審卷第一七八至一八五頁、原審卷第十八至二十七、二九一至二九八頁）。原審未於判決書理由項下記載何以不足採取之理由，已難謂無判決不備理由之違法。」

勞資會議是否有開就好？

解析

　　並非如此，勞資會議開會仍需遵守「勞資會議實施辦法」所定事項，例如：資方代表於任期屆滿前三十日指派，有工會的應於勞方代表任期屆滿前九十日通知工會辦理選舉，無工會的應於勞方代表任期屆滿前三十日完成新任代表之選舉。且單一性別勞工人數逾勞工人數二分之一者，其當選勞方代表名額不得少於勞方應選出代表總額三分之一。

　　而勞資會議的開會通知，事業單位應於會議七日前發出，會議之提案應於會議三日前分送各代表。

　　還有，勞資會議應有勞資雙方代表各過半數之出席，協商達成共識後應做成決議；無法達成共識者，其決議應有出席代表四分之三以上之同意。為了避免勞資會議失去效力而造成紛爭，這是勞資雙方都必須要重視的相關細節。

　　曾經，最高法院 100 年度台上字第 373 號民事判決，原案是爭執年終獎金給付問題，孰料最高法院法官沒審視年終獎金爭點，而

PART4

是針對其 96 年 1 月 29 日進行勞資會議之勞方代表選任，並於同日舉行第一次勞資會議，且勞資會議勞方代表選舉結束至勞資會議召開僅距三十分鐘～原審未於判決書理由項下記載何以不足採取之理由，已難謂無判決不備理由之違法，將原判決廢棄，發回臺灣高等法院。

臺灣高等法院 100 年度勞上更（一）字第 3 號民事判決文中更指出：

……可見被上訴人辦理該次勞方代表之選舉，並未依照公告之法定方式為之。且被上訴人之勞方代表係在勞資會議召開之同日始選出，被上訴人亦無可能遵照上揭勞資會議實施辦法第 20 條規定，於 7 日前將勞資會議開會日期，及於 3 日前將勞資會議之提案，通知勞方代表。

堪認被上訴人舉辦上開勞方代表選舉及召開第 1 屆第 1 次勞資會議，均未遵循法定方式，則其縱有在該次勞資會議中形成決議，亦難認係經全體勞工之合法代表所同意，自不能逕以其決議拘束反對之勞工。而上訴人等於本件訴訟一再否認該勞資會議之決議效力，依上開說明，自應認該決議對上訴人等不生拘束力。是被上訴人辯稱系爭年終獎金辦法係經 96 年 1 月 29 日第 1 屆第 1 次勞資會議討論通過公告施行，上訴人應受拘束云云，並不可採。而判決被上訴人應給付上訴人及附表二所示選定當事人各如附表二應給付金額欄所示之本金，及均自民國 98 年 1 月 20 日起至清償日止，按年息百分之五計算之利息。

所以，勞資雙方應該合法有效召開勞資會議，為企業成長及員工幸福，互盡心力。

Q104

勞資會議之議事範圍有哪些？

解析

勞資會議之議事範圍如下：

一、報告事項

（一）關於上次會議決議事項辦理情形。

（二）關於勞工人數、勞工異動情形、離職率等勞工動態。

（三）關於事業之生產計畫、業務概況及市場狀況等生產資訊。

（四）關於勞工活動、福利項目及工作環境改善等事項。

（五）其他報告事項。

二、討論事項

（一）關於協調勞資關係、促進勞資合作事項。

（二）關於勞動條件事項。

（三）關於勞工福利籌劃事項。

（四）關於提高工作效率事項。

（五）勞資會議代表選派及解任方式等相關事項。

（六）勞資會議運作事項。

（七）其他討論事項。

三、建議事項

　　工作規則之訂定及修正等事項，得列為前項議事範圍。

　　比較常見的勞資會議討論事項是延長工時、調假日期、補假（休）日期、員工旅遊、年終獎金等事項。

　　還有相關法令宣導如：職業安全、性騷擾防治、職場霸凌、菸害防制等。

不要低估勞資會議的重要性！余天琦／賴志豪
理律法律雜誌 2017 卷 6 期 2017/06
在台灣多數公司並沒有工會，也常忽略勞資會議的重要性。雖然勞資會議無法如同工會一般與雇主簽署團體協約，但其被給予的法定權力，使其能扮演雇主與員工協商勞動條件的平台。（1）勞方及資方代表人數；（2）代表之選拔；（3）代表任期；（4）需經勞資會議核同意之事項以及法定出席人數；（5）勞資會議召開頻率。

為什麼我們公司從沒有召開勞資會議，卻就有僱用外國人（外勞）的事實？

解析

雇主若要僱用外國人幫同工作，必須依就業服務法第47條規定：「聘僱外國人從事工作，應於招募時，將招募全部內容通知其事業單位之工會或勞工，並於外國人預定工作之場所公告之。」及雇主申請第二類外國人之招募許可，應備已依規定舉辦勞資會議證明文件，亦為雇主聘僱外國人許可及管理辦法第 16 條第 1 項第 5 款第 5 目所明定。

另依勞動部 1070330 勞動發管字第 1070503131 號令：雇主申請第二類外國人之招募許可，應備直轄市或縣（市）政府開具所定相關事項之證明文件。有關雇主向直轄市或縣（市）政府申請前揭證明文件時，應備下列文件，並自中華民國 107 年 5 月 1 日生效：

一、申請書或說明書。

二、申請當月之前三個月為基準月份，自基準月份起前六個月每月之提撥勞工退休準備金、提繳勞工退休金、繳納工資墊償基金及勞工保險費之繳費單據或證明影本。

三、依勞資會議實施辦法第十八條及第二十一條規定辦理之勞資

會議紀錄文件影本（應檢附次數如附表）。但不含臨時會議紀錄。

可見，大部分公司於在僱用外國人（外勞）時，其勞資會議都是沒有經過本國勞工同意下就由仲介公司為之，簡單來說，就是假的勞資會議紀錄，可能不僅勞工代表自己不知道自己是勞資會議的勞方代表外，該勞資會議內容一定是同意公司僱用外國人〔僱用（外勞）是要經本國籍勞工同意的〕。其實，這樣的勞資會議不僅是無效而且違法，更涉及偽造文書，所以建議企業主，若該勞資會議紀錄有偽造情事者，應儘快補正，趁尚未發生勞資糾紛前處理，以免事態擴大，讓小事變大麻煩。

曾經處理過原本只是單純的勞資糾紛，後來卻演變成刑事案件！

原來該公司並未召開勞資會議，亦未選出勞資雙方代表，然卻有聘僱外勞，而該勞資糾紛的勞方，正是該公司老闆眼中的自己人，也就是勞方代表，於是單純的勞資糾紛就變成偽造文書。

現行法下勞資會議決議法律效力之研究：以法院判決評釋為中心，周兆昱，國立中正大學法律系《台灣勞動評論》第 3 卷第 2 期（2011 年 12 月），頁 165-195。

公司說為防治性騷擾行為之發生，要訂定性騷擾防治措施、申訴及懲戒辦法，並在工作場所公開揭示，請問什麼是「性騷擾」？

解析

性別平等工作法第 12 條中，所謂性騷擾指的是有下列二款情形之一：

一、受僱者於執行職務時，任何人以性要求、具有性意味或性別歧視之言詞或行為，對其造成敵意性、脅迫性或冒犯性之工作環境，致侵犯或干擾其人格尊嚴、人身自由或影響其工作表現。

二、雇主對受僱者或求職者為明示或暗示之性要求、具有性意味或性別歧視之言詞或行為，作為勞務契約成立、存續、變更或分發、配置、報酬、考績、陞遷、降調、獎懲等之交換條件。

前項性騷擾之認定，應就個案審酌事件發生之背景、工作環境、當事人之關係、行為人之言詞、行為及相對人之認知等具體事實為之。

性騷擾的認定，會應就個案審酌事件發生之背景、工作環境、當事人之關係、行為人之言詞、行為及相對人之認知等具體事實為之。

簡單說，有上述情形，且讓人感覺到不舒服，就是性騷擾。

我公司受僱的員工不到 30 人，也需要做性騷擾防治措施嗎？

解析

性別平等工作法第 13 條：「雇主應防治性騷擾行為之發生。其僱用受僱者三十人以上者，應訂定性騷擾防治措施、申訴及懲戒辦法，並在工作場所公開揭示。雇主於知悉前條性騷擾之情形時，應採取立即有效之糾正及補救措施。第一項性騷擾防治措施、申訴及懲戒辦法之相關準則，由中央主管機關定之。」

提供受僱者、派遣勞工及求職者免於性騷擾之工作及服務環境，並採取適當之預防、糾正、懲戒及處理措施，以維護當事人權益及隱私，讓員工有安全良好的工作職場環境，根本與受僱的員工人數多少無關，所以，建議公司還是制定性騷擾防治措施，並向員工宣導。

另各縣市政府主管機關也會發文給各個事業單位，調查制定性騷擾防治措施、申訴及懲戒辦法。

正本
發文方式：郵寄

檔　號：
保存年限：

臺中市政府勞工局　函

地址：407 臺中市西屯區台中港路 2 段 89 號
承辦人：葉明珠
電話：04-22289111 轉 35200

受文者：臺中市各事業單位
發文日期：中華民國 101 年 5 月 1 日
發文字號：中市勞動字第（　　）號
速別：普通件
密等及解密條件或保密期限：
附件：

主旨：為了解各單位落實性別平等工作法訂定工作場所騷擾防治措施、申訴及懲戒辦法之情形，請　貴單位配合填列「訂定性騷擾防治措施、申訴及懲戒辦法情形調查表」，並於本（101）年 5 月 11 日前送（傳真亦可）本局彙整，請　查照

說明：

一、查「雇主應防治性騷擾行為之發生，應訂定性騷擾防治措施、申訴及懲戒辦法，並在工作場所公開揭示。雇主於知悉前條性騷擾之情形時，應採取立即有效之糾正及補救措施。」乃為性別平等工作法第 13 條第 1 項所明定，如違反規定，依同法第 38 條之 1，處新臺幣 10 萬元以上 50 萬元以下罰鍰。

二、為推動性騷擾防治與促進工作平等措施，輔導各事業單位雇主應將性別平等的觀念落實於職場，以促進職場性別平等，爰請依上開規定辦理。

三、有關性別平等工作法暨施行細則規定及訂定工作場所性騷擾防治措施、申訴及懲戒辦法範例，請利用本府勞工局網站／首頁／服務項目／勞動基準業務／性別工作平等專區／檔案下載區（網址 http://www.labor.taichung.gov.tw/ 工作場所性騷擾防治措施申訴及懲處辦法（參考範例）.doc）下載參考。

PART4

員工老婆（有宴客但未辦理結婚登記）分娩時，公司需要給該員工陪產假嗎？未來還可以申請育嬰留職停薪嗎？

解析

員工老婆（已宴客但未辦理結婚登記），當其分娩時，公司是不用給陪產假。

性別平等工作法第 15 條第 6 項：「受僱者於其配偶分娩時，雇主應給予陪產假五日。」條文中「配偶」一詞，從民國 97 年 5 月 23 日起，民法第 982 條規定修正結婚採「登記」制度～結婚自當事人辦理登記後，即生效力。故，若未辦理登記，依法是不用給陪產假。然基於人性及管理層面考量，會建議給陪產假。

為鼓勵雇主建立友善家庭職場環境，使受僱者之工作得與生活平衡發展，遂制定性別平等工作法，於第 16 條：「受僱者任職滿六個月後，於每一子女滿三歲前，得申請育嬰留職停薪，期間至該子女滿三歲止，但不得逾二年。」其中，得申請育嬰留職停薪的條件並未規定是「配偶」，只要任職滿半年，每一「子女」於三歲前即可為之。

同時，育嬰留職停薪實施辦法第 2 條：「受僱者申請育嬰留職停薪，應事先以書面向雇主提出。」及同法第 2 項第 6 款有提到需檢附「配偶」就業之證明文件～然這個證明文件是否有增加法律未規定事項？例如：未婚產子後生母失蹤，獨留生父扶養該幼子，是否也可以如願申請育嬰留職停薪？～不無疑問，但依法是可以！

另勞動部前身行政院勞工委員會 102.12.13 勞動 3 字第 1020086476 號函釋說明：本法第 16 條申請育嬰留職停薪之規定，係考量多數父母仍親自養育幼兒，為保障父母之工作權益，使其得以同時兼顧工作與照顧家庭。若有不符性別平等工作法第 16 條規定，但受僱者如有同法第 22 條但書規定之正當理由，仍可檢具資料，依育嬰留職停薪實施辦法第 2 條規定，向雇主提出，雇主依所提理由個案事實認定。另上開規定所稱「正當理由」，應視受僱者所提理由，依個案事實認定。

所以，建議只要員工提出育嬰留職停薪，公司盡量以方便員工為主，而若員工是申請就業保險法上的育嬰留職停薪津貼，則按該法規定提出相關佐證資料。

PART4

申請育嬰留職停薪期間，公司還要繼續給其全勤獎金嗎？

解析

勞動部 104 年 5 月 27 勞動條 4 字第 1040130878 號函釋：性別平等工作法第二十一條第二項規定，受僱者為育嬰留職停薪之請求時，雇主不得視為缺勤而影響其全勤獎金、考績或為其他不利之處分。查育嬰留職停薪係勞動契約暫時中止履行之狀態，受僱者依法免除該期間之出勤義務，雇主不須給付工資。倘勞雇雙方約定之工資項目有全勤獎金者，其育嬰留職停薪全月未出勤期間，不須給付全勤獎金。但其留職停薪前後非足月提供勞務之期間，雇主仍應就受僱者出勤提供勞務之情形，依比例給付全勤獎金。本解釋令自即日生效。

然若公司基於照顧勞工的立場於工作規則或勞動契約中有明定，全勤獎金於勞工育嬰留職停薪期間不予扣發，則仍然要繼續發給。

性別平等工作法第 21 條：「受僱者依前七條之規定為請求時，雇主不得拒絕。受僱者為前項之請求時，雇主不得視為缺勤而影響其全勤獎金、考績或為其他不利之處分。」這其中包含：

1. 家庭照顧假。
2. 受僱於僱用三十人以上雇主之受僱者，爲撫育未滿三歲子女，而每日減少工時一小時。
3. 每日另給哺（集）乳時間六十分鐘。
4. 產假期間。
5. 安胎休養。
6. 產檢假。
7. 陪產假。
8. 生理假。

　　上述八種情形～皆屬性別平等工作法第 21 條所規範範圍，而卻未見於勞動基準法，很明顯地，都是爲了照顧女性員工或其配偶，給其強健的體魄，才能有好的工作表現。

相關函釋

◎勞動部民國 105 年 6 月 27 日勞動條 4 字第 1050131141 號

一、查性別平等工作法「促進工作平等措施」之規範包括生理假、產假、安胎休養、產檢假、陪產假、育嬰留職停薪、哺乳時間及家庭照顧假等，依該法第 21 條規定，受僱者爲上開規定之請求時，雇主不得拒絕，並不得視爲缺勤而影響其全勤獎金、考績或爲其他不利之處分。

二、依《僱用部分時間工作勞工應行注意事項》陸、勞動條件基準，三、例假、休假、請假等相關權益（五）產假……應依勞動基準法第 50 條及性別平等工作法第 15 條規定，給予產假，以利母體調養恢復體力。適用勞動基準法之女性勞工，受僱工作 6 個月以上者，產假停止工作期間工資照給；未滿

6 個月者減半發給。（六）其他性別平等工作法所規定之各種假別及相關權益與全時勞工相同。

三、為確明上開注意事項所定陸、三（六）之意涵，以全時勞工每月正常工作時間 8 小時、每週正常工作時間 40 小時為例，有關部分工時勞工依性別平等工作法規定提出相關假別及權益之請求時，依下列原則辦理：

（一）產假、安胎休養及育嬰留職停薪基於母性保護之精神，部分工時勞工請休產假者，其產假期間應依性別平等工作法第 15 條第 1 項規定，依曆連續計算；懷孕期間經醫師診斷需安胎休養者，雇主應按所需期間，依曆給假。至於有親自照顧養育幼兒需求而申請育嬰留職停薪者，其期間依曆計算，不因部分時間工作而依比例計給。

（二）產檢假、陪產假及家庭照顧假部分工時勞工相較全時勞工，於工作與家庭生活之時間運用較富彈性，且部分工時勞工之每日工作時數型態多元，爰部分工時勞工於請求產檢假、陪產假及家庭照顧假時，依均等待遇原則，按勞工平均每週工作時數依比例計給（平均每週工作時數除以 40 小時，再乘以應給予請假日數並乘以 8 小時）。

（三）生理假部分工時勞工依性別平等工作法第 14 條規定，每月得請生理假一日，該假別係基於女性生理特殊性而定，爰每次以一曆日計給為原則。生理假全年請假日數未逾 3 日者，不併入病假計算，薪資減半發給；逾 3 日部分，按規定應併入病假計算，其有薪病假之給假時數，按勞工平均每週工作時數除以 40 小時之比例計給，薪資減半發給。另部分工時勞工年度內所

請應併入未住院普通傷病假之生理假，連同病假如已屆上開按比例計給時數上限，仍有請生理假需求者，雇主仍應給假，但得不給薪資。

（四）哺（集）乳時間基於部分工時勞工每日工作時段及時數有不固定之情形，哺（集）乳時間若按其平均每週工作時數除以 40 小時之比例計給，於實務執行上恐有無法完整運用哺（集）乳時間之疑慮，爰部分工時勞工若有哺（集）乳之需求，雇主應依性別平等工作法第 18 條規定給予哺（集）乳時間。

四、不適用勞動基準法之勞工，應參照上開原則辦理。

（註）

　有關性別平等工作法的疑義，可參閱鄭津津，性別工作平等法逐條釋義，五南圖書公司，2016 年 12 月出版。

員工申請育嬰留職停薪，公司一定要准嗎？育嬰
留職停薪期間年終獎金還要給嗎？

解析

欲申請育嬰留職停薪只要符合該法規定之申請資格及條件，並備妥相關需準備之資料，以書面提出申請即可，非受僱者之配偶未就業者，不適用第 16 條及第 20 條之規定。但有正當理由者，不在此限。此為性別平等工作法第 22 條所規定。

何謂正當理由？受僱者如有親自照顧雙（多）胞胎之需求，或父母二人同時撫育 2 名未滿 3 歲之子女時，依規定向雇主申請育嬰留職停薪時，符合本法第 22 條但書之「正當理由」。勞動部民國 107 年 2 月 12 日勞動條 4 字第 1070130162 號與勞工委員會民國 99 年 5 月 17 日勞保 1 字第 0990002973 號函釋皆有此說明。

最高行政法院 101 年度判字第 313 號判決：性平法第 16 條第 4 項所授權訂定之育嬰留職停薪實施辦法第 2 條固規定，受僱者申請育嬰留職停薪應事先以書面向雇主提出，惟並無明文規定不得事後補正，受僱人以口頭向公司之負責人提出育嬰假的需求，當下立刻遭到拒絕，為原審所確定之事實，則原判決認受僱者申請育嬰留職

停薪苟未依前開育嬰留職停薪實施辦法所定程序以書面提出相關資料供核，公司仍應先命其補正，倘申請育嬰假者拒絕提供或所提文件資料仍未符合性平法等所規定申請育嬰假之要件，始得拒絕申請。

　　所以，雇主不可以任意拒絕育嬰留職停薪假之申請。申請育嬰留職停薪，應事先以書面向雇主提出。

　　前項書面應記載下列事項：
一、姓名、職務。
二、留職停薪期間之起迄日。
三、子女之出生年、月、日。
四、留職停薪期間之住居所、聯絡電話。
五、是否繼續參加社會保險。
六、檢附配偶就業之證明文件。
前項育嬰留職停薪期間，每次以不少於六個月為原則。

　　一般來說，中小企業最困難的地方在於～當有員工申請育嬰留職停薪時，由於人力不足，於是企業就需要聘僱替代人力，以減少因育嬰留職停薪產生的人力缺口，並降低衝擊。適用勞動基準法之勞工，依性別平等工作法申請育嬰留職停薪期間，雇主僱用替代人力執行其原有之工作時，該替代人力之工作因係育嬰留職停薪期間勞工職務代理之性質，所以縱然其工作是有繼續性工作之不定期契約，依勞動基準法第 9 條及其施行細則第 6 條規定，雇主仍然可以跟因育嬰留職停薪而增聘之替代人力簽訂定期契約。

同時，建議雇主也必須要跟申請育嬰留職停薪的員工以書面簽訂下列事項，避免將來產生爭議：

1. 申請育嬰留職停薪，其目的是為了照顧幼兒，給幼兒更多的陪伴，所以申請育嬰留職停薪期間，不得與他人另訂勞動契約。也就是不可以去受僱從事其他工作，否則即有違反育嬰留職停薪之本意。

2. 育嬰留職停薪期滿後申請復職，以回復原職為原則，但若其原職位已有適當人選在職，則同意接受雇主調動，而調動的方式也必須符合勞動基準法第 10 條之 1 規定，雇主調動勞工工作，不得違反勞動契約之約定，並應符合下列原則：

一、基於企業經營上所必須，且不得有不當動機及目的。但法律另有規定者，從其規定。

二、對勞工之工資及其他勞動條件，未作不利之變更。

三、調動後工作為勞工體能及技術可勝任。

四、調動工作地點過遠，雇主應予以必要之協助。

五、考量勞工及其家庭之生活利益。

而育嬰留職停薪期間年終獎金還要給嗎？年終獎金若屬恩惠性給予則法無明定，為此勞動部於民國 103 年 7 月 24 日勞動條 4 字第 1030070998 號發布函釋。

事業單位依民俗發給之年終獎金，屬事業單位之勞工福利事項，其發放要件、標準及方式等事宜，勞動基準法並無規定，可由勞雇雙方於勞動契約中約定或雇主於工作規則中訂定，報請當地勞工行政主管機關核備後並公開揭示之，惟不得對申請育嬰留職停薪之受

僱者另爲不利處分。

另外，受僱者於育嬰留職停薪期間雖無出勤義務，惟事業單位仍可按受僱者出勤狀況依比例發給年終獎金，以落實性別平等工作法之立法精神。

又，受僱者於育嬰留職停薪前，倘已符合前述獎金之領取要件，縱其約定之發放日期在育嬰留職停薪期間，雇主仍應依約定發給。

育嬰留職停薪之「留職停薪」於勞工法令上之意涵，係指勞雇雙方合意「暫時停止勞動契約之履行」，勞動契約並未終止。

相關判決
臺北高等行政法院 103 年度簡上字第 104 號判決

員工申請育嬰留職停薪期間，勞、健保保費公司還要幫他支付嗎？

解析

員工申請育嬰留職停薪期間的勞、健保保費，公司是不用為其繳納。

性別平等工作法第 16 條第 2 項：「受僱者於育嬰留職停薪期間，得繼續參加原有之社會保險，原由雇主負擔之保險費，免予繳納；原由受僱者負擔之保險費，得遞延三年繳納。」而每月所提繳的勞工退休金部分，可以於發生事由之日起七日內以書面向勞保局申報停止提繳其退休金，亦為勞工退休金條例第 20 條規定。

勞動部勞動條 4 字第 1050132607 號核釋性別平等工作法第 16 條規定：為鼓勵雇主建立友善家庭職場環境，使受僱者之工作得與生活平衡發展，雇主優於本法第 16 條第 1 項後段規定，同意受僱者同時撫育子女二人以上，其育嬰留職停薪期間不予合併計算者，該等人員育嬰留職停薪期間社會保險及原由雇主負擔之保險費，適用本法第 16 條第 2 項之規定。上開育嬰留職停薪期間仍應符合「於每一子女滿三歲前，得申請育嬰留職停薪，期間至該子女滿三歲

止，但不得逾二年」之規定。

　　所以，當員工申請育嬰留職停薪，對公司而言並沒有太多成本上的增加，只是多了一個空位，而產生人力不足需要增聘人力，或由其他同事分擔該申請育嬰留職停薪者的工作而已。

　　所以，雇主鼓勵勞工申請育嬰留職停薪也是一種企業文化，會讓勞工感受到雇主重視家庭，重視親子生活，進而增進勞工向心力與工作熱忱。

　　甚而有些企業還大方加碼福利，女性員工生育除法定假期與薪資外，還額外給生育津貼，對企業形象大幅加分。如建大、台泥、鴻海、華邦電、金仁寶集團、玉山銀及華南銀都祭出高額生育津貼。

企業催生 1 胎最高補助 24 萬
蘋果日報：https://tw.appledaily.com/headline/daily/20180128/37916988
最後瀏覽日：2018/03/25

PART4

**女性員工受僱六個月後就分娩，請問其產假可以
請多久？而流產又如何認定？**

解析

只要是分娩，其產假都是八星期，只是若該女性員工受僱工作在
六個月以上者，於申請產假停止工作期間～工資照給；未滿六個月
者～減半發給。

所以，請產假天數並不會因為其年資而有所不同，只有女性員工
受僱工作在未滿六個月，於停止工作期間其工資減半發給。而且，
只要是在產假期間遇到國定假日是不用再額外給假或補休。勞動基
準法第 50 條所定之產假，旨在保護母性之健康，該假期內如遇星
期例假、紀念日、勞動節日及其他由中央主管機關規定應放假之
日，均包括在內無庸扣除，此為行政院勞工委員會於民國 79 年 1
月 25 日即有發布（79）台勞動 3 字第 01425 號函釋內容。

另，依性別平等工作法第 16 條：「受僱者任職滿六個月後，於
每一子女滿三歲前，得申請育嬰留職停薪，期間至該子女滿三歲
止，但不得逾二年。同時撫育子女二人以上者，其育嬰留職停薪期
間應合併計算，最長以最幼子女受撫育二年為限。」所以，只要是

受僱滿六個月分娩，就有產假八星期的工資及具有申請育嬰留職停薪的權利。

　　至於流產該如何認定？勞動基準法第 50 條及兩性工作平等法第 15 條所稱「分娩」與「流產」，依醫學上之定義，妊娠二十週以上產出胎兒為「分娩」，妊娠二十週以下產出胎兒為「流產」，所以，只要是在妊娠二十週以下產出胎兒即為流產～只要比照孕婦手冊（又稱媽媽手冊）上面都會有詳細的記載。

PART4

公司有義務一定要將女性懷孕員工調往較輕便之工作嗎？

解析

女性員工懷孕時，因其身體的狀況較為不便，需要有更多的休息時間，勞動基準法第 51 條特別規定：「女工在妊娠期間，如有較為輕易之工作，得申請改調，雇主不得拒絕，並不得減少其工資。」

為此，行政院勞工委員會（勞動部前身）特於 80 年 7 月 29 日頒布（80）台勞動 3 字第 18950 號文：勞動基準法第 51 條規定「女工在妊娠期間，如有較為輕易之工作，得申請改調……」，上開女工在妊娠期間，事業單位如有較為輕易之工作，即得申請改調，並未規定應以妊娠滿若干時間為要件；至所謂「較為輕易」之工作，應指工作為其所能勝任，客觀上又不致影響母體及胎兒之健康者。該項工作是否影響母體及胎兒之健康，仍應依個案審慎認定。

而且，調動還必須要符合勞動基準法第 10 條之 1 規定：「雇主調動勞工工作，不得違反勞動契約之約定，並應符合下列原則：

一、基於企業經營上所必須，且不得有不當動機及目的。但法律

　　另有規定者，從其規定。

二、對勞工之工資及其他勞動條件，未作不利之變更。

三、調動後工作為勞工體能及技術可勝任。

四、調動工作地點過遠，雇主應予以必要之協助。

五、考量勞工及其家庭之生活利益。

　　若不考慮上述規定，有可能會變成以照顧懷孕女性員工為名，而行懲戒之實。

　　同時，職業安全衛生法第 30 條亦規定雇主不得使妊娠中之女性勞工從事危險性或有害性工作，及雇主不得使分娩後未滿一年之女性勞工從事危險性或有害性工作，皆為保護母體及胎兒之狀況所設下的特別保護。女性員工如有該法所規定之工作事項，應立即向公司反映，且公司必須依照相關規定，啟動女性勞工健康保護實施辦法，遵守該辦法中所規定事項，以確保女性同仁之安全，並避免公司觸犯相關法令規定。

　　所以，企業對於懷孕女性員工，可以給予更多的關懷及融通，這不僅是法規所規定，更有助於企業提升形象，也有助於讓企業的隱形競爭力大幅提高。

PART4

公司因為營運困難，為降低成本，可以直接宣布
減薪嗎？

解析

公司可以不經過勞工同意就減薪？～答案是不可以！

「工資由勞雇雙方議定之。但不得低於基本工資。」此為勞動基
準法第 21 條所明定；而工資之議定、調整、計算、結算及給付之
日期與方法有關事項，應於勞動契約約定之，亦為勞動基準法施行
細則第 7 條第 3 款所規範。所以，工資之調整須由勞雇雙方互為合
意調整，才屬合法。再者，公司若未經勞工同意就逕行減薪，不僅
違法，更易產生勞資糾紛進而影響員工士氣。

減薪需要勞工同意，那加薪呢？

薪資調整就是勞動契約的變更，需要勞資雙方同意才可以。所
以，不僅減薪需要勞工同意，連加薪也需要勞資雙方同意。

相關判決

臺灣高等法院 104 年度勞上易字第 122 號民事判決

最近公司因為營運困難，所以開說明會要減薪，且要求出席員工要簽到，我們都有簽到但並沒有同意減薪，但公司說有簽到就是同意減薪，是否有理？

解析

　　許多企業於面臨成本增加或經營出現困難時，大多的想法就是先降低人事開銷，而首先想到的就是減少福利、調降薪資。

　　惟工資之調整，應由勞雇雙方於勞動契約中約定，並不是雇主單方就可以處理。勞動基準法施行細則第 7 條第 3 款亦有規定，關於工資條件的變更應由勞雇雙方自行約定，雇主如有調整勞動條件之必要，除經勞工同意外，對勞工工資及其他勞動條件當不得做不利益變更。亦即，要調整工資係需要勞工同意，建議為杜絕爭議，該「同意」最好以書面為之。

　　本例中，用開說明會來跟勞工說明調降薪資，雖然有開會簽到，然該會議簽到可以作為員工同意減薪的依據嗎？按所謂默示之意思表示，係指表意人之舉動或其他情事，足以間接推知其效果意思而言，若單純之沈默，除有特別情事，依社會觀念可認為一定意思表示者外，不得謂為默示之意思表示，此為最高法院 29 年度上字

第 762 號判例可資參照。簡單來說，除非公司可以舉證或有其他情事可以間接證實員工同意減薪，或者同意薪資結構的調整，否則，不可以單純以員工有參與會議，並有會議簽到簿即表示員工同意減薪。

若公司逕行減薪，員工可以向當地主管機關申請勞資糾紛調解，請求雇主補足薪資，雇主若未補足該薪資差額，主管機關可以勞動基準法第 79 條處新臺幣 2 萬元以上 100 萬元以下罰鍰，而且主管機關得依事業規模、違反人數或違反情節，加重其罰鍰至法定罰鍰最高額二分之一。

企業若有經營上的困難，更要注重跟員工間的溝通，把公司的困難如實跟員工說明，及告知接下來公司的應對方法，可能員工有不願意跟公司同舟共濟的，至少公司因為願意協商，也會獲得願意跟公司共患難的員工認同。

相關判決

1. 最高法院 81 年度台上字第 571 號
2. 臺灣臺北地方法院 101 年度勞簡上字第 23 號民事判決
3. 臺灣臺北地方法院 96 年度勞訴字第 70 號民事判決

聽說面談新人時要注意不得有就業歧視，什麼是「就業歧視」？

解析

　　所謂「就業歧視」就是雇主對求職人或所僱用員工，因為種族、階級、語言、思想、宗教、黨派、籍貫、出生地、性別、性傾向、年齡、婚姻、容貌、五官、身心障礙、星座、血型或以往工會會員身分為由，予以歧視。

　　其中所稱「求職人或所僱用員工」，包括下列人員：

一、依法取得許可在我國境內工作之外國人。

二、與中華民國境內設有戶籍之國民結婚，且獲准居留，依法在我國境內工作之外國人。

三、依法許可在臺灣地區依親居留，並取得許可在臺灣地區工作之大陸地區人民。

四、依法許可在臺灣地區長期居留，居留期間在臺灣地區工作之大陸地區人民。

五、依法許可在臺灣地區工作之取得華僑身分之香港、澳門居民及其符合中華民國國籍取得要件之配偶及子女。

六、依法取得許可在臺灣地區工作之香港、澳門居民。

課堂中常舉例問企業主管，若要僱用財務人員，而聽其口音或看其身分證字號，就知道是外配，請問你會錄取她嗎？有得到答案說不會，這就涉及就業歧視中對求職人以「籍貫」或「出生地」的歧視。

且雇主招募或僱用員工，不得有下列情事：「一、為不實之廣告或揭示；二、違反求職人或員工之意思，留置其國民身分證、工作憑證或其他證明文件，或要求提供非屬就業所需之隱私資料；三、扣留求職人或員工財物或收取保證金；四、指派求職人或員工從事違背公共秩序或善良風俗之工作；五、辦理聘僱外國人之申請許可、招募、引進或管理事項，提供不實資料或健康檢查檢體。」

常見雇主在招募或僱用員工時，用福利來吸引人員加入該公司，待錄取上班後，就否定該福利的存在，這就有違法之嫌。再者，近日處理的案件，是因為求才廣告中載明，經錄取後會派往海外工作，結果該員被錄取後，公司未依約將其派往海外，而遭員工申訴，經當地主管機關調查後確定有違法就業服務法第 5 條的情形，而被依違反就業服務法第 5 條第 1 項、第 2 項第 1 款處新臺幣 30 萬元以上 150 萬元以下罰鍰。應注意的是，企業違反勞動基準法第 79 條的規定大多處新臺幣 2 萬元以上 100 萬元以下罰鍰，而違反就業服務法第 5 條的罰則，最少都是新臺幣 30 萬元以上的罰鍰，企業不可不慎。

臺灣桃園地方法院 106 年度簡字第 75 號行政判決 裁判日期：107.05.15

因「徵才內容」第 3 條報名資格：「須具中華民國國籍」之規定，其內容涉嫌違反就業服務法第 5 條不得以「出生地」而為就業歧視之規定。好玩的是原告為桃園市政府教育局，被告為桃園市政府。

日前報導高雄市有員工自行於 fb 徵才限男（女）性，結果被開罰 30 萬，請問真有這麼嚴重嗎？

解析

按雇主無論透過何種代號於交友、社交平台上，刊登限制年齡之求才訊息，且確有徵才之意思表示，即可能發生影響使用該平台之求職人就業機會之情事。

本案例被員工自行於臉書發文徵才，大多是雇主授意或是該員工本身所負責的業務工作，所以並非員工無故自行於臉書發文徵才，而逾越法律規定，經檢舉就會被開罰（註1）。

行政院勞工委員會民國 101 年 9 月 6 日勞職業字第 1010501830 號：
……
二、按「就業服務法」第 2 條第 3 款規定，「雇主：指聘、僱用員工從事工作者。」，「性別平等工作法」第 3 條第 3 款規定，「雇主：謂僱用受僱者之人、公私立機構或機關。代表雇主行使管理權之人或代表雇主處理有關受僱者事務之人，視同雇主。」、「勞動基準法」第 2 條第 2 款規定，「雇主：謂僱用勞工之事業主、事業經營之負責人或代表事業主處理

有關勞工事務之人。」

三、函詢所指「代表雇主行使管理權之人或代表雇主處理有關受僱者事務之人」若涉就業服務法第 5 條之情事，如該等人員僅為傳達雇主之意思表示，自應對雇主發生效力，而有就業服務法之適用。

四、至該等人員係基於基於職務關係或代理權限範圍內對外所為之意思表示，雇主本應負擔指揮監督之責，若涉及就業服務法第 5 條之情事，自難謂無故意或過失，而應以就業服務法第 5 條規定相繩。

勞動部 96 年 12 月 5 日勞職業字第 0960080503 號函釋意旨，就業服務法第 5 條第 1 項之制定，係以保障國人就業機會平等，禁止雇主對求職人以與從事特定工作無關之特質來決定其受僱機會，而為直接或間接不利之對待，造成就業歧視；雇主對求職人有上述就業歧視行為，不論其對象特定或不特定，有無提出申訴，若雇主刊登之求才廣告有就業歧視，造成求職人無法或不能前往應徵時，已影響其就業機會，雇主即構成違反就業服務法第 5 條第 1 項規定之要件。

按就業服務法第 2 條第 3 款規定：「本法用詞定義如下：……三、雇主：指聘、僱用員工從事工作者。」同法第 5 條第 1 項規定：「為保障國民就業機會平等，雇主對求職人或所僱用員工，不得以種族、階級、語言、思想、宗教、黨派、籍貫、出生地、性別、性傾向、年齡、婚姻、容貌、五官、身心障礙、星座、血型或以往工會會員身分為由，予以歧視；其他法律有明文規定者，從其規定。」第 65 條第 1 項規定：「違反第 5 條第 1 項……規定者，處新臺幣

30 萬元以上 150 萬元以下罰鍰。」

所以雇主除對勞動基準法要詳加了解外，對於其他法規亦應有所認知，以免被開罰損及企業形象外，還要繳納大筆罰鍰。

在書寫本文時，蘋果日報 A1 版，蘋概股大廠匯鑽科技爆出性騷擾面試員醜聞，對此，匯鑽科技公司財務長向媒體證實確實有此事，該名面試官已在上週被開除。匯鑽科技強調，該公司人資部有 2 人，上述皆屬主管個人行為，公司立場絕對不允許職場性騷事件的發生，後續將委請律師跟法務協助處理[註2]。

雖然該面試官已被開除，然對該公司形象及行政處分仍是一筆很大的損失。

所以該如何落實就業服務法與性別平等工作法、性騷擾防治法上的規定，是企業該注意的管理環節之一。

（註1）
高市府法訴字第10530349800號
高市府法訴字第10630524200號

（註2）
https://tw.news.yahoo.com/面試問－摸哪會濕－蘋概股大廠爆性騷擾醜聞－102254507.html，最後瀏覽日：20180403

高市府法訴字第 10630524200 號民國 106 年 7 月 12 日高雄市政府訴願決定書（案號：第 106010506 號）

查如事實欄所述，訴願人於 104 年 11 月 11 日在 FB 網站刊登系爭訊息，其應徵條件載有「……女性、年齡 25 以下……」等詞句，經民眾發現後向勞動部檢舉，該部爰移請本府查處。本案經原處分機關調查後，提報本市就業歧視評議會第 3 屆第 6 次委員會審議結果，決議本案性別及年齡歧視成立，此有自 FB 網站截取之系爭訊息頁面、勞動部 104 年 11 月 13 日勞動條 4 字第 1040083527 號函及本市就業歧視評議會第 3 屆第 6 次會議紀錄等影本附卷可稽，堪稱信實。故原處分機關核認訴願人以一行為違反就業服務法第 5 條第 1 項及性別平等工作法第 7 條規定之事實明確，依行政罰法第 24 條及性別平等工作法第 38 條之 1 規定，裁處 30 萬元罰鍰並公布姓名，經核於法並無不合。

面試新人時，人資主管要注意別觸碰就業隱私，
什麼是「就業隱私」？

解析

在「就業隱私」尚未受到重視前，許多雇主在招募員工時，會透過健康檢查來了解求職人之健康情況；透過背景資料調查來了解求職人的過往；透過心理檢測來了解求職人的心理健康與人格特質，期能透過這些機制來選出最適任、最不會出問題的員工。對於已僱用員工，雇主也會定期或不定期地對員工進行生理或心理檢測，以確保員工係處於最佳狀態。對於雇主的檢測要求，為了工作，求職人或受僱人多會予以配合。

雇主欲僱用最適任員工是無可厚非，但其所使用之手段往往會觸及求職人或受僱人之隱私。隨著個人隱私保護漸成普世價值，就業隱私資料的保護越來越受重視，相關法規也陸續出爐，我國亦不例外。目前我國與就業隱私保護最直接相關之規定為就業服務法第 5 條第 2 項第 2 款與同法施行細則第 1 條之 1，在前述規定下，雇主不得任意要求求職人或受僱人提供與就業無關之隱私資料，惟不可否認在某些情況中，雇主確有需要了解求職人或受僱人某些隱私資料，已確保工作可以被安全有效地執行。然而，如果要求從事特定

工作者即須揭露其身心狀況，仍有可能會過度侵害勞動者之就業隱私權益。（鄭津津，就業隱私法律問題之探討─以心理資訊為例，月旦法學雜誌，第 245 期，頁 5-16，2015 年 10 月）。

　　為了維護企業形象以及避免觸法，並保障員工的權益、讓員工對企業產生信任感，企業對員工的隱私承諾更顯重要。因此政府主管機關即勞動部除於 101 年 11 月 28 日公布修訂就業服務法第 5 條第 2 項第 2 款，明定雇主招募或僱用員工時，不得違反求職人或員工之意思，留置其國民身分證、工作憑證或其他證明文件，或要求提供非屬就業所需之隱私資料。並於 102 年 6 月 7 日發布修訂就業服務法施行細則第 1 條之 1，明定就業服務法第 5 條第 2 項第 2 款所稱隱私資料之範圍：「本法第五條第二項第二款所定隱私資料，包括下列類別：一、生理資訊：基因檢測、藥物測試、醫療測試、HIV 檢測、智力測驗或指紋等。二、心理資訊：心理測驗、誠實測試或測謊等。三、個人生活資訊：信用紀錄、犯罪紀錄、懷孕計畫或背景調查等。雇主要求求職人或員工提供隱私資料，應尊重當事人之權益，不得逾越基於經濟上需求或維護公共利益等特定目的之必要範圍，並應與目的間具有正當合理之關聯。」至此，職場中就業隱私有了更明確的規範。

　　法務部更罕見的在 102 年 12 月 5 日，針對就業服務法及其施行細則第 1 條之 1 發布二則行政函釋，函釋中提到：「個人資料保護法」（簡稱個資法）之性質為普通法，而就業服務法有關個人資料蒐集、處理或利用之規定，屬個資法之特別規定。雇主要求勞工簽署個人資料書面同意書，要求求職人或員工提供隱私資料，應尊重當事人之權益，不得逾越基於經濟上需求或維護公共利益等特定目

的之必要範圍，並應與目的間具有正當合理之關聯。如有違反上述規定，則依就業服務法第 67 條第 1 項處以罰鍰。如公司「同意書」載明公司得蒐集、處理、利用及保有員工個人資料類別，應先視有無違反上述「違反求職人或員工之意思，留置其國民身分證、工作憑證或其他證明文件，或要求提供非屬就業所需之隱私資料。」規定，尚不得僅據該書面同意書而予以免責。

所以，依照上開函釋得知，縱然勞工簽屬相關書面資料同意，載明公司得蒐集、處理、利用及保有員工個人資料類別，若有違反「違反求職人或員工之意思，留置其國民身分證、工作憑證或其他證明文件，或要求提供非屬就業所需之隱私資料。」仍有觸法之疑，恐遭受罰責。

相關法規

勞動事件法

第 3 條

本法所稱勞工，係指下列之人：

一、受僱人及其他基於從屬關係提供其勞動力而獲致報酬之人。

二、技術生、養成工、見習生、建教生、學徒及其他與技術生性質相類之人。

三、求職者。

本法所稱雇主，係指下列之人：

一、僱用人、代表雇主行使管理權之人，或依據要派契約，實際指揮監督管理派遣勞工從事工作之人。

二、招收技術生、養成工、見習生、建教生、學徒及其他與技術生性質相類之人者或建教合作機構。

三、招募求職者之人。

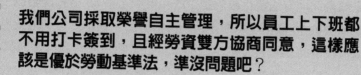

我們公司採取榮譽自主管理,所以員工上下班都不用打卡簽到,且經勞資雙方協商同意,這樣應該是優於勞動基準法,準沒問題吧?

解析

勞動基準法第 30 條第 6 項:「出勤紀錄應逐日記載勞工出勤情形至分鐘為止。勞工向雇主申請其出勤紀錄副本或影本時,雇主不得拒絕」。同條第 5 項:「雇主應置備勞工出勤紀錄,並保存五年。」

關於雇主未依勞動基準法第 30 條第 6 項規定記載勞工出勤時間至分鐘為止,是否有違法之疑?行政院勞工委員會(勞動部前身)於 93 年 3 月 16 日以勞動 2 字第 0930011871 號函釋:查勞動基準法第 30 條第 5 項及同法施行細則第 21 條規定,旨在確實記載勞工出勤情形(含工作時間等)並予保存,以明相關權益。如雇主置備之勞工簽到簿或出勤卡,未記載至分鐘,惟另有其他資料(如已事先約定正常工作時間,加班及請假另外呈報或統計等資料)可稽勞工之工作時間等出勤情形,仍符合該法之意旨。

臺北高等行政法院 105 年度訴字第 261 號判決指出:按行為時勞動基準法第 30 條第 5 項規定雇主應置備勞工簽到簿或出勤卡,逐日詳實記載勞工實際上下班時間,其立法意旨,係藉由簽到簿或出勤卡認定勞資間之工時,以為工資之認定基礎。縱使資方同意員工

可以不打下班卡，但雇主還是要記載員工每日實際下班的時間。蓋若無下班卡又未註記勞工下班時間，即無從認定勞工之工時及有無加班。

臺灣臺北地方法院行政訴訟 105 年度簡字第 49 號判決略以：勞動基準法第 30 條第 5 項規定所稱「置備」，係指使簽到簿或出勤卡處於得隨時供檢視及利用狀態；且依勞動基準法施行細則第 21 條規定，雇主記載勞工出勤情形時間，應記至分鐘為止，以求較精確工時數據。復按勞動基準法之制定，旨在規定勞動條件最低標準，保障工權益，加強勞雇關係，促進社會與經濟發展（該法第 1 條參照）。而該法第 30 條第 5 項規定雇主應置備勞工簽到簿或出勤卡，逐日記載勞工出勤情形，係鑑於勞雇雙方對於工時、工資、休息及休假等認定上易生爭議，致損及勞雇關係和諧，為使勞工之正常工作時間及延長工作時間記錄明確化，以為勞資爭議之佐證依據，此乃法律強制課予雇主應遵循之作為義務，舉凡適用勞動基準法之行業或工作者，其所屬雇主均負有遵守之義務。又該條項規定所稱「置備」，係指使該等簽到簿或出勤卡處於得隨時供檢視及利用之狀態；且依上引同法施行細則第 21 條之規定，雇主依上述規定記載勞工出勤情形之時間，應記至分鐘為止，以求較精確之工時數據，此亦符合勞動基準法第 30 條第 5 項規定之意旨，並未增加法律所無規定之義務及限制，均合先敘明。

相關法規
勞動事件法
第 38 條

出勤紀錄內記載之勞工出勤時間，推定勞工於該時間內經雇主同意而執行職務。

請問求職時，企業可否對求職者的年齡有限制？

解析

　　大多數的人直覺反應是不可以，有違反就業服務法第 5 條年齡歧視的問題，再加上行政院人事行政總處總處組字第 1030030978 號函釋與勞動部前身行政院勞工委員會勞動 4 字第 0980070351 號函釋，會讓人以為是不可以有年齡限制。

　　事實上有些工作是可以做年齡限制的，例如職業安全衛生法第 29 條：「雇主不得使未滿十八歲者從事下列危險性或有害性工作⋯⋯。」勞動基準法第 44 條第 2 項：「童工及十六歲以上未滿十八歲之人，不得從事危險性或有害性之工作。」這些都是基於保護身心發育未成熟的員工所做的限制。

　　還有目前要外派至海外，基於派駐當地國家的法律要求而有年齡限制，以目前要派至印尼為例，因印尼目前有規定要年滿 27 歲，所以於招募上若有寫明清楚是要外派印尼，基於當地國國家的年齡規定，於求職條件上就可以限制年齡。

　　行政院人事行政總處 103 年 04 月 21 日總處組字第 1030030978

號：查就業服務法第 5 條第 1 項規定略以，雇主對所僱用員工，不
得以年齡為由，予以歧視；其他法律有明文規定者，從其規定。爰
各機關於對外公開徵才或招募條件上，除法律有明文規定外，不得
限制應徵者年齡，並應注意公務人員任用法第 27 條、公務人員退
休法第 5 條第 1 項、勞動基準法第 54 條第 1 項第 1 款及行政院暨
所屬機關約僱人員僱用辦法第 5 條第 2 項等有關年齡規定。

勞動部前身行政院勞工委員會 98 年 5 月 1 日勞動 4 字第
0980070351 號：第二點、查就業服務法第 5 條第 1 項規定於 96 年
5 月 23 日修正公布，增列年齡歧視禁止之規定。為保障國民就業
機會平等，雇主對求職人或所僱用員工，不得以年齡為由，予以歧
視。政府機關當為民間部門之表率，於採購契約中不應出現年齡限
制之條款，以維勞工工作權，合先敘明。

相關法規

中高齡者及高齡者就業促進辦法

第 12 條

雇主對求職或受僱之中高齡者及高齡者，不得以年齡為由予以差
別待遇。

前項所稱差別待遇，指雇主因年齡因素對求職者或受僱者為下列
事項之直接或間接不利對待：

一、招募、甄試、進用、分發、配置、考績或陞遷等。

二、教育、訓練或其他類似活動。

三、薪資之給付或各項福利措施。

四、退休、資遣、離職及解僱。

Q121

公司可否要求求職者提供良民證？

解析

「警察刑事紀錄證明」即一般俗稱之「良民證」，也就是個人的刑事紀錄資料，可供作移民或求職檢附之證明文件。

就業服務法施行細則第 1 條之 1 第 1 項第 3 款個人生活資訊中就包括犯罪紀錄。而目前常見的行業如：保全業法第 10 條之 1、身心障礙者權益保障法第 63 條之 1 與兒童及少年福利與權益保障法第 81 條所規定的事項，不僅可以要求求職者提供良民證，有該法所定情形，亦可以不予錄取或終止契約。

還有像會計、財務、駕駛、業務、居家清潔打掃或外派當地國要求（如印尼）等，這些都可以要求求職者提供良民證，簡單來說只要是雇主要求求職人或員工提供的隱私資料，應尊重當事人之權益，並且說明清楚為何需要證明文件，且不可以逾越基於經濟上需求或維護公共利益等特定目的之必要範圍，而所要求的目的具有正當合理之關聯性，就可以要求求職者提供良民證，而且不會有觸法的風險。

PART4

員工健康檢查的費用是雇主支付，相關員工健診資料雇主是否可以直接要求健檢中心提供給雇主？

解析

醫療法第 72 條規定：「醫療機構及其人員因業務而知悉或持有病人病情或健康資訊，不得無故洩漏。」；護理人員法第 28 條規定：「除依前條規定外，護理人員或護理機構及其人員對於因業務而知悉或持有他人秘密，非依法、或經當事人或其法定代理人之書面同意者，不得洩漏。」都在規範醫護人員對於其因業務知悉或持有之當事人（病人）病情、健康資訊不得無故洩漏之，《護理人員法》更細緻的規定，只有在依法律、或經當事人／當事人法定代理人書面同意情況下，才得以提供資訊予他人。換言之，醫護人員依法應嚴密保護病人的隱私權，不得任意的侵犯。

然而，若係雇主為招募、僱用目的，向醫護人員請求提供應聘人／受僱人之健康資訊資料，或甚至係雇主為應聘人／受僱人支付健康檢查費用，並憑此請求醫護人員將當事人病情、健康資訊直接交付雇主時，雇主之請求是否即屬有法律上之原因，而得直接正當取得當事人資訊？

對此，衛生署曾於 2007 年署授國字第 0960200143 號函說明：「醫療法第 72 條規定，旨在保障病人病情之隱私權，縱其費用由雇主負擔，亦不得危害勞工之隱私權，爰此，健檢結果之資料，除有勞工安全衛生法所定勞工體格及健康檢查，爲雇主對作業場所安全衛生管理有所必要，得認非屬醫療法第 72 條所謂無故洩露外，其他結果應有勞工同意文件，始得提供。」

勞動部前身行政院勞工委員會 96 年 3 月 15 日勞安 3 字第 0960064040 號函釋：

一、依據法務部 96 年 1 月 5 日法律決字第 0950046221 號函及行政院衛生署 96 年 3 月 3 日署授國字第 0960200143 函辦理。

二、依據法務部函，略以「依電腦處理個人資料保護法第 23 條規定，非公務機關對個人資料之利用，應於蒐集之特定目的必要範圍內爲之。除有但書之情形外，不得爲特定目的外之利用。准此，勞工體格或健康檢查係法律強制規定雇主須爲勞工辦理之項目，且雇主應負擔健康檢查費用，並須將檢查結果發給受檢勞工，則醫療機構將蒐集之受檢勞工個人資料提供雇主依法辦理相關事項，應屬『特定目的』內之利用而符合電腦處理個人資料保護法第 23 條本文規定」。另「依電腦處理個人資料保護法第 3 條第 3 款規定，所謂電腦處理係指使用電腦或自動化機器爲資料之輸入、儲存、編輯、更正、檢索、刪除、輸出、傳遞或其他處理，是勞工體格或健康檢查資料未經電腦處理（數位化處理），即無該法之適用」。又依行政院衛生署函，略以「醫療法第 72 條規定，旨在保障病人病情之隱私權，縱其費用由雇主負擔，亦不得危害勞工之隱私權。爰此，健檢結果之資料，除有勞工安全衛生法第 12 條第 1 項所訂之勞工體格及健康檢查，爲雇主

對作業場所安全衛生管理所必要，得認非屬醫療法第 72 條所稱「無故洩漏」外，其他檢查結果應有勞工同意文件，始得提供」。

三、本會 95 年 8 月 3 日勞安 3 字第 0950114865 號函自即日不再援用。

由前述函釋可知，即使健康檢查費用係由雇主支付，雇主亦不當然取得直接獲取勞工健康資訊隱私資料的權利，僅有在依法規範得以揭露之項目，醫護人員方可提供給雇主，其他結果則應有勞工同意之書面，始得合法提供。

所以若是企業主管透過電話或指示，要求醫師或醫護人員，對於求職者或員工，檢驗法規上未規定的檢查項目，或未經勞工同意，而將檢驗報告提供給雇主，對於勞工的醫療隱私權，已造成嚴重侵犯。

公司可否以求職者無駕照而拒絕僱用？而原本有駕照，後來被吊銷了，可否終止雙方勞動契約？

解析

　　就業服務法係為促進國民就業，以增進社會及經濟發展而設，其中該法第5條第1項：「為保障國民就業機會平等，雇主對求職人或所僱用員工，不得以種族、階級、語言、思想、宗教、黨派、籍貫、出生地、性別、性傾向、年齡、婚姻、容貌、五官、身心障礙、星座、血型或以往工會會員身分為由，予以歧視；其他法律有明文規定者，從其規定。」該法中列了18種就業歧視的禁止情形，該禁止歧視的項目，大多為先天性因素，而其中並未將無照駕駛列為禁止項目。

　　再者，道路交通管理處罰條例第21條：「汽車駕駛人，有下列情形之一者，處新臺幣六千元以上一萬二千元以下罰鍰，並當場禁止其駕駛：

　　一、未領有駕駛執照駕駛小型車或機車。

　　二、領有機車駕駛執照，駕駛小型車。」

　　所以公司將駕駛該車輛之駕照列為求職項目之一並未違反法規，

亦無就業歧視之情形。然求職者若是以大眾運輸交通工具或以自行車為上下班通勤工具，且屬內勤行政工作，則是否需具備該駕駛執照？

因其上下班通勤與求職工作皆無須駕駛車輛，應不可要求求職者具備。

而原本有駕照，後來被吊銷了，可否終止雙方勞動契約？若其原本擔任的工作職務是跟駕照有相關聯性的工作，如駕駛、送貨司機，也建議雇主先調整其工作內容，若無法勝任調整後之工作，再依勞動基準法第 11 條第 1 項第 5 款勞工對於所擔任之工作確不能勝任時，終止雙方勞動契約。

而若是涉及公共危險罪，且受有期徒刑以上刑之宣告確定，而未諭知緩刑或未准易科罰金者。就是依勞動基準法第 12 條雇主得不經預告終止契約，也就是所謂的開除。

PART5

附錄

相關法規

勞動基準法

第一章　總則

第 1 條

為規定勞動條件最低標準，保障勞工權益，加強勞雇關係，促進社會與經濟發展，特制定本法；本法未規定者，適用其他法律之規定。

雇主與勞工所訂勞動條件，不得低於本法所定之最低標準。

第 2 條

本法用詞，定義如下：

一、勞工：指受雇主僱用從事工作獲致工資者。

二、雇主：指僱用勞工之事業主、事業經營之負責人或代表事業主處理有關勞工事務之人。

三、工資：指勞工因工作而獲得之報酬；包括工資、薪金及按計時、計日、計月、計件以現金或實物等方式給付之獎金、津貼及其他任何名義之經常性給與均屬之。

四、平均工資：指計算事由發生之當日前六個月內所得工資總額除以該期間之總日數所得之金額。工作未滿六個月者，指工作期間所得工資總額除以工作期間之總日數所得之金額。工資按工作日數、時數或論件計算者，其依上述方式計算之平均工資，如少於該期內工資總額除以實際工作日數所得金額百分之六十者，以百分之六十計。

五、事業單位：指適用本法各業僱用勞工從事工作之機構。

六、勞動契約：指約定勞雇關係而具有從屬性之契約。

七、派遣事業單位：指從事勞動派遣業務之事業單位。

八、要派單位：指依據要派契約，實際指揮監督管理派遣勞工從事工作者。

九、派遣勞工：指受派遣事業單位僱用，並向要派單位提供勞務者。

十、要派契約：指要派單位與派遣事業單位就勞動派遣事項所訂立之契約。

第 3 條

本法於左列各業適用之：

一、農、林、漁、牧業。

二、礦業及土石採取業。

三、製造業。

四、營造業。

五、水電、煤氣業。

六、運輸、倉儲及通信業。

七、大眾傳播業。

八、其他經中央主管機關指定之事業。

依前項第八款指定時，得就事業之部分工作場所或工作者指定適用。

本法適用於一切勞雇關係。但因經營型態、管理制度及工作特性等因素適用本法確有窒礙難行者，並經中央主管機關指定公告之行業或工作者，不適用之。

前項因窒礙難行而不適用本法者，不得逾第一項第一款至第七款以外勞工總數五分之一。

第 4 條

本法所稱主管機關：在中央為勞動部；在直轄市為直轄市政府；在縣（市）為縣（市）政府。

第 5 條

雇主不得以強暴、脅迫、拘禁或其他非法之方法，強制勞工從事勞動。

第 6 條

任何人不得介入他人之勞動契約，抽取不法利益。

第 7 條

雇主應置備勞工名卡，登記勞工之姓名、性別、出生年月日、本籍、教育程度、住址、身分證統一號碼、到職年月日、工資、勞工保險投保日期、獎懲、傷病及其他必要事項。

前項勞工名卡，應保管至勞工離職後五年。

第 8 條

雇主對於僱用之勞工，應預防職業上災害，建立適當之工作環境及福利設施。其有關安全衛生及福利事項，依有關法律之規定。

第二章　勞動契約

第 9 條

勞動契約，分為定期契約及不定期契約。臨時性、短期性、季節性及特定性工作得為定期契約；有繼續性工作應為不定期契約。派遣事業單位與派遣勞工訂定之勞動契約，應為不定期契約。

定期契約屆滿後，有下列情形之一，視爲不定期契約：

一、勞工繼續工作而雇主不即表示反對意思者。

二、雖經另訂新約，惟其前後勞動契約之工作期間超過九十日，前後契約間斷
期間未超過三十日者。

前項規定於特定性或季節性之定期工作不適用之。

第 9-1 條

未符合下列規定者，雇主不得與勞工爲離職後競業禁止之約定：

一、雇主有應受保護之正當營業利益。

二、勞工擔任之職位或職務，能接觸或使用雇主之營業秘密。

三、競業禁止之期間、區域、職業活動之範圍及就業對象，未逾合理範疇。

四、雇主對勞工因不從事競業行爲所受損失有合理補償。

前項第四款所定合理補償，不包括勞工於工作期間所受領之給付。

違反第一項各款規定之一者，其約定無效。

離職後競業禁止之期間，最長不得逾二年。逾二年者，縮短爲二年。

第 10 條

定期契約屆滿後或不定期契約因故停止履行後，未滿三個月而訂定新約或繼續
履行原約時，勞工前後工作年資，應合併計算。

第 10-1 條

雇主調動勞工工作，不得違反勞動契約之約定，並應符合下列原則：

一、基於企業經營上所必須，且不得有不當動機及目的。但法律另有規定者，
從其規定。

二、對勞工之工資及其他勞動條件，未作不利之變更。

三、調動後工作爲勞工體能及技術可勝任。

四、調動工作地點過遠，雇主應予以必要之協助。

五、考量勞工及其家庭之生活利益。

第 11 條

非有左列情事之一者，雇主不得預告勞工終止勞動契約：

一、歇業或轉讓時。

二、虧損或業務緊縮時。

三、不可抗力暫停工作在一個月以上時。

四、業務性質變更，有減少勞工之必要，又無適當工作可供安置時。

五、勞工對於所擔任之工作確不能勝任時。

第 12 條

勞工有左列情形之一者，雇主得不經預告終止契約：

一、於訂立勞動契約時為虛偽意思表示，使雇主誤信而有受損害之虞者。

二、對於雇主、雇主家屬、雇主代理人或其他共同工作之勞工，實施暴行或有
　　重大侮辱之行為者。

三、受有期徒刑以上刑之宣告確定，而未諭知緩刑或未准易科罰金者。

四、違反勞動契約或工作規則，情節重大者。

五、故意損耗機器、工具、原料、產品，或其他雇主所有物品，或故意洩漏雇
　　主技術上、營業上之秘密，致雇主受有損害者。

六、無正當理由繼續曠工三日，或一個月內曠工達六日者。

雇主依前項第一款、第二款及第四款至第六款規定終止契約者，應自知悉其情
形之日起，三十日內為之。

第 13 條

勞工在第五十條規定之停止工作期間或第五十九條規定之醫療期間，雇主不得
終止契約。但雇主因天災、事變或其他不可抗力致事業不能繼續，經報主管機
關核定者，不在此限。

第 14 條

有下列情形之一者，勞工得不經預告終止契約：

一、雇主於訂立勞動契約時為虛偽之意思表示，使勞工誤信而有受損害之虞
　　者。

二、雇主、雇主家屬、雇主代理人對於勞工，實施暴行或有重大侮辱之行為
　　者。

三、契約所訂之工作，對於勞工健康有危害之虞，經通知雇主改善而無效果
　　者。

四、雇主、雇主代理人或其他勞工患有法定傳染病，對共同工作之勞工有傳染
　　之虞，且重大危害其健康者。

五、雇主不依勞動契約給付工作報酬，或對於按件計酬之勞工不供給充分之工
　　作者。

六、雇主違反勞動契約或勞工法令，致有損害勞工權益之虞者。

勞工依前項第一款、第六款規定終止契約者，應自知悉其情形之日起，三十日
內為之。但雇主有前項第六款所定情形者，勞工得於知悉損害結果之日起，
三十日內為之。

有第一項第二款或第四款情形，雇主已將該代理人間之契約終止，或患有法定

傳染病者依衛生法規已接受治療時，勞工不得終止契約。

第十七條規定於本條終止契約準用之。

第 15 條

特定性定期契約期限逾三年者，於屆滿三年後，勞工得終止契約。但應於三十日前預告雇主。

不定期契約，勞工終止契約時，應準用第十六條第一項規定期間預告雇主。

第 15-1 條

未符合下列規定之一，雇主不得與勞工為最低服務年限之約定：

一、雇主為勞工進行專業技術培訓，並提供該項培訓費用者。

二、雇主為使勞工遵守最低服務年限之約定，提供其合理補償者。

前項最低服務年限之約定，應就下列事項綜合考量，不得逾合理範圍：

一、雇主為勞工進行專業技術培訓之期間及成本。

二、從事相同或類似職務之勞工，其人力替補可能性。

三、雇主提供勞工補償之額度及範圍。

四、其他影響最低服務年限合理性之事項。

違反前二項規定者，其約定無效。

勞動契約因不可歸責於勞工之事由而於最低服務年限屆滿前終止者，勞工不負違反最低服務年限約定或返還訓練費用之責任。

第 16 條

雇主依第十一條或第十三條但書規定終止勞動契約者，其預告期間依左列各款之規定：

一、繼續工作三個月以上一年未滿者，於十日前預告之。

二、繼續工作一年以上三年未滿者，於二十日前預告之。

三、繼續工作三年以上者，於三十日前預告之。

勞工於接到前項預告後，為另謀工作得於工作時間請假外出。其請假時數，每星期不得超過二日之工作時間，請假期間之工資照給。

雇主未依第一項規定期間預告而終止契約者，應給付預告期間之工資。

第 17 條

雇主依前條終止勞動契約者，應依下列規定發給勞工資遣費：

一、在同一雇主之事業單位繼續工作，每滿一年發給相當於 個月平均工資之資遣費。

二、依前款計算之剩餘月數，或工作未滿一年者，以比例計給之。未滿一個月

者以一個月計。

前項所定資遣費，雇主應於終止勞動契約三十日內發給。

第 17-1 條

要派單位不得於派遣事業單位與派遣勞工簽訂勞動契約前，有面試該派遣勞工或其他指定特定派遣勞工之行為。

要派單位違反前項規定，且已受領派遣勞工勞務者，派遣勞工得於要派單位提供勞務之日起九十日內，以書面向要派單位提出訂定勞動契約之意思表示。

要派單位應自前項派遣勞工意思表示到達之日起十日內，與其協商訂定勞動契約。逾期未協商或協商不成立者，視為雙方自期滿翌日成立勞動契約，並以派遣勞工於要派單位工作期間之勞動條件為勞動契約內容。

派遣事業單位及要派單位不得因派遣勞工提出第二項意思表示，而予以解僱、降調、減薪、損害其依法令、契約或習慣上所應享有之權益，或其他不利之處分。

派遣事業單位及要派單位為前項行為之一者，無效。

派遣勞工因第二項及第三項規定與要派單位成立勞動契約者，其與派遣事業單位之勞動契約視為終止，且不負違反最低服務年限約定或返還訓練費用之責任。

前項派遣事業單位應依本法或勞工退休金條例規定之給付標準及期限，發給派遣勞工退休金或資遣費。

第 18 條

有左列情形之一者，勞工不得向雇主請求加發預告期間工資及資遣費：

一、依第十二條或第十五條規定終止勞動契約者。

二、定期勞動契約期滿離職者。

第 19 條

勞動契約終止時，勞工如請求發給服務證明書，雇主或其代理人不得拒絕。

第 20 條

事業單位改組或轉讓時，除新舊雇主商定留用之勞工外，其餘勞工應依第十六條規定期間預告終止契約，並應依第十七條規定發給勞工資遣費。其留用勞工之工作年資，應由新雇主繼續予以承認。

第三章　工資

第 21 條

工資由勞雇雙方議定之。但不得低於基本工資。

前項基本工資，由中央主管機關設基本工資審議委員會擬訂後，報請行政院核定之。

前項基本工資審議委員會之組織及其審議程序等事項，由中央主管機關另以辦法定之。

第 22 條

工資之給付，應以法定通用貨幣為之。但基於習慣或業務性質，得於勞動契約內訂明一部以實物給付之。工資之一部以實物給付時，其實物之作價應公平合理，並適合勞工及其家屬之需要。

工資應全額直接給付勞工。但法令另有規定或勞雇雙方另有約定者，不在此限。

第 22-1 條

派遣事業單位積欠派遣勞工工資，經主管機關處罰或依第二十七條規定限期令其給付而屆期未給付者，派遣勞工得請求要派單位給付。要派單位應自派遣勞工請求之日起三十日內給付之。

要派單位依前項規定給付者，得向派遣事業單位求償或扣抵要派契約之應付費用。

第 23 條

工資之給付，除當事人有特別約定或按月預付者外，每月至少定期發給二次，並應提供工資各項目計算方式明細；按件計酬者亦同。

雇主應置備勞工工資清冊，將發放工資、工資各項目計算方式明細、工資總額等事項記入。工資清冊應保存五年。

第 24 條

雇主延長勞工工作時間者，其延長工作時間之工資，依下列標準加給：

一、延長工作時間在二小時以內者，按平日每小時工資額加給三分之一以上。

二、再延長工作時間在二小時以內者，按平日每小時工資額加給三分之二以上。

三、依第三十二條第四項規定，延長工作時間者，按平日每小時工資額加倍發給。

雇主使勞工於第三十六條所定休息日工作,工作時間在二小時以內者,其工資按平日每小時工資額另再加給一又三分之一以上;工作二小時後再繼續工作者,按平日每小時工資額另再加給一又三分之二以上。

第 25 條

雇主對勞工不得因性別而有差別之待遇。工作相同、效率相同者,給付同等之工資。

第 26 條

雇主不得預扣勞工工資作為違約金或賠償費用。

第 27 條

雇主不按期給付工資者,主管機關得限期令其給付。

第 28 條

雇主有歇業、清算或宣告破產之情事時,勞工之下列債權受償順序與第一順位抵押權、質權或留置權所擔保之債權相同,按其債權比例受清償;未獲清償部分,有最優先受清償之權:

一、本於勞動契約所積欠之工資未滿六個月部分。

二、雇主未依本法給付之退休金。

三、雇主未依本法或勞工退休金條例給付之資遣費。

雇主應按其當月僱用勞工投保薪資總額及規定之費率,繳納一定數額之積欠工資墊償基金,作為墊償下列各款之用:

一、前項第一款積欠之工資數額。

二、前項第二款與第三款積欠之退休金及資遣費,其合計數額以六個月平均工資為限。

積欠工資墊償基金,累積至一定金額後,應降低費率或暫停收繳。

第二項費率,由中央主管機關於萬分之十五範圍內擬訂,報請行政院核定之。

雇主積欠之工資、退休金及資遣費,經勞工請求未獲清償者,由積欠工資墊償基金依第二項規定墊償之;雇主應於規定期限內,將墊款償還積欠工資墊償基金。

積欠工資墊償基金,由中央主管機關設管理委員會管理之。基金之收繳有關業務,得由中央主管機關,委託勞工保險機構辦理之。基金墊償程序、收繳與管理辦法、第三項之一定金額及管理委員會組織規程,由中央主管機關定之。

第 29 條

事業單位於營業年度終了結算，如有盈餘，除繳納稅捐、彌補虧損及提列股息、公積金外，對於全年工作並無過失之勞工，應給與獎金或分配紅利。

第四章 工作時間、休息、休假

第 30 條

勞工正常工作時間，每日不得超過八小時，每週不得超過四十小時。

前項正常工作時間，雇主經工會同意，如事業單位無工會者，經勞資會議同意後，得將其二週內二日之正常工作時數，分配於其他工作日。其分配於其他工作日之時數，每日不得超過二小時。但每週工作總時數不得超過四十八小時。

第一項正常工作時間，雇主經工會同意，如事業單位無工會者，經勞資會議同意後，得將八週內之正常工作時數加以分配。但每日正常工作時間不得超過八小時，每週工作總時數不得超過四十八小時。

前二項規定，僅適用於經中央主管機關指定之行業。

雇主應置備勞工出勤紀錄，並保存五年。

前項出勤紀錄，應逐日記載勞工出勤情形至分鐘為止。勞工向雇主申請其出勤紀錄副本或影本時，雇主不得拒絕。

雇主不得以第一項正常工作時間之修正，作為減少勞工工資之事由。

第一項至第三項及第三十條之一之正常工作時間，雇主得視勞工照顧家庭成員需要，允許勞工於不變更每日正常工作時數下，在一小時範圍內，彈性調整工作開始及終止之時間。

第 30-1 條

中央主管機關指定之行業，雇主經工會同意，如事業單位無工會者，經勞資會議同意後，其工作時間得依下列原則變更：

一、四週內正常工作時數分配於其他工作日之時數，每日不得超過二小時，不受前條第二項至第四項規定之限制。

二、當日正常工作時間達十小時者，其延長之工作時間不得超過二小時。

三、女性勞工，除妊娠或哺乳期間者外，於夜間工作，不受第四十九條第一項之限制。但雇主應提供必要之安全衛生設施。

依中華民國八十五年十二月二十七日修正施行前第三條規定適用本法之行業，除第一項第一款之農、林、漁、牧業外，均不適用前項規定。

第 31 條

在坑道或隧道內工作之勞工，以入坑口時起至出坑口時止為工作時間。

第 32 條

雇主有使勞工在正常工作時間以外工作之必要者，雇主經工會同意，如事業單位無工會者，經勞資會議同意後，得將工作時間延長之。

前項雇主延長勞工之工作時間連同正常工作時間，一日不得超過十二小時；延長之工作時間，一個月不得超過四十六小時，但雇主經工會同意，如事業單位無工會者，經勞資會議同意後，延長之工作時間，一個月不得超過五十四小時，每三個月不得超過一百三十八小時。

雇主僱用勞工人數在三十人以上，依前項但書規定延長勞工工作時間者，應報當地主管機關備查。

因天災、事變或突發事件，雇主有使勞工在正常工作時間以外工作之必要者，得將工作時間延長之。但應於延長開始後二十四小時內通知工會；無工會組織者，應報當地主管機關備查。延長之工作時間，雇主應於事後補給勞工以適當之休息。

在坑內工作之勞工，其工作時間不得延長。但以監視為主之工作，或有前項所定之情形者，不在此限。

第 32-1 條

雇主依第三十二條第一項及第二項規定使勞工延長工作時間，或使勞工於第三十六條所定休息日工作後，依勞工意願選擇補休並經雇主同意者，應依勞工工作之時數計算補休時數。

前項之補休，其補休期限由勞雇雙方協商；補休期限屆期或契約終止未補休之時數，應依延長工作時間或休息日工作當日之工資計算標準發給工資；未發給工資者，依違反第二十四條規定論處。

第 33 條

第三條所列事業，除製造業及礦業外，因公眾之生活便利或其他特殊原因，有調整第三十條、第三十二條所定之正常工作時間及延長工作時間之必要者，得由當地主管機關會商目的事業主管機關及工會，就必要之限度內以命令調整之。

第 34 條

勞工工作採輪班制者，其工作班次，每週更換一次。但經勞工同意者不在此限。

依前項更換班次時，至少應有連續十一小時之休息時間。但因工作特性或特殊原因，經中央目的事業主管機關商請中央主管機關公告者，得變更休息時間不少於連續八小時。

雇主依前項但書規定變更休息時間者，應經工會同意，如事業單位無工會者，經勞資會議同意後，始得為之。雇主僱用勞工人數在三十人以上者，應報當地主管機關備查。

第35條

勞工繼續工作四小時，至少應有三十分鐘之休息。但實行輪班制或其工作有連續性或緊急性者，雇主得在工作時間內，另行調配其休息時間。

第36條

勞工每七日中應有二日之休息，其中一日為例假，一日為休息日。

雇主有下列情形之一，不受前項規定之限制：

一、依第三十條第二項規定變更正常工作時間者，勞工每七日中至少應有一日之例假，每二週內之例假及休息日至少應有四日。

二、依第三十條第三項規定變更正常工作時間者，勞工每七日中至少應有一日之例假，每八週內之例假及休息日至少應有十六日。

三、依第三十條之一規定變更正常工作時間者，勞工每二週內至少應有二日之例假，每四週內之例假及休息日至少應有八日。

雇主使勞工於休息日工作之時間，計入第三十二條第二項所定延長工作時間總數。但因天災、事變或突發事件，雇主有使勞工於休息日工作之必要者，其工作時數不受第三十二條第二項規定之限制。

經中央目的事業主管機關同意，且經中央主管機關指定之行業，雇主得將第一項、第二項第一款及第二款所定之例假，於每七日之週期內調整之。

前項所定例假之調整，應經工會同意，如事業單位無工會者，經勞資會議同意後，始得為之。雇主僱用勞工人數在三十人以上者，應報當地主管機關備查。

第37條

內政部所定應放假之紀念日、節日、勞動節及其他中央主管機關指定應放假日，均應休假。

中華民國一百零五年十二月六日修正之前項規定，自一百零六年一月一日施行。

第38條

勞工在同一雇主或事業單位，繼續工作滿一定期間者，應依下列規定給予特別

休假：

一、六個月以上一年未滿者，三日。

二、一年以上二年未滿者，七日。

三、二年以上三年未滿者，十日。

四、三年以上五年未滿者，每年十四日。

五、五年以上十年未滿者，每年十五日。

六、十年以上者，每一年加給一日，加至三十日為止。

前項之特別休假期日，由勞工排定之。但雇主基於企業經營上之急迫需求或勞工因個人因素，得與他協商調整。

雇主應於勞工符合第一項所定之特別休假條件時，告知勞工依前二項規定排定特別休假。

勞工之特別休假，因年度終結或契約終止而未休之日數，雇主應發給工資。但年度終結未休之日數，經勞雇雙方協商遞延至次一年度實施者，於次一年度終結或契約終止仍未休之日數，雇主應發給工資。

雇主應將勞工每年特別休假之期日及未休之日數所發給之工資數額，記載於第二十三條所定之勞工工資清冊，並每年定期將其內容以書面通知勞工。

勞工依本條主張權利時，雇主如認為其權利不存在，應負舉證責任。

第 39 條

第三十六條所定之例假、休息日、第三十七條所定之休假及第三十八條所定之特別休假，工資應由雇主照給。雇主經徵得勞工同意於休假日工作者，工資應加倍發給。因季節性關係有趕工必要，經勞工或工會同意照常工作者，亦同。

第 40 條

因天災、事變或突發事件，雇主認有繼續工作之必要時，得停止第三十六條至第三十八條所定勞工之假期。但停止假期之工資，應加倍發給，並應於事後補假休息。

前項停止勞工假期，應於事後二十四小時內，詳述理由，報請當地主管機關核備。

第 41 條

公用事業之勞工，當地主管機關認有必要時，得停止第三十八條所定之特別休假。假期內之工資應由雇主加倍發給。

第 42 條

勞工因健康或其他正當理由，不能接受正常工作時間以外之工作者，雇主不得

強制其工作。

第 43 條

勞工因婚、喪、疾病或其他正當事由得請假；請假應給之假期及事假以外期間內工資給付之最低標準，由中央主管機關定之。

第五章　童工、女工

第 44 條

十五歲以上未滿十六歲之受僱從事工作者，為童工。

童工及十六歲以上未滿十八歲之人，不得從事危險性或有害性之工作。

第 45 條

雇主不得僱用未滿十五歲之人從事工作。但國民中學畢業或經主管機關認定其工作性質及環境無礙其身心健康而許可者，不在此限。

前項受僱之人，準用童工保護之規定。

第一項工作性質及環境無礙其身心健康之認定基準、審查程序及其他應遵行事項之辦法，由中央主管機關依勞工年齡、工作性質及受國民義務教育之時間等因素定之。

未滿十五歲之人透過他人取得工作為第三人提供勞務，或直接為他人提供勞務取得報酬未具勞僱關係者，準用前項及童工保護之規定。

第 46 條

未滿十八歲之人受僱從事工作者，雇主應置備其法定代理人同意書及其年齡證明文件。

第 47 條

童工每日之工作時間不得超過八小時，每週之工作時間不得超過四十小時，例假日不得工作。

第 48 條

童工不得於午後八時至翌晨六時之時間內工作。

第 49 條

雇主不得使女工於午後十時至翌晨六時之時間內工作。但雇主經工會同意，如事業單位無工會者，經勞資會議同意後，且符合下列各款規定者，不在此限：

一、提供必要之安全衛生設施。

二、無大眾運輸工具可資運用時，提供交通工具或安排女工宿舍。

前項第一款所稱必要之安全衛生設施，其標準由中央主管機關定之。但雇主與勞工約定之安全衛生設施優於本法者，從其約定。

女工因健康或其他正當理由，不能於午後十時至翌晨六時之時間內工作者，雇主不得強制其工作。

第一項規定，於因天災、事變或突發事件，雇主必須使女工於午後十時至翌晨六時之時間內工作時，不適用之。

第一項但書及前項規定，於妊娠或哺乳期間之女工，不適用之。

第 50 條

女工分娩前後，應停止工作，給予產假八星期；妊娠三個月以上流產者，應停止工作，給予產假四星期。

前項女工受僱工作在六個月以上者，停止工作期間工資照給；未滿六個月者減半發給。

第 51 條

女工在妊娠期間，如有較為輕易之工作，得申請改調，雇主不得拒絕，並不得減少其工資。

第 52 條

子女未滿一歲須女工親自哺乳者，於第三十五條規定之休息時間外，雇主應每日另給哺乳時間二次，每次以三十分鐘為度。

前項哺乳時間，視為工作時間。

第六章　退休

第 53 條

勞工有下列情形之一，得自請退休：

一、工作十五年以上年滿五十五歲者。
二、工作二十五年以上者。
三、工作十年以上年滿六十歲者。

第 54 條

勞工非有下列情形之一，雇主不得強制其退休：

一、年滿六十五歲者。
二、身心障礙不堪勝任工作者。

前項第一款所規定之年齡，對於擔任具有危險、堅強體力等特殊性質之工作者，得由事業單位報請中央主管機關予以調整。但不得少於五十五歲。

PART5

第 55 條

勞工退休金之給與標準如下：

一、按其工作年資，每滿一年給與兩個基數。但超過十五年之工作年資，每滿一年給與一個基數，最高總數以四十五個基數為限。未滿半年者以半年計；滿半年者以一年計。

二、依第五十四條第一項第二款規定，強制退休之勞工，其身心障礙係因執行職務所致者，依前款規定加給百分之二十。

前項第一款退休金基數之標準，係指核准退休時一個月平均工資。

第一項所定退休金，雇主應於勞工退休之日起三十日內給付，如無法一次發給時，得報經主管機關核定後，分期給付。本法施行前，事業單位原定退休標準優於本法者，從其規定。

第 56 條

雇主應依勞工每月薪資總額百分之二至百分之十五範圍內，按月提撥勞工退休準備金，專戶存儲，並不得作為讓與、扣押、抵銷或擔保之標的；其提撥之比率、程序及管理等事項之辦法，由中央主管機關擬訂，報請行政院核定之。

雇主應於每年年度終了前，估算前項勞工退休準備金專戶餘額，該餘額不足給付次一年度內預估成就第五十三條或第五十四條第一項第一款退休條件之勞工，依前條計算之退休金數額者，雇主應於次年度三月底前一次提撥其差額，並送事業單位勞工退休準備金監督委員會審議。

第一項雇主按月提撥之勞工退休準備金匯集為勞工退休基金，由中央主管機關設勞工退休基金監理委員會管理之；其組織、會議及其他相關事項，由中央主管機關定之。

前項基金之收支、保管及運用，由中央主管機關會同財政部委託金融機構辦理。最低收益不得低於當地銀行二年定期存款利率之收益；如有虧損，由國庫補足之。基金之收支、保管及運用辦法，由中央主管機關擬訂，報請行政院核定之。

雇主所提撥勞工退休準備金，應由勞工與雇主共同組織勞工退休準備金監督委員會監督之。委員會中勞工代表人數不得少於三分之二；其組織準則，由中央主管機關定之。

雇主按月提撥之勞工退休準備金比率之擬訂或調整，應經事業單位勞工退休準備金監督委員會審議通過，並報請當地主管機關核定。

金融機構辦理核貸業務，需查核該事業單位勞工退休準備金提撥狀況之必要資料時，得請當地主管機關提供。

金融機構依前項取得之資料，應負保密義務，並確實辦理資料安全稽核作業。

前二項有關勞工退休準備金必要資料之內容、範圍、申請程序及其他應遵行事項之辦法，由中央主管機關會商金融監督管理委員會定之。

第 57 條

勞工工作年資以服務同一事業者為限。但受同一雇主調動之工作年資，及依第二十條規定應由新雇主繼續予以承認之年資，應予併計。

第 58 條

勞工請領退休金之權利，自退休之次月起，因五年間不行使而消滅。

勞工請領退休金之權利，不得讓與、抵銷、扣押或供擔保。

勞工依本法規定請領勞工退休金者，得檢具證明文件，於金融機構開立專戶，專供存入勞工退休金之用。

前項專戶內之存款，不得作為抵銷、扣押、供擔保或強制執行之標的。

第七章　職業災害補償

第 59 條

勞工因遭遇職業災害而致死亡、失能、傷害或疾病時，雇主應依下列規定予以補償。但如同一事故，依勞工保險條例或其他法令規定，已由雇主支付費用補償者，雇主得予以抵充之：

一、勞工受傷或罹患職業病時，雇主應補償其必需之醫療費用。職業病之種類及其醫療範圍，依勞工保險條例有關之規定。

二、勞工在醫療中不能工作時，雇主應按其原領工資數額予以補償。但醫療期間屆滿二年仍未能痊癒，經指定之醫院診斷，審定為喪失原有工作能力，且不合第三款之失能給付標準者，雇主得一次給付四十個月之平均工資後，免除此項工資補償責任。

三、勞工經治療終止後，經指定之醫院診斷，審定其遺存障害者，雇主應按其平均工資及其失能程度，一次給予失能補償。失能補償標準，依勞工保險條例有關之規定。

四、勞工遭遇職業傷害或罹患職業病而死亡時，雇主除給與五個月平均工資之喪葬費外，並應一次給與其遺屬四十個月平均工資之死亡補償。其遺屬受領死亡補償之順位如下：

　（一）配偶及子女。

　（二）父母。

（三）祖父母。

（四）孫子女。

（五）兄弟姐妹。

第 60 條

雇主依前條規定給付之補償金額，得抵充就同一事故所生損害之賠償金額。

第 61 條

第五十九條之受領補償權，自得受領之日起，因二年間不行使而消滅。

受領補償之權利，不因勞工之離職而受影響，且不得讓與、抵銷、扣押或供擔保。

勞工或其遺屬依本法規定受領職業災害補償金者，得檢具證明文件，於金融機構開立專戶，專供存入職業災害補償金之用。

前項專戶內之存款，不得作為抵銷、扣押、供擔保或強制執行之標的。

第 62 條

事業單位以其事業招人承攬，如有再承攬時，承攬人或中間承攬人，就各該承攬部分所使用之勞工，均應與最後承攬人，連帶負本章所定雇主應負職業災害補償之責任。

事業單位或承攬人或中間承攬人，為前項之災害補償時，就其所補償之部分，得向最後承攬人求償。

第 63 條

承攬人或再承攬人工作場所，在原事業單位工作場所範圍內，或為原事業單位提供者，原事業單位應督促承攬人或再承攬人，對其所僱用勞工之勞動條件應符合有關法令之規定。

事業單位違背職業安全衛生法有關對於承攬人、再承攬人應負責任之規定，致承攬人或再承攬人所僱用之勞工發生職業災害時，應與該承攬人、再承攬人負連帶補償責任。

第 63-1 條

要派單位使用派遣勞工發生職業災害時，要派單位應與派遣事業單位連帶負本章所定雇主應負職業災害補償之責任。

前項之職業災害依勞工保險條例或其他法令規定，已由要派單位或派遣事業單位支付費用補償者，得主張抵充。

要派單位及派遣事業單位因違反本法或有關安全衛生規定，致派遣勞工發生職

業災害時，應連帶負損害賠償之責任。

要派單位或派遣事業單位依本法規定給付之補償金額，得抵充就同一事故所生損害之賠償金額。

第八章　技術生

第 64 條

雇主不得招收未滿十五歲之人爲技術生。但國民中學畢業者，不在此限。

稱技術生者，指依中央主管機關規定之技術生訓練職類中以學習技能爲目的，依本章之規定而接受雇主訓練之人。

本章規定，於事業單位之養成工、見習生、建教合作班之學生及其他與技術生性質相類之人，準用之。

第 65 條

雇主招收技術生時，須與技術生簽訂書面訓練契約一式三份，訂明訓練項目、訓練期限、膳宿負擔、生活津貼、相關教學、勞工保險、結業證明、契約生效與解除之條件及其他有關雙方權利、義務事項，由當事人分執，並送主管機關備案。

前項技術生如爲未成年人，其訓練契約，應得法定代理人之允許。

第 66 條

雇主不得向技術生收取有關訓練費用。

第 67 條

技術生訓練期滿，雇主得留用之，並應與同等工作之勞工享受同等之待遇。雇主如於技術生訓練契約內訂明留用期間，應不得超過其訓練期間。

第 68 條

技術生人數，不得超過勞工人數四分之一。勞工人數不滿四人者，以四人計。

第 69 條

本法第四章工作時間、休息、休假，第五章童工、女工，第七章災害補償及其他勞工保險等有關規定，於技術生準用之。

技術生災害補償所採薪資計算之標準，不得低於基本工資。

PART5

第九章　工作規則

第 70 條

雇主僱用勞工人數在三十人以上者，應依其事業性質，就左列事項訂立工作規則，報請主管機關核備後並公開揭示之：

一、工作時間、休息、休假、國定紀念日、特別休假及繼續性工作之輪班方法。

二、工資之標準、計算方法及發放日期。

三、延長工作時間。

四、津貼及獎金。

五、應遵守之紀律。

六、考勤、請假、獎懲及升遷。

七、受僱、解僱、資遣、離職及退休。

八、災害傷病補償及撫卹。

九、福利措施。

十、勞雇雙方應遵守勞工安全衛生規定。

十一、勞雇雙方溝通意見加強合作之方法。

十二、其他。

第 71 條

工作規則，違反法令之強制或禁止規定或其他有關該事業適用之團體協約規定者，無效。

第十章　監督與檢查

第 72 條

中央主管機關，為貫徹本法及其他勞工法令之執行，設勞工檢查機構或授權直轄市主管機關專設檢查機構辦理之；直轄市、縣（市）主管機關於必要時，亦得派員實施檢查。

前項勞工檢查機構之組織，由中央主管機關定之。

第 73 條

檢查員執行職務，應出示檢查證，各事業單位不得拒絕。事業單位拒絕檢查時，檢查員得會同當地主管機關或警察機關強制檢查之。

檢查員執行職務，得就本法規定事項，要求事業單位提出必要之報告、紀錄、帳冊及有關文件或書面說明。如需抽取物料、樣品或資料時，應事先通知雇主

或其代理人並掣給收據。

第 74 條

勞工發現事業單位違反本法及其他勞工法令規定時，得向雇主、主管機關或檢查機構申訴。

雇主不得因勞工爲前項申訴，而予以解僱、降調、減薪、損害其依法令、契約或習慣上所應享有之權益，或其他不利之處分。

雇主爲前項行爲之一者，無效。

主管機關或檢查機構於接獲第一項申訴後，應爲必要之調查，並於六十日內將處理情形，以書面通知勞工。

主管機關或檢查機構應對申訴人身分資料嚴守秘密，不得洩漏足以識別其身分之資訊。

違反前項規定者，除公務員應依法追究刑事與行政責任外，對因此受有損害之勞工，應負損害賠償責任。

主管機關受理檢舉案件之保密及其他應遵行事項之辦法，由中央主管機關定之。

第十一章　罰則

第 75 條

違反第五條規定者，處五年以下有期徒刑、拘役或科或併科新臺幣七十五萬元以下罰金。

第 76 條

違反第六條規定者，處三年以下有期徒刑、拘役或科或併科新臺幣四十五萬元以下罰金。

第 77 條

違反第四十二條、第四十四條第二項、第四十五條第一項、第四十七條、第四十八條、第四十九條第三項或第六十四條第一項規定者，處六個月以下有期徒刑、拘役或科或併科新臺幣三十萬元以下罰金。

第 78 條

未依第十七條、第十七條之一第七項、第五十五條規定之標準或期限給付者，處新臺幣三十萬元以上一百五十萬元以下罰鍰，並限期令其給付，屆期未給付者，應按次處罰。

違反第十三條、第十七條之一第一項、第四項、第二十六條、第五十條、第

五十一條或第五十六條第二項規定者，處新臺幣九萬元以上四十五萬元以下罰鍰。

第 79 條

有下列各款規定行為之一者，處新臺幣二萬元以上一百萬元以下罰鍰：

一、違反第二十一條第一項、第二十二條至第二十五條、第三十條第一項至第三項、第六項、第七項、第三十二條、第三十四條至第四十一條、第四十九條第一項或第五十九條規定。

二、違反主管機關依第二十七條限期給付工資或第三十三條調整工作時間之命令。

三、違反中央主管機關依第四十三條所定假期或事假以外期間內工資給付之最低標準。

違反第三十條第五項或第四十九條第五項規定者，處新臺幣九萬元以上四十五萬元以下罰鍰。

違反第七條、第九條第一項、第十六條、第十九條、第二十八條第二項、第四十六條、第五十六條第一項、第六十五條第一項、第六十六條至第六十八條、第七十條或第七十四條第二項規定者，處新臺幣二萬元以上三十萬元以下罰鍰。

有前三項規定行為之一者，主管機關得依事業規模、違反人數或違反情節，加重其罰鍰至法定罰鍰最高額二分之一。

第 79-1 條

違反第四十五條第二項、第四項、第六十四條第三項及第六十九條第一項準用規定之處罰，適用本法罰則章規定。

第 80 條

拒絕、規避或阻撓勞工檢查員依法執行職務者，處新臺幣三萬元以上十五萬元以下罰鍰。

第 80-1 條

違反本法經主管機關處以罰鍰者，主管機關應公布其事業單位或事業主之名稱、負責人姓名、處分期日、違反條文及罰鍰金額，並限期令其改善；屆期未改善者，應按次處罰。

主管機關裁處罰鍰，得審酌與違反行為有關之勞工人數、累計違法次數或未依法給付之金額，為量罰輕重之標準。

第 81 條

法人之代表人、法人或自然人之代理人、受僱人或其他從業人員，因執行業務違反本法規定，除依本章規定處罰行為人外，對該法人或自然人並應處以各該條所定之罰金或罰鍰。但法人之代表人或自然人對於違反之發生，已盡力為防止行為者，不在此限。

法人之代表人或自然人教唆或縱容為違反之行為者，以行為人論。

第 82 條

本法所定之罰鍰，經主管機關催繳，仍不繳納時，得移送法院強制執行。

第十二章　附則

第 83 條

為協調勞資關係，促進勞資合作，提高工作效率，事業單位應舉辦勞資會議。其辦法由中央主管機關會同經濟部訂定，並報行政院核定。

第 84 條

公務員兼具勞工身分者，其有關任（派）免、薪資、獎懲、退休、撫卹及保險（含職業災害）等事項，應適用公務員法令之規定。但其他所定勞動條件優於本法規定者，從其規定。

第 84-1 條

經中央主管機關核定公告之下列工作者，得由勞僱雙方另行約定，工作時間、例假、休假、女性夜間工作，並報請當地主管機關核備，不受第三十條、第三十二條、第三十六條、第三十七條、第四十九條規定之限制。

一、監督、管理人員或責任制專業人員。

二、監視性或間歇性之工作。

三、其他性質特殊之工作。

前項約定應以書面為之，並應參考本法所定之基準且不得損及勞工之健康及福祉。

第 84-2 條

勞工工作年資自受僱之日起算，適用本法前之工作年資，其資遣費及退休金給與標準，依其當時應適用之法令規定計算；當時無法令可資適用者，依各該事業單位自訂之規定或勞僱雙方之協商計算之。適用本法後之工作年資，其資遣費及退休金給與標準，依第十七條及第五十五條規定計算。

第 85 條

本法施行細則，由中央主管機關擬定，報請行政院核定。

第 86 條

本法自公布日施行。

本法中華民國八十九年六月二十八日修正公布之第三十條第一項及第二項，自九十年一月一日施行；一百零四年二月四日修正公布之第二十八條第一項，自公布後八個月施行；一百零四年六月三日修正公布之條文，自一百零五年一月一日施行；一百零五年十二月二十一日修正公布之第三十四條第二項施行日期，由行政院定之、第三十七條及第三十八條，自一百零六年一月一日施行。

本法中華民國一百零七年一月十日修正之條文，自一百零七年三月一日施行。

勞動基準法施行細則

第一章　總則

第 1 條
本細則依勞動基準法（以下簡稱本法）第八十五條規定訂定之。

第 2 條
依本法第二條第四款計算平均工資時，下列各款期日或期間均不計入：
一、發生計算事由之當日。
二、因職業災害尚在醫療中者。
三、依本法第五十條第二項減半發給工資者。
四、雇主因天災、事變或其他不可抗力而不能繼續其事業，致勞工未能工作
　　者。
五、依勞工請假規則請普通傷病假者。
六、依性別工作平等法請生理假、產假、家庭照顧假或安胎休養，致減少工資
　　者。
七、留職停薪者。

第 3 條
本法第三條第一項第一款至第七款所列各業，適用中華民國行業標準分類之規
定。

第 4 條
本法第三條第一項第八款所稱中央主管機關指定之事業及第三項所稱適用本法
確有窒礙難行者，係指中央主管機關依中華民國行業標準分類之規定指定者，
並得僅指定各行業中之一部分。

第 4-1 條（刪除）

第 5 條
勞工工作年資以服務同一事業單位為限，並自受僱當日起算。
適用本法前已在同一事業單位工作之年資合併計算。

第二章　勞動契約

第 6 條

本法第九條第一項所稱臨時性、短期性、季節性及特定性工作，依左列規定認定之：

一、臨時性工作：係指無法預期之非繼續性工作，其工作期間在六個月以內者。

二、短期性工作：係指可預期於六個月內完成之非繼續性工作。

三、季節性工作：係指受季節性原料、材料來源或市場銷售影響之非繼續性工作，其工作期間在九個月以內者。

四、特定性工作：係指可在特定期間完成之非繼續性工作。其工作期間超過一年者，應報請主管機關核備。

第 7 條

勞動契約應依本法有關規定約定下列事項：

一、工作場所及應從事之工作。

二、工作開始與終止之時間、休息時間、休假、例假、休息日、請假及輪班制之換班。

三、工資之議定、調整、計算、結算與給付之日期及方法。

四、勞動契約之訂定、終止及退休。

五、資遣費、退休金、其他津貼及獎金。

六、勞工應負擔之膳宿費及工作用具費。

七、安全衛生。

八、勞工教育及訓練。

九、福利。

十、災害補償及一般傷病補助。

十一、應遵守之紀律。

十二、獎懲。

十三、其他勞資權利義務有關事項。

第 7-1 條

離職後競業禁止之約定，應以書面為之，且應詳細記載本法第九條之一第一項第三款及第四款規定之內容，並由雇主與勞工簽章，各執一份。

第 7-2 條

本法第九條之一第一項第三款所為之約定未逾合理範疇，應符合下列規定：

一、競業禁止之期間，不得逾越雇主欲保護之營業秘密或技術資訊之生命週期，且最長不得逾二年。

二、競業禁止之區域，應以原雇主實際營業活動之範圍為限。

三、競業禁止之職業活動範圍，應具體明確，且與勞工原職業活動範圍相同或類似。

四、競業禁止之就業對象，應具體明確，並以與原雇主之營業活動相同或類似，且有競爭關係者為限。

第 7-3 條

本法第九條之一第一項第四款所定之合理補償，應就下列事項綜合考量：

一、每月補償金額不低於勞工離職時一個月平均工資百分之五十。

二、補償金額足以維持勞工離職後競業禁止期間之生活所需。

三、補償金額與勞工遵守競業禁止之期間、區域、職業活動範圍及就業對象之範疇所受損失相當。

四、其他與判斷補償基準合理性有關之事項。

前項合理補償，應約定離職後一次預為給付或按月給付。

第 8 條（刪除）

第 9 條

依本法終止勞動契約時，雇主應即結清工資給付勞工。

第三章　工資

第 10 條

本法第二條第三款所稱之其他任何名義之經常性給與係指左列各款以外之給與。

一、紅利。

二、獎金：指年終獎金、競賽獎金、研究發明獎金、特殊功績獎金、久任獎金、節約燃料物料獎金及其他非經常性獎金。

三、春節、端午節、中秋節給與之節金。

四、醫療補助費、勞工及其子女教育補助費。

五、勞工直接受自顧客之服務費。

六、婚喪喜慶由雇主致送之賀禮、慰問金或奠儀等。

七、職業災害補償費。

八、勞工保險及雇主以勞工為被保險人加入商業保險支付之保險費。

九、差旅費、差旅津貼及交際費。

十、工作服、作業用品及其代金。

十一、其他經中央主管機關會同中央目的事業主管機關指定者。

第 11 條

本法第二十一條所稱基本工資，指勞工在正常工作時間內所得之報酬。不包括延長工作時間之工資與休息日、休假日及例假工作加給之工資。

第 12 條

採計件工資之勞工所得基本工資，以每日工作八小時之生產額或工作量換算之。

第 13 條

勞工工作時間每日少於八小時者，除工作規則、勞動契約另有約定或另有法令規定者外，其基本工資得按工作時間比例計算之。

第 14 條（刪除）

第 14-1 條

本法第二十三條所定工資各項目計算方式明細，應包括下列事項：

一、勞雇雙方議定之工資總額。

二、工資各項目之給付金額。

三、依法令規定或勞雇雙方約定，得扣除項目之金額。

四、實際發給之金額。

雇主提供之前項明細，得以紙本、電子資料傳輸方式或其他勞工可隨時取得及得列印之資料為之。

第 15 條

本法第二十八條第一項第一款所定積欠之工資，以雇主於歇業、清算或宣告破產前六個月內所積欠者為限。

第 16 條

勞工死亡時，雇主應即結清其工資給付其遺屬。

前項受領工資之順位準用本法第五十九條第四款之規定。

第四章　工作時間、休息、休假

第 17 條

本法第三十條所稱正常工作時間跨越二曆日者,其工作時間應合併計算。

第 18 條

勞工因出差或其他原因於事業場所外從事工作致不易計算工作時間者,以平時之工作時間為其工作時間。但其實際工作時間經證明者,不在此限。

第 19 條

勞工於同一事業單位或同一雇主所屬不同事業場所工作時,應將在各該場所之工作時間合併計算,並加計往來於事業場所間所必要之交通時間。

第 20 條

雇主有下列情形之一者,應即公告周知:

一、依本法第三十條第二項、第三項或第三十條之一第一項第一款規定變更勞工正常工作時間。

二、依本法第三十條之一第一項第二款或第三十二條第一項、第二項、第四項規定延長勞工工作時間。

三、依本法第三十四條第二項但書規定變更勞工更換班次時之休息時間。

四、依本法第三十六條第二項或第四項規定調整勞工例假或休息日。

第 20-1 條

本法所定雇主延長勞工工作之時間如下:

一、每日工作時間超過八小時或每週工作總時數超過四十小時之部分。但依本法第三十條第二項、第三項或第三十條之一第一項第一款變更工作時間者,為超過變更後工作時間之部分。

二、勞工於本法第三十六條所定休息日工作之時間。

第 21 條

本法第三十條第五項所定出勤紀錄,包括以簽到簿、出勤卡、刷卡機、門禁卡、生物特徵辨識系統、電腦出勤紀錄系統或其他可資覈實記載出勤時間工具所為之紀錄。

前項出勤紀錄,雇主因勞動檢查之需要或勞工向其申請時,應以書面方式提出。

第 22 條

本法第三十二條第二項但書所定每三個月，以每連續三個月爲一週期，依曆計算，以勞雇雙方約定之起迄日期認定之。

本法第三十二條第五項但書所定坑內監視爲主之工作範圍如下：

一、從事排水機之監視工作。

二、從事壓風機或冷卻設備之監視工作。

三、從事安全警報裝置之監視工作。

四、從事生產或營建施工之紀錄及監視工作。

第 22-1 條

本法第三十二條第三項、第三十四條第三項及第三十六條第五項所定雇主僱用勞工人數，以同一雇主僱用適用本法之勞工人數計算，包括分支機構之僱用人數。

本法第三十二條第三項、第三十四條第三項及第三十六條第五項所定當地主管機關，爲雇主之主事務所、主營業所或公務所所在地之直轄市政府或縣（市）政府。

本法第三十二條第三項、第三十四條第三項及第三十六條第五項所定應報備查，雇主至遲應於開始實施延長工作時間、變更休息時間或調整例假之前一日爲之。但因天災、事變或突發事件不及報備查者，應於原因消滅後二十四小時內敘明理由爲之。

第 22-2 條

本法第三十二條之一所定補休，應依勞工延長工作時間或休息日工作事實發生時間先後順序補休。補休之期限逾依第二十四條第二項所約定年度之末日者，以該日爲期限之末日。

前項補休期限屆期或契約終止時，發給工資之期限如下：

一、補休期限屆期：於契約約定之工資給付日發給或於補休期限屆期後三十日內發給。

二、契約終止：依第九條規定發給。

勞工依本法第三十二條之一主張權利時，雇主如認爲其權利不存在，應負舉證責任。

第 22-3 條

本法第三十六條第一項、第二項第一款及第二款所定之例假，以每七日爲一週期，依曆計算。雇主除依同條第四項及第五項規定調整者外，不得使勞工連續

工作逾六日。

第 23 條（刪除）

第 23-1 條

本法第三十七條所定休假遇本法第三十六條所定例假及休息日者，應予補假。但不包括本法第三十七條指定應放假之日。

前項補假期日，由勞雇雙方協商排定之。

第 24 條

勞工於符合本法第三十八條第一項所定之特別休假條件時，取得特別休假之權利；其計算特別休假之工作年資，應依第五條之規定。

依本法第三十八條第一項規定給予之特別休假日數，勞工得於勞雇雙方協商之下列期間內，行使特別休假權利：

一、以勞工受僱當日起算，每一週年之期間。但其工作六個月以上一年未滿者，為取得特別休假權利後六個月之期間。

二、每年一月一日至十二月三十一日之期間。

三、教育單位之學年度、事業單位之會計年度或勞雇雙方約定年度之期間。

雇主依本法第三十八條第三項規定告知勞工排定特別休假，應於勞工符合特別休假條件之日起三十日內為之。

第 24-1 條

本法第三十八條第四項所定年度終結，為前條第二項期間屆滿之日。

本法第三十八條第四項所定雇主應發給工資，依下列規定辦理：

一、發給工資之基準：

（一）按勞工未休畢之特別休假日數，乘以其一日工資計發。

（二）前目所定一日工資，為勞工之特別休假於年度終結或契約終止前一日之正常工作時間所得之工資。其為計月者，為年度終結或契約終止前最近一個月正常工作時間所得之工資除以三十所得之金額。

（三）勞雇雙方依本法第三十八條第四項但書規定協商遞延至次一年度實施者，按原特別休假年度終結時應發給工資之基準計發。

二、發給工資之期限：

（一）年度終結：於契約約定之工資給付日發給或於年度終結後三十日內發給。

（二）契約終止：依第九條規定發給。

勞雇雙方依本法第三十八條第四項但書規定協商遞延至次一年度實施者，其遞

延之日數,於次一年度請休特別休假時,優先扣除。

第 24-2 條

本法第三十八條第五項所定每年定期發給之書面通知,依下列規定辦理:

一、雇主應於前條第二項第二款所定發給工資之期限前發給。

二、書面通知,得以紙本、電子資料傳輸方式或其他勞工可隨時取得及得列印之資料為之。

第 24-3 條

本法第三十九條所定休假日,為本法第三十七條所定休假及第三十八條所定特別休假。

第五章　童工、女工

第 25 條

本法第四十四條第二項所定危險性或有害性之工作,依職業安全衛生有關法令之規定。

第 26 條

雇主對依本法第五十條第一項請產假之女工,得要求其提出證明文件。

第六章　退休

第 27 條

本法第五十三條第一款、第五十四條第一項第一款及同條第二項但書規定之年齡,應以戶籍記載為準。

第 28 條(刪除)

第 29 條

本法第五十五條第三項所定雇主得報經主管機關核定分期給付勞工退休金之情形如下:

一、依法提撥之退休準備金不敷支付。

二、事業之經營或財務確有困難。

第 29-1 條

本法第五十六條第二項規定之退休金數額,按法第五十五條第一項之給與標準,依下列規定估算:

一、勞工人數:為估算當年度終了時適用本法或勞工退休金條例第十一條第一

項保留本法工作年資之在職勞工，且預估於次一年度內成就本法第五十三條或第五十四條第一項第一款退休條件者。

二、工作年資：自適用本法之日起算至估算當年度之次一年度終了或選擇適用勞工退休金條例前一日止。

三、平均工資：為估算當年度終了之一個月平均工資。

前項數額以元為單位，角以下四捨五入。

第七章　職業災害補償

第 30 條

雇主依本法第五十九條第二款補償勞工之工資，應於發給工資之日給與。

第 31 條

本法第五十九條第二款所稱原領工資，係指該勞工遭遇職業災害前一日正常工作時間所得之工資。其為計月者，以遭遇職業災害前最近一個月正常工作時間所得之工資除以三十所得之金額，為其一日之工資。

罹患職業病者依前項規定計算所得金額低於平均工資者，以平均工資為準。

第 32 條

依本法第五十九條第二款但書規定給付之補償，雇主應於決定後十五日內給與。在未給與前雇主仍應繼續為同款前段規定之補償。

第 33 條

雇主依本法第五十九條第四款給與勞工之喪葬費應於死亡後三日內，死亡補償應於死亡後十五日內給付。

第 34 條

本法第五十九條所定同一事故，依勞工保險條例或其他法令規定，已由雇主支付費用補償者，雇主得予以抵充之。但支付之費用如由勞工與雇主共同負擔者，其補償之抵充按雇主負擔之比例計算。

第 34-1 條

勞工因遭遇職業災害而致死亡或失能時，雇主已依勞工保險條例規定為其投保，並經保險人核定為職業災害保險事故者，雇主依本法第五十九條規定給予之補償，以勞工之平均工資與平均投保薪資之差額，依本法第五十九條第三款及第四款規定標準計算之。

第八章　技術生

第 35 條

雇主不得使技術生從事家事、雜役及其他非學習技能為目的之工作。但從事事業場所內之清潔整頓，器具工具及機械之清理者不在此限。

第 36 條

技術生之工作時間應包括學科時間。

第九章　工作規則

第 37 條

雇主於僱用勞工人數滿三十人時應即訂立工作規則，並於三十日內報請當地主管機關核備。

本法第七十條所定雇主僱用勞工人數，依第二十二條之一第一項規定計算。

工作規則應依據法令、勞資協議或管理制度變更情形適時修正，修正後並依第一項程序報請核備。

主管機關認為有必要時，得通知雇主修訂前項工作規則。

第 38 條

工作規則經主管機關核備後，雇主應即於事業場所內公告並印發各勞工。

第 39 條

雇主認有必要時，得分別就本法第七十條各款另訂單項工作規則。

第 40 條

事業單位之事業場所分散各地者，雇主得訂立適用於其事業單位全部勞工之工作規則或適用於該事業場所之工作規則。

第十章　監督及檢查

第 41 條

中央主管機關應每年定期發布次年度勞工檢查方針。

檢查機構應依前項檢查方針分別擬定各該機構之勞工檢查計畫，並於檢查方針發布之日起五十日內報請中央主管機關核定後，依該檢查計畫實施檢查。

第 42 條

勞工檢查機構檢查員之任用、訓練、服務，除適用公務員法令之規定外，由中

央主管機關定之。

第 43 條

檢查員對事業單位實施檢查時，得通知事業單位之雇主、雇主代理人、勞工或有關人員提供必要文件或作必要之說明。

第 44 條

檢查員檢查後，應將檢查結果向事業單位作必要之說明，並報告檢查機構。

檢查機構認為事業單位有違反法令規定時，應依法處理。

第 45 條

事業單位對檢查結果有異議時，應於通知送達後十日內向檢查機構以書面提出。

第 46 條

本法第七十四條第一項規定之申訴得以口頭或書面為之。

第 47 條

雇主對前條之申訴事項，應即查明，如有違反法令規定情事應即改正，並將結果通知申訴人。

第 48 條（刪除）

第 49 條（刪除）

第十一章　附則

第 50 條

本法第八十四條所稱公務員兼具勞工身分者，係指依各項公務員人事法令任用、派用、聘用、遴用而於本法第三條所定各業從事工作獲致薪資之人員。所稱其他所定勞動條件，係指工作時間、休息、休假、安全衛生、福利、加班費等而言。

第 50-1 條

本法第八十四條之一第一項第一款、第二款所稱監督、管理人員、責任制專業人員、監視性或間歇性工作，依左列規定：

一、監督、管理人員：係指受雇主僱用，負責事業之經營及管理工作，並對一般勞工之受僱、解僱或勞動條件具有決定權力之主管級人員。

二、責任制專業人員：係指以專門知識或技術完成一定任務並負責其成敗之工

作者。

三、監視性工作：係指於一定場所以監視為主之工作。

四、間歇性工作：係指工作本身以間歇性之方式進行者。

第 50-2 條

雇主依本法第八十四條之一規定將其與勞工之書面約定報請當地主管機關核備時，其內容應包括職稱、工作項目、工作權責或工作性質、工作時間、例假、休假、女性夜間工作等有關事項。

第 50-3 條

勞工因終止勞動契約或發生職業災害所生爭議，提起給付工資、資遣費、退休金、職業災害補償或確認僱傭關係存在之訴訟，得向中央主管機關申請扶助。

前項扶助業務，中央主管機關得委託民間團體辦理。

第 50-4 條

本法第二十八條第二項中華民國一百零四年二月六日修正生效前，雇主有清算或宣告破產之情事，於修正生效後，尚未清算完結或破產終結者，勞工對於該雇主所積欠之退休金及資遣費，得於同條第二項第二款規定之數額內，依同條第五項規定申請墊償。

第 51 條

本細則自發布日施行。

勞工保險條例

第一章　總則

第1條

為保障勞工生活，促進社會安全，制定本條例；本條例未規定者，適用其他有關法律。

第2條

勞工保險之分類及其給付種類如下：

一、普通事故保險：分生育、傷病、失能、老年及死亡五種給付。

二、職業災害保險：分傷病、醫療、失能及死亡四種給付。

第3條

勞工保險之一切帳冊、單據及業務收支，均免課稅捐。

第4條

勞工保險之主管機關：在中央為勞動部；在直轄市為直轄市政府。

第二章　保險人、投保單位及被保險人

第5條

中央主管機關統籌全國勞工保險業務，設勞工保險局為保險人，辦理勞工保險業務。為監督勞工保險業務及審議保險爭議事項，由有關政府代表、勞工代表、資方代表及專家各佔四分之一為原則，組織勞工保險監理委員會行之。

勞工保險局之組織及勞工保險監理委員會之組織，另以法律定之。

勞工保險爭議事項審議辦法，由中央主管機關擬訂，報請行政院核定之。

第6條

年滿十五歲以上，六十五歲以下之左列勞工，應以其雇主或所屬團體或所屬機構為投保單位，全部參加勞工保險為被保險人：

一、受僱於僱用勞工五人以上之公、民營工廠、礦場、鹽場、農場、牧場、林場、茶場之產業勞工及交通、公用事業之員工。

二、受僱於僱用五人以上公司、行號之員工。

三、受僱於僱用五人以上之新聞、文化、公益及合作事業之員工。

四、依法不得參加公務人員保險或私立學校教職員保險之政府機關及公、私立學校之員工。

五、受僱從事漁業生產之勞動者。

六、在政府登記有案之職業訓練機構接受訓練者。

七、無一定雇主或自營作業而參加職業工會者。

八、無一定雇主或自營作業而參加漁會之甲類會員。

前項規定，於經主管機關認定其工作性質及環境無礙身心健康之未滿十五歲勞工亦適用之。

前二項所稱勞工，包括在職外國籍員工。

第 7 條

前條第一項第一款至第三款規定之勞工參加勞工保險後，其投保單位僱用勞工減至四人以下時，仍應繼續參加勞工保險。

第 8 條

左列人員得準用本條例之規定，參加勞工保險：

一、受僱於第六條第一項各款規定各業以外之員工。

二、受僱於僱用未滿五人之第六條第一項第一款至第三款規定各業之員工。

三、實際從事勞動之雇主。

四、參加海員總工會或船長公會為會員之外僱船員。

前項人員參加保險後，非依本條例規定，不得中途退保。

第一項第三款規定之雇主，應與其受僱員工，以同一投保單位參加勞工保險。

第 9 條

被保險人有左列情形之一者，得繼續參加勞工保險：

一、應徵召服兵役者。

二、派遣出國考察、研習或提供服務者。

三、因傷病請假致留職停薪，普通傷病未超過一年，職業災害未超過二年者。

四、在職勞工，年逾六十五歲繼續工作者。

五、因案停職或被羈押，未經法院判決確定者。

第 9-1 條

被保險人參加保險，年資合計滿十五年，被裁減資遣而自願繼續參加勞工保險者，由原投保單位為其辦理參加普通事故保險，至符合請領老年給付之日止。

前項被保險人繼續參加勞工保險及保險給付辦法，由中央主管機關定之。

第 10 條

各投保單位應為其所屬勞工，辦理投保手續及其他有關保險事務，並備僱用員工或會員名冊。

前項投保手續及其他有關保險事務，投保單位得委託其所隸屬團體或勞工團體辦理之。

保險人爲查核投保單位勞工人數、工作情況及薪資，必要時，得查對其員工或會員名冊、出勤工作紀錄及薪資帳冊。

前項規定之表冊，投保單位應自被保險人離職、退會或結（退）訓之日起保存五年。

第 11 條

符合第六條規定之勞工，各投保單位應於其所屬勞工到職、入會、到訓、離職、退會、結訓之當日，列表通知保險人；其保險效力之開始或停止，

均自應爲通知之當日起算。但投保單位非於勞工到職、入會、到訓之當日列表通知保險人者，除依本條例第七十二條規定處罰外，其保險效力之開始，均自通知之翌日起算。

第 12 條

被保險人退保後再參加保險時，其原有保險年資應予併計。

被保險人於八十八年十二月九日以後退職者，且於本條例六十八年二月二十一日修正前停保滿二年或七十七年二月五日修正前停保滿六年者，其停保前之保險年資應予併計。

前項被保險人已領取老年給付者，得於本條施行後二年內申請補發併計年資後老年給付之差額。

第三章　保險費

第 13 條

本保險之保險費，依被保險人當月投保薪資及保險費率計算。

普通事故保險費率，爲被保險人當月投保薪資百分之七點五至百分之十三；本條例中華民國九十七年七月十七日修正之條文施行時，保險費率定爲百分之七點五，施行後第三年調高百分之零點五，其後每年調高百分之零點五至百分之十，並自百分之十當年起，每兩年調高百分之零點五至上限百分之十三。但保險基金餘額足以支付未來二十年保險給付時，不予調高。

職業災害保險費率，分爲行業別災害費率及上、下班災害費率二種，每三年調整一次，由中央主管機關擬訂，報請行政院核定，送請立法院查照。

僱用員工達一定人數以上之投保單位，前項行業別災害費率採實績費率，按其前三年職業災害保險給付總額占應繳職業災害保險費總額之比率，由保險人依下列規定，每年計算調整之：

一、超過百分之八十者，每增加百分之十，加收其適用行業之職業災害保險費率之百分之五，並以加收至百分之四十爲限。

二、低於百分之七十者，每減少百分之十，減收其適用行業之職業災害保險費率之百分之五。

前項實績費率實施之辦法，由中央主管機關定之。

職業災害保險之會計，保險人應單獨辦理。

第 14 條　附件檔案

前條所稱月投保薪資，係指由投保單位按被保險人之月薪資總額，依投保薪資分級表之規定，向保險人申報之薪資；被保險人薪資以件計算者，其月投保薪資，以由投保單位比照同一工作等級勞工之月薪資總額，按分級表之規定申報者爲準。被保險人爲第六條第一項第七款、第八款及第八條第一項第四款規定之勞工，其月投保薪資由保險人就投保薪資分級表範圍內擬訂，報請中央主管機關核定適用之。

被保險人之薪資，如在當年二月至七月調整時，投保單位應於當年八月底前將調整後之月投保薪資通知保險人；如在當年八月至次年一月調整時，應於次年二月底前通知保險人。其調整均自通知之次月一日生效。

第一項投保薪資分級表，由中央主管機關擬訂，報請行政院核定之。

第 14-1 條

投保單位申報被保險人投保薪資不實者，由保險人按照同一行業相當等級之投保薪資額逕行調整通知投保單位，調整後之投保薪資與實際薪資不符時，應以實際薪資爲準。

依前項規定逕行調整之投保薪資，自調整之次月一日生效。

第 14-2 條

依第八條第一項第三款規定加保，其所得未達投保薪資分級表最高一級者，得自行舉證申報其投保薪資。但最低不得低於所屬員工申報之最高投保薪資適用之等級。

第 15 條

勞工保險保險費之負擔，依下列規定計算之：

一、第六條第一項第一款至第六款及第八條第一項第一款至第三款規定之被保險人，其普通事故保險費由被保險人負擔百分之二十，投保單位負擔百分之七十，其餘百分之十，由中央政府補助；職業災害保險費全部由投保單位負擔。

二、第六條第一項第七款規定之被保險人，其普通事故保險費及職業災害保險
　　費，由被保險人負擔百分之六十，其餘百分之四十，由中央政府補助。

三、第六條第一項第八款規定之被保險人，其普通事故保險費及職業災害保險
　　費，由被保險人負擔百分之二十，其餘百分之八十，由中央政府補助。

四、第八條第一項第四款規定之被保險人，其普通事故保險費及職業災害保險
　　費，由被保險人負擔百分之八十，其餘百分之二十，由中央政府補助。

五、第九條之一規定之被保險人，其保險費由被保險人負擔百分之八十，其餘
　　百分之二十，由中央政府補助。

第 16 條

勞工保險保險費依左列規定，按月繳納：

一、第六條第一項第一款至第六款及第八條第一項第一款至第三款規定之被保
　　險人，其應自行負擔之保險費，由投保單位負責扣、收繳，並須於次月底
　　前，連同投保單位負擔部分，一併向保險人繳納。

二、第六條第一項第七款、第八款及第八條第一項第四款規定之被保險人，其
　　自行負擔之保險費，應按月向其所屬投保單位繳納，於次月底前繳清，所
　　屬投保單位應於再次月底前，負責彙繳保險人。

三、第九條之一規定之被保險人，其應繳之保險費，應按月向其原投保單位或
　　勞工團體繳納，由原投保單位或勞工團體於次月底前負責彙繳保險人。

勞工保險之保險費一經繳納，概不退還。但非歸責於投保單位或被保險人之事
由所致者，不在此限。

第 17 條

投保單位對應繳納之保險費，未依前條第一項規定限期繳納者，得寬限十五
日；如在寬限期間仍未向保險人繳納者，自寬限期滿之翌日起至完納前一日
止，每逾一日加徵其應納費額百分之零點一滯納金；加徵之滯納金額，以至應
納費額之百分之二十為限。

加徵前項滯納金十五日後仍未繳納者，保險人應就其應繳之保險費及滯納金，
依法訴追。投保單位如無財產可供執行或其財產不足清償時，其主持人或負責
人對逾期繳納有過失者，應負損害賠償責任。

保險人於訴追之日起，在保險費及滯納金未繳清前，暫行拒絕給付。但被保險
人應繳部分之保險費已扣繳或繳納於投保單位者，不在此限。

第六條第一項第七款、第八款及第八條第一項第四款規定之被保險人，依第
十五條規定負擔之保險費，應按期送交所屬投保單位彙繳。如逾寬限期間十五
日而仍未送交者，其投保單位得適用第一項規定，代為加收滯納金彙繳保險

人;加徵滯納金十五日後仍未繳納者,暫行拒絕給付。

第九條之一規定之被保險人逾二個月未繳保險費者,以退保論。其於欠繳保險費期間發生事故所領取之保險給付,應依法追還。

第 17-1 條

勞工保險之保險費及滯納金,優先於普通債權受清償。

第 18 條

被保險人發生保險事故,於其請領傷病給付或住院醫療給付未能領取薪資或喪失收入期間,得免繳被保險人負擔部分之保險費。

前項免繳保險費期間之年資,應予承認。

第四章 保險給付

第一節 通則

第 19 條

被保險人於保險效力開始後停止前,發生保險事故者,被保險人或其受益人得依本條例規定,請領保險給付。

以現金發給之保險給付,其金額按被保險人平均月投保薪資及給付標準計算。

被保險人同時受僱於二個以上投保單位者,其普通事故保險給付之月投保薪資得合併計算,不得超過勞工保險投保薪資分級表最高一級。但連續加保未滿三十日者,不予合併計算。

前項平均月投保薪資之計算方式如下:

一、年金給付及老年一次金給付之平均月投保薪資:按被保險人加保期間最高六十個月之月投保薪資予以平均計算;參加保險未滿五年者,按其實際投保年資之平均月投保薪資計算。但依第五十八條第二項規定選擇一次請領老年給付者,按其退保之當月起前三年之實際月投保薪資平均計算;參加保險未滿三年者,按其實際投保年資之平均月投保薪資計算。

二、其他現金給付之平均月投保薪資:按被保險人發生保險事故之當月起前六個月之實際月投保薪資平均計算;其以日為給付單位者,以平均月投保薪資除以三十計算。

第二項保險給付標準之計算,於保險年資未滿一年者,依其實際加保月數按比例計算;未滿三十日者,以一個月計算。

被保險人如為漁業生產勞動者或航空、航海員工或坑內工,除依本條例規定請領保險給付外,於漁業、航空、航海或坑內作業中,遭遇意外事故致失蹤時,自失蹤之日起,按其平均月投保薪資百分之七十,給付失蹤津貼;於每滿三個

月之期末給付一次,至生還之前一日或失蹤滿一年之前一日或受死亡宣告判決確定死亡時之前一日止。

被保險人失蹤滿一年或受死亡宣告判決確定死亡時,得依第六十四條規定,請領死亡給付。

第 20 條

被保險人在保險有效期間發生傷病事故,於保險效力停止後一年內,得請領同一傷病及其引起之疾病之傷病給付、失能給付、死亡給付或職業災害醫療給付。

被保險人在保險有效期間懷孕,且符合本條例第三十一條第一項第一款或第二款規定之參加保險日數,於保險效力停止後一年內,因同一懷孕事故而分娩或早產者,得請領生育給付。

第 20-1 條

被保險人退保後,經診斷確定於保險有效期間罹患職業病者,得請領職業災害保險失能給付。

前項得請領失能給付之對象、職業病種類、認定程序及給付金額計算等事項之辦法,由中央主管機關定之。

第 21 條(刪除)

第 21-1 條(刪除)

第 22 條

同一種保險給付,不得因同一事故而重複請領。

第 23 條

被保險人或其受益人或其他利害關係人,為領取保險給付,故意造成保險事故者,保險人除給與喪葬津貼外,不負發給其他保險給付之責任。

第 24 條

投保單位故意為不合本條例規定之人員辦理參加保險手續,領取保險給付者,保險人應依法追還;並取消該被保險人之資格。

第 25 條

被保險人無正當理由,不接受保險人特約醫療院、所之檢查或補具應繳之證件,或受益人不補具應繳之證件者,保險人不負發給保險給付之責任。

第 26 條

因戰爭變亂或因被保險人或其父母、子女、配偶故意犯罪行為,以致發生保險事故者,概不給與保險給付。

第 27 條

被保險人之養子女,其收養登記在保險事故發生時未滿六個月者,不得享有領取保險給付之權利。

第 28 條

保險人為審核保險給付或勞工保險監理委員會為審議爭議案件認有必要者,得向被保險人、受益人、投保單位、各該醫院、診所或領有執業執照之醫師、助產士等要求提出報告,或調閱各該醫院、診所及投保單位之病歷、薪資帳冊、檢查化驗紀錄或放射線診斷攝影片(X光照片)及其他有關文件,被保險人、受益人、投保單位、各該醫院、診所及領有執業執照之醫師或助產士等均不得拒絕。

第 29 條

被保險人、受益人或支出殯葬費之人領取各種保險給付之權利,不得讓與、抵銷、扣押或供擔保。

依本條例規定請領保險給付者,得檢具保險人出具之證明文件,於金融機構開立專戶,專供存入保險給付之用。

前項專戶內之存款,不得作為抵銷、扣押、供擔保或強制執行之標的。

被保險人已領取之保險給付,經保險人撤銷或廢止,應繳還而未繳還者,保險人得以其本人或其受益人請領之保險給付扣減之。

被保險人有未償還第六十七條第一項第四款之貸款本息者,於被保險人或其受益人請領保險給付時逕予扣減之。

前項未償還之貸款本息,不適用下列規定,並溯自中華民國九十二年一月二十二日施行:

一、消費者債務清理條例有關債務免責之規定。

二、破產法有關債務免責之規定。

三、其他法律有關請求權消滅時效規定。

第四項及第五項有關扣減保險給付之種類、方式及金額等事項之辦法,由中央主管機關定之。

保險人應每年書面通知有未償還第六十七條第一項第四款貸款本息之被保險人或其受益人之積欠金額,並請其依規定償還。

第 29-1 條

依本條例以現金發給之保險給付,經保險人核定後,應在十五日內給付之;年金給付應於次月底前給付。如逾期給付可歸責於保險人者,其逾期部分應加給利息。

第 30 條

領取保險給付之請求權,自得請領之日起,因五年間不行使而消滅。

第二節　生育給付

第 31 條

被保險人合於左列情形之一者,得請領生育給付:

一、參加保險滿二百八十日後分娩者。

二、參加保險滿一百八十一日後早產者。

三、參加保險滿八十四日後流產者。

被保險人之配偶分娩、早產或流產者,比照前項規定辦理。

第 32 條

生育給付標準,依下列各款辦理:

一、被保險人或其配偶分娩或早產者,按被保險人平均月投保薪資一次給與分娩費三十日,流產者減半給付。

二、被保險人分娩或早產者,除給與分娩費外,並按其平均月投保薪資一次給與生育補助費六十日。

三、分娩或早產為雙生以上者,分娩費及生育補助費比例增給。

被保險人難產已申領住院診療給付者,不再給與分娩費。

被保險人同時符合相關社會保險生育給付或因軍公教身分請領國家給與之生育補助請領條件者,僅得擇一請領。但農民健康保險者,不在此限。

第三節　傷病給付

第 33 條

被保險人遭遇普通傷害或普通疾病住院診療,不能工作,以致未能取得原有薪資,正在治療中者,自不能工作之第四日起,發給普通傷害補助費或普通疾病補助費。

第 34 條　附件檔案

被保險人因執行職務而致傷害或職業病不能工作,以致未能取得原有薪資,正在治療中者,自不能工作之第四日起,發給職業傷害補償費或職業病補償費。

職業病種類表如附表一。

前項因執行職務而致傷病之審查準則，由中央主管機關定之。

第 35 條

普通傷害補助費及普通疾病補助費，均按被保險人平均月投保薪資半數發給，每半個月給付一次，以六個月爲限。但傷病事故前參加保險之年資合計已滿一年者，增加給付六個月。

第 36 條

職業傷害補償費及職業病補償費，均按被保險人平均月投保薪資百分之七十發給，每半個月給付一次；如經過一年尚未痊癒者，其職業傷害或職業病補償費減爲平均月投保薪資之半數，但以一年爲限。

第 37 條

被保險人在傷病期間，已領足前二條規定之保險給付者，於痊癒後繼續參加保險時，仍得依規定請領傷病給付。

第 38 條（刪除）

第四節　醫療給付

第 39 條

醫療給付分門診及住院診療。

第 39-1 條

爲維護被保險人健康，保險人應訂定辦法，辦理職業病預防。

前項辦法，應報請中央主管機關核定之。

第 40 條

被保險人罹患傷病時，應向保險人自設或特約醫療院、所申請診療。

第 41 條

門診給付範圍如左：

一、診察（包括檢驗及會診）。

二、藥劑或治療材料。

三、處置、手術或治療。

前項費用，由被保險人自行負擔百分之十。但以不超過中央主管機關規定之最高負擔金額爲限。

第 42 條

被保險人合於左列規定之一，經保險人自設或特約醫療院、所診斷必須住院治療

者,由其投保單位申請住院診療。但緊急傷病,須直接住院診療者,不在此限。

一、因職業傷害者。

二、因罹患職業病者。

三、因普通傷害者。

四、因罹患普通疾病,於申請住院診療前參加保險之年資合計滿四十五日者。

第 42-1 條

被保險人罹患職業傷病時,應由投保單位填發職業傷病門診單或住院申請書
(以下簡稱職業傷病醫療書單)申請診療;投保單位未依規定填發者,被保險
人得向保險人請領,經查明屬實後發給。

被保險人未檢具前項職業傷病醫療書單,經醫師診斷罹患職業病者,得由醫師
開具職業病門診單;醫師開具資格之取得、喪失及門診單之申領、使用辦法,
由保險人擬訂,報請中央主管機關核定發布。

第 43 條

住院診療給付範圍如左:

一、診察(包括檢驗及會診)。

二、藥劑或治療材料。

三、處置、手術或治療。

四、膳食費用三十日內之半數。

五、勞保病房之供應,以公保病房為準。

前項第一款至第三款及第五款費用,由被保險人自行負擔百分之五。但以不超
過中央主管機關規定之最高負擔金額為限。

被保險人自願住較高等病房者,除依前項規定負擔外,其超過之勞保病房費
用,由被保險人負擔。

第二項及第四十一條第二項之實施日期及辦法,應經立法院審議通過後實施之。

第 44 條

醫療給付不包括法定傳染病、麻醉藥品嗜好症、接生、流產、美容外科、義
齒、義眼、眼鏡或其他附屬品之裝置、病人運輸、特別護士看護、輸血、掛號
費、證件費、醫療院、所無設備之診療及第四十一條、第四十三條未包括之項
目。但被保險人因緊急傷病,經保險人自設或特約醫療院、所診斷必須輸血
者,不在此限。

第 45 條

被保險人因傷病住院診療,住院日數超過一個月者,每一個月應由醫院辦理繼

續住院手續一次。

住院診療之被保險人，經保險人自設或特約醫院診斷認爲可出院療養時，應即出院；如拒不出院時，其繼續住院所需費用，由被保險人負擔。

第 46 條

被保險人有自由選擇保險人自設或特約醫療院、所診療之權利，但有特殊規定者，從其規定。

第 47 條（刪除）

第 48 條

被保險人在保險有效期間領取醫療給付者，仍得享有其他保險給付之權利。

第 49 條

被保險人診療所需之費用，由保險人逕付其自設或特約醫療院、所，被保險人不得請領現金。

第 50 條

在本條例施行區域內之各級公立醫療院、所符合規定者，均應爲勞工保險之特約醫療院、所。各投保單位附設之醫療院、所及私立醫療院、所符合規定者，均得申請爲勞工保險之特約醫療院、所。

前項勞工保險特約醫療院、所特約及管理辦法，由中央主管機關會同中央衛生主管機關定之。

第 51 條

各特約醫療院、所辦理門診或住院診療業務，其診療費用，應依照勞工保險診療費用支付標準表及用藥種類與價格表支付之。

前項勞工保險診療費用支付標準表及用藥種類與價格表，由中央主管機關會同中央衛生主管機關定之。

保險人爲審核第一項診療費用，應聘請各科醫藥專家組織診療費用審查委員會審核之；其辦法由中央主管機關定之。

第 52 條

投保單位塡具之門診就診單或住院申請書，不合保險給付、醫療給付、住院診療之規定，或虛僞不實或交非被保險人使用者，其全部診療費用應由投保單位負責償付。

特約醫療院、所對被保險人之診療不屬於醫療給付範圍者，其診療費用應由醫療院、所或被保險人自行負責。

第五節　失能給付

第 53 條

被保險人遭遇普通傷害或罹患普通疾病，經治療後，症狀固定，再行治療仍不能期待其治療效果，經保險人自設或特約醫院診斷爲永久失能，並符合失能給付標準規定者，得按其平均月投保薪資，依規定之給付標準，請領失能補助費。

前項被保險人或被保險人爲身心障礙者權益保障法所定之身心障礙者，經評估爲終身無工作能力者，得請領失能年金給付。其給付標準，依被保險人之保險年資計算，每滿一年，發給其平均月投保薪資之百分之一點五五；金額不足新臺幣四千元者，按新臺幣四千元發給。

前項被保險人具有國民年金保險年資者，得依各保險規定分別核計相關之年金給付，並由保險人合併發給，其所需經費由各保險分別支應。

本條例中華民國九十七年七月十七日修正之條文施行前有保險年資者，於符合第二項規定條件時，除依前二項規定請領年金給付外，亦得選擇一次請領失能給付，經保險人核付後，不得變更。

第 54 條

被保險人遭遇職業傷害或罹患職業病，經治療後，症狀固定，再行治療仍不能期待其治療效果，經保險人自設或特約醫院診斷爲永久失能，並符合失能給付標準規定發給一次金者，得按其平均月投保薪資，依規定之給付標準，增給百分之五十，請領失能補償費。

前項被保險人經評估爲終身無工作能力，並請領失能年金給付者，除依第五十三條規定發給年金外，另按其平均月投保薪資，一次發給二十個月職業傷病失能補償一次金。

第 54-1 條

前二條失能種類、狀態、等級、給付額度、開具診斷書醫療機構層級及審核基準等事項之標準，由中央主管機關定之。

前項標準，應由中央主管機關建立個別化之專業評估機制，作爲失能年金給付之依據。

前項個別化之專業評估機制，應於本條例中華民國九十七年七月十七日修正之條文公布後五年施行。

第 54-2 條

請領失能年金給付者，同時有符合下列條件之眷屬時，每一人加發依第五十三

條規定計算後金額百分之二十五之眷屬補助，最多加計百分之五十：
一、配偶應年滿五十五歲且婚姻關係存續一年以上。但有下列情形之一者，不
　　在此限：
　　（一）無謀生能力。
　　（二）扶養第三款規定之子女。
二、配偶應年滿四十五歲且婚姻關係存續一年以上，且每月工作收入未超過投
　　保薪資分級表第一級。
三、子女應符合下列條件之一。但養子女須有收養關係六個月以上：
　　（一）未成年。
　　（二）無謀生能力。
　　（三）二十五歲以下，在學，且每月工作收入未超過投保薪資分級表第一
　　　　　級。
前項所稱無謀生能力之範圍，由中央主管機關定之。
第一項各款眷屬有下列情形之一時，其加給眷屬補助應停止發給：
一、配偶：
　　（一）再婚。
　　（二）未滿五十五歲，且其扶養之子女不符合第一項第三款所定請領條
　　　　　件。
　　（三）不符合第一項第二款所定請領條件。
二、子女不符合第一項第三款所定之請領條件。
三、入獄服刑、因案羈押或拘禁。
四、失蹤。
前項第三款所稱拘禁，指受拘留、留置、觀察勒戒、強制戒治、保安處分或感
訓處分裁判之宣告，在特定處所執行中，其人身自由受剝奪或限制者。但執行
保護管束、僅受通緝尚未到案、保外就醫及假釋中者，不包括在內。

第 55 條

被保險人之身體原已局部失能，再因傷病致身體之同一部位失能程度加重或不
同部位發生失能者，保險人應按其加重部分之失能程度，依失能給付標準計算
發給失能給付。但合計不得超過第一等級之給付標準。
前項被保險人符合失能年金給付條件，並請領失能年金給付者，保險人應按月
發給失能年金給付金額之百分之八十，至原已局部失能程度依失能給付標準所
計算之失能一次金給付金額之半數扣減完畢為止。
前二項被保險人在保險有效期間原已局部失能，而未請領失能給付者，保險人

應按其加重後之失能程度，依失能給付標準計算發給失能給付。但合計不得超過第一等級之給付標準。

第 56 條

保險人於審核失能給付，認爲有複檢必要時，得另行指定醫院或醫師複檢，其費用由保險基金負擔。

被保險人領取失能年金給付後，保險人應至少每五年審核其失能程度。但經保險人認爲無須審核者，不在此限。

保險人依前項規定審核領取失能年金給付者之失能程度，認爲已減輕至不符合失能年金請領條件時，應停止發給其失能年金給付，另發給失能一次金。

第 57 條

被保險人經評估爲終身無工作能力，領取失能給付者，應由保險人逕予退保。

第六節　老年給付

第 58 條

年滿六十歲有保險年資者，得依下列規定請領老年給付：

一、保險年資合計滿十五年者，請領老年年金給付。

二、保險年資合計未滿十五年者，請領老年一次金給付。

本條例中華民國九十七年七月十七日修正之條文施行前有保險年資者，於符合下列規定之一時，除依前項規定請領老年給付外，亦得選擇一次請領老年給付，經保險人核付後，不得變更：

一、參加保險之年資合計滿一年，年滿六十歲或女性被保險人年滿五十五歲退職者。

二、參加保險之年資合計滿十五年，年滿五十五歲退職者。

三、在同一投保單位參加保險之年資合計滿二十五年退職者。

四、參加保險之年資合計滿二十五年，年滿五十歲退職者。

五、擔任具有危險、堅強體力等特殊性質之工作合計滿五年，年滿五十五歲退職者。

依前二項規定請領老年給付者，應辦理離職退保。

被保險人請領老年給付者，不受第三十條規定之限制。

第一項老年給付之請領年齡，於本條例中華民國九十七年七月十七日修正之條文施行之日起，第十年提高一歲，其後每二年提高一歲，以提高至六十五歲爲限。

被保險人已領取老年給付者，不得再行參加勞工保險。

PART5

被保險人擔任具有危險、堅強體力等特殊性質之工作合計滿十五年，年滿五十五歲，並辦理離職退保者，得請領老年年金給付，且不適用第五項及第五十八條之二規定。

第二項第五款及前項具有危險、堅強體力等特殊性質之工作，由中央主管機關定之。

第 58-1 條

老年年金給付，依下列方式擇優發給：

一、保險年資合計每滿一年，按其平均月投保薪資之百分之零點七七五計算，並加計新臺幣三千元。

二、保險年資合計每滿一年，按其平均月投保薪資之百分之一點五五計算。

第 58-2 條

符合第五十八條第一項第一款及第五項所定請領老年年金給付條件而延後請領者，於請領時應發給展延老年年金給付。每延後一年，依前條規定計算之給付金額增給百分之四，最多增給百分之二十。

被保險人保險年資滿十五年，未符合第五十八條第一項及第五項所定請領年齡者，得提前五年請領老年年金給付，每提前一年，依前條規定計算之給付金額減給百分之四，最多減給百分之二十。

第 59 條

依第五十八條第一項第二款請領老年一次金給付或同條第二項規定一次請領老年給付者，其保險年資合計每滿一年，按其平均月投保薪資發給一個月；其保險年資合計超過十五年者，超過部分，每滿一年發給二個月，最高以四十五個月為限。

被保險人逾六十歲繼續工作者，其逾六十歲以後之保險年資，最多以五年計，合併六十歲以前之一次請領老年給付，最高以五十個月為限。

第 60 條至第 61 條（刪除）

第七節 死亡給付

第 62 條

被保險人之父母、配偶或子女死亡時，依左列規定，請領喪葬津貼：

一、被保險人之父母、配偶死亡時，按其平均月投保薪資，發給三個月。

二、被保險人之子女年滿十二歲死亡時，按其平均月投保薪資，發給二個半月。

三、被保險人之子女未滿十二歲死亡時，按其平均月投保薪資，發給一個半月。

第 63 條

被保險人在保險有效期間死亡時，除由支出殯葬費之人請領喪葬津貼外，遺有配偶、子女、父母、祖父母、受其扶養之孫子女或受其扶養之兄弟、姊妹者，得請領遺屬年金給付。

前項遺屬請領遺屬年金給付之條件如下：

一、配偶符合第五十四條之二第一項第一款或第二款規定者。

二、子女符合第五十四條之二第一項第三款規定者。

三、父母、祖父母年滿五十五歲，且每月工作收入未超過投保薪資分級表第一級者。

四、孫子女符合第五十四條之二第一項第三款第一目至第三目規定情形之一者。

五、兄弟、姊妹符合下列條件之一：

（一）有第五十四條之二第一項第三款第一目或第二目規定情形。

（二）年滿五十五歲，且每月工作收入未超過投保薪資分級表第一級。

第一項被保險人於本條例中華民國九十七年七月十七日修正之條文施行前有保險年資者，其遺屬除得依前項規定請領年金給付外，亦得選擇一次請領遺屬津貼，不受前項條件之限制，經保險人核付後，不得變更。

第 63-1 條

被保險人退保，於領取失能年金給付或老年年金給付期間死亡者，其符合前條第二項規定之遺屬，得請領遺屬年金給付。

前項被保險人於本條例中華民國九十七年七月十七日修正之條文施行前有保險年資者，其遺屬除得依前項規定請領年金給付外，亦得選擇一次請領失能給付或老年給付，扣除已領年金給付總額之差額，不受前條第二項條件之限制，經保險人核付後，不得變更。

被保險人保險年資滿十五年，並符合第五十八條第二項各款所定之條件，於未領取老年給付前死亡者，其符合前條第二項規定之遺屬，得請領遺屬年金給付。

前項被保險人於本條例中華民國九十七年七月十七日修正之條文施行前有保險年資者，其遺屬除得依前項規定請領年金給付外，亦得選擇一次請領老年給付，不受前條第二項條件之限制，經保險人核付後，不得變更。

第 63-2 條

前二條所定喪葬津貼、遺屬年金及遺屬津貼給付標準如下：

一、喪葬津貼：按被保險人平均月投保薪資一次發給五個月。但其遺屬不符合

請領遺屬年金給付或遺屬津貼條件,或無遺屬者,按其平均月投保薪資一次發給十個月。

二、遺屬年金:

（一）依第六十三條規定請領遺屬年金者:依被保險人之保險年資合計每滿一年,按其平均月投保薪資之百分之一點五五計算。

（二）依前條規定請領遺屬年金者:依失能年金或老年年金給付標準計算後金額之半數發給。

三、遺屬津貼:

（一）參加保險年資合計未滿一年者,按被保險人平均月投保薪資發給十個月。

（二）參加保險年資合計已滿一年而未滿二年者,按被保險人平均月投保薪資發給二十個月。

（三）參加保險年資合計已滿二年者,按被保險人平均月投保薪資發給三十個月。

前項第二款之遺屬年金給付金額不足新臺幣三千元者,按新臺幣三千元發給。

遺屬年金給付於同一順序之遺屬有二人以上時,每多一人加發依第一項第二款及前項規定計算後金額之百分之二十五,最多加計百分之五十。

第63-3條

遺屬具有受領二個以上遺屬年金給付之資格時,應擇一請領。

本條例之喪葬津貼、遺屬年金給付及遺屬津貼,以一人請領為限。符合請領條件者有二人以上時,應共同具領,未共同具領或保險人核定前如另有他人提出請領,保險人應通知各申請人協議其中一人代表請領,未能協議者,喪葬津貼應以其中核計之最高給付金額,遺屬津貼及遺屬年金給付按總給付金額平均發給各申請人。

同一順序遺屬有二人以上,有其中一人請領遺屬年金時,應發給遺屬年金給付。但經共同協議依第六十三條第三項、第六十三條之一第二項及第四項規定一次請領給付者,依其協議辦理。

保險人依前二項規定發給遺屬給付後,尚有未具名之其他當序遺屬時,應由具領之遺屬負責分與之。

第63-4條

領取遺屬年金給付者,有下列情形之一時,其年金給付應停止發給:

一、配偶:

（一）再婚。

（二）未滿五十五歲，且其扶養之子女不符合第六十三條第二項第二款所定請領條件。

（三）不符合第六十三條第二項第一款所定請領條件。

二、子女、父母、祖父母、孫子女、兄弟、姊妹，於不符合第六十三條第二項第二款至第五款所定請領條件。

三、有第五十四條之二第三項第三款、第四款規定之情形。

第 64 條

被保險人因職業災害致死亡者，除由支出殯葬費之人依第六十三條之二第一項第一款規定請領喪葬津貼外，有符合第六十三條第二項規定之遺屬者，得請領遺屬年金給付及按被保險人平均月投保薪資，一次發給十個月職業災害死亡補償一次金。

前項被保險人之遺屬依第六十三條第三項規定一次請領遺屬津貼者，按被保險人平均月投保薪資發給四十個月。

第 65 條

受領遺屬年金給付及遺屬津貼之順序如下：

一、配偶及子女。

二、父母。

三、祖父母。

四、孫子女。

五、兄弟、姊妹。

前項當序受領遺屬年金給付或遺屬津貼者存在時，後順序之遺屬不得請領。

前項第一順序之遺屬全部不符合請領條件，或有下列情形之一且無同順序遺屬符合請領條件時，第二順序之遺屬得請領遺屬年金給付：

一、在請領遺屬年金給付期間死亡。

二、行蹤不明或於國外。

三、提出放棄請領書。

四、於符合請領條件起一年內未提出請領者。

前項遺屬年金嗣第一順序之遺屬主張請領或再符合請領條件時，即停止發給，並由第一順序之遺屬請領；但已發放予第二順位遺屬之年金不得請求返還，第一順序之遺屬亦不予補發。

第八節　年金給付之申請及核發

第 65-1 條

被保險人或其受益人符合請領年金給付條件者，應填具申請書及檢附相關文件向保險人提出申請。

前項被保險人或其受益人，經保險人審核符合請領規定者，其年金給付自申請之當月起，按月發給，至應停止發給之當月止。

遺屬年金之受益人未於符合請領條件之當月提出申請者，其提出請領之日起前五年得領取之給付，由保險人依法追溯補給之。但已經其他受益人請領之部分，不適用之。

第 65-2 條

被保險人或其遺屬請領年金給付時，保險人得予以查證，並得於查證期間停止發給，經查證符合給付條件者，應補發查證期間之給付，並依規定繼續發給。

領取年金給付者不符合給付條件或死亡時，本人或其法定繼承人應自事實發生之日起三十日內，檢具相關文件資料，通知保險人，自事實發生之次月起停止發給年金給付。

領取年金給付者死亡，應發給之年金給付未及撥入其帳戶時，得由其法定繼承人檢附申請人死亡戶籍謄本及法定繼承人戶籍謄本請領之；法定繼承人有二人以上時，得檢附共同委任書及切結書，由其中一人請領。

領取年金給付者或其法定繼承人未依第二項規定通知保險人致溢領年金給付者，保險人應以書面命溢領人於三十日內繳還；保險人並得自匯發年金給付帳戶餘額中追回溢領之年金給付。

第 65-3 條

被保險人或其受益人符合請領失能年金、老年年金或遺屬年金給付條件時，應擇一請領失能、老年給付或遺屬津貼。

第 65-4 條

本保險之年金給付金額，於中央主計機關發布之消費者物價指數累計成長率達正負百分之五時，即依該成長率調整之。

第 65-5 條

保險人或勞工保險監理委員會為處理本保險業務所需之必要資料，得洽請相關機關提供之，各該機關不得拒絕。

保險人或勞工保險監理委員會依規定所取得之資料，應盡善良管理人之注意義務，確實辦理資訊安全稽核作業，其保有、處理及利用，並應遵循電腦處理個

人資料保護法之規定。

第五章 保險基金及經費

第 66 條

勞工保險基金之來源如左：

一、創立時政府一次撥付之金額。

二、當年度保險費及其孳息之收入與保險給付支出之結餘。

三、保險費滯納金。

四、基金運用之收益。

第 67 條

勞工保險基金，經勞工保險監理委員會之通過，得為左列之運用：

一、對於公債、庫券及公司債之投資。

二、存放於公營銀行或中央主管機關指定之金融機構。

三、自設勞保醫院之投資及特約公立醫院勞保病房整修之貸款；其辦法，由中央主管機關定之。

四、對於被保險人之貸款。

五、政府核准有利於本基金收入之投資。

勞工保險基金除作為前項運用及保險給付支出外，不得移作他用或轉移處分；其管理辦法，由中央主管機關定之。基金之收支、運用情形及其積存數額，應由保險人報請中央主管機關按年公告之。

第一項第四款對於被保險人之貸款資格、用途、額度、利率、期限及還款方式等事項，應由保險人報請中央主管機關公告之。

第 68 條

勞工保險機構辦理本保險所需之經費，由保險人按編製預算之當年六月份應收保險費百分之五點五全年伸算數編列預算，經勞工保險監理委員會審議通過後，由中央主管機關撥付之。

第 69 條

勞工保險如有虧損，在中央勞工保險局未成立前，應由中央主管機關審核撥補。

第六章　罰則

第 70 條

以詐欺或其他不正當行為領取保險給付或為虛偽之證明、報告、陳述及申報診療費用者，除按其領取之保險給付或診療費用處以二倍罰鍰外，並應依民法請求損害賠償；其涉及刑責者，移送司法機關辦理。特約醫療院、所因此領取之診療費用，得在其已報應領費用內扣除。

第 71 條

勞工違背本條例規定，不參加勞工保險及辦理勞工保險手續者，處一百元以上、五百元以下罰鍰。

第 72 條

投保單位違反本條例規定，未為其所屬勞工辦理投保手續者，按自僱用之日起，至參加保險之前一日或勞工離職日止應負擔之保險費金額，處四倍罰鍰。勞工因此所受之損失，並應由投保單位依本條例規定之給付標準賠償之。

投保單位未依本條例之規定負擔被保險人之保險費，而由被保險人負擔者，按應負擔之保險費金額，處二倍罰鍰。投保單位並應退還該保險費與被保險人。

投保單位違反本條例規定，將投保薪資金額以多報少或以少報多者，自事實發生之日起，按其短報或多報之保險費金額，處四倍罰鍰，並追繳其溢領給付金額。勞工因此所受損失，應由投保單位賠償之。

投保單位於保險人依第十條第三項規定為查對時，拒不出示者，或違反同條第四項規定者，處新臺幣六千元以上一萬八千元以下罰鍰。

投保單位於本條例中華民國九十七年五月十六日修正生效前，依第十七條第一項規定加徵滯納金至應納費額一倍者，其應繳之保險費仍未向保險人繳納，且未經保險人處以罰鍰或處以罰鍰未執行者，不再裁處或執行。

第 73 條

本條例所規定之罰鍰，經催告送達後，無故逾三十日，仍不繳納者，移送法院強制執行。

第七章　附則

第 74 條

失業保險之保險費率、實施地區、時間及辦法，由行政院以命令定之。

第 74-1 條

被保險人於本條例中華民國九十七年七月十七日修正之條文施行前發生失能、老年或死亡保險事故，其本人或其受益人領取保險給付之請求權未超過第三十條所定之時效者，得選擇適用保險事故發生時或請領保險給付時之規定辦理。

第 74-2 條

本條例中華民國九十七年七月十七日修正之條文施行後，被保險人符合本保險及國民年金保險老年給付請領資格者，得向任一保險人同時請領，並由受請求之保險人按其各該保險之年資，依規定分別計算後合併發給；屬他保險應負擔之部分，由其保險人撥還。

前項被保險人於各該保險之年資，未達請領老年年金給付之年限條件，而併計他保險之年資後已符合者，亦得請領老年年金給付。

被保險人發生失能或死亡保險事故，被保險人或其遺屬同時符合國民年金保險給付條件時，僅得擇一請領。

第 75 條（刪除）

第 76 條

被保險人於轉投軍人保險、公務人員保險或私立學校教職員保險時，不合請領老年給付條件者，其依本條例規定參加勞工保險之年資應予保留，於其年老依法退職時，得依本條例第五十九條規定標準請領老年給付。

前項年資之保留辦法，由中央主管機關擬訂，報請行政院核定之。

第 76-1 條

本條例第二條、第三十一條、第三十二條及第三十九條至第五十二條有關生育給付分娩費及普通事故保險醫療給付部分，於全民健康保險施行後，停止適用。

第 77 條

本條例施行細則，由中央主管機關擬訂，報請行政院核定之。

第 78 條

本條例施行區域，由行政院以命令定之。

第 79 條

本條例自公布日施行。

本條例中華民國九十七年七月十七日修正條文施行日期，除另定施行日期者外，由行政院定之。

本條例中華民國一百年四月八日修正之第十五條之施行日期，由行政院定之。

勞工保險條例施行細則

第一章　總則

第 1 條

本細則依勞工保險條例（以下簡稱本條例）第七十七條規定訂定之。

第 2 條

依本條例第三條規定免課之稅捐如下：

一、保險人、勞動基金運用局及投保單位辦理勞工保險所用之帳冊契據，免徵印花稅。

二、保險人及勞動基金運用局辦理勞工保險所收保險費、滯納金，及因此所承受強制執行標的物之收入、基金運用之收支、雜項收入，免納營業稅及所得稅。

三、保險人及勞動基金運用局辦理業務使用之房屋與土地、醫療藥品與器材、治療救護車輛，及被保險人、受益人或支出殯葬費之人領取之保險給付，依稅法有關規定免徵稅捐。

第 3 條

本條例有關保險期間之計算，除本條例另有規定外，依行政程序法之規定，行政程序法未規定者，依民法之規定。

被保險人及其眷屬年齡之計算，均依戶籍記載爲準。

第二章　保險人、投保單位及被保險人

第一節　保險人
第 4 條

保險人及勞動部勞動基金運用局應依其業務職掌，分別將下列書表報請中央主管機關備查：

一、投保單位、投保人數、投保薪資統計表。

二、保險給付統計表。

三、保險收支會計報表。

四、保險基金運用概況表。

保險人應於每年年終時編具總報告，報請中央主管機關備查。

第 5 條（刪除）

第 6 條

保險人或中央主管機關依本條例第二十八條規定派員調查有關勞工保險事項時，應出示其身分證明文件。

保險人為審核保險給付，得視業務需要委請相關科別之醫師或專家協助之。

第 7 條

本條例第六條第二項所稱之主管機關，指勞工工作所在地之直轄市或縣（市）政府。

第二節　投保單位

第 8 條

本條例第八條第一項第一款所稱各業以外之員工，指中央主管機關核定准許投保之其他各業或人民團體之員工。

第 9 條

無一定雇主或自營作業而參加二個以上職業工會為會員之勞工，由其選擇主要工作之職業工會加保。

第 10 條

投保單位應置備僱用員工或會員名冊（卡）、出勤工作紀錄、薪資表及薪資帳冊。

員工或會員名冊（卡）應分別記載下列事項：

一、姓名、性別、出生年月日、住址、國民身分證統一編號。

二、到職、入會或到訓之年月日。

三、工作類別。

四、工作時間及薪資。

五、傷病請假致留職停薪期間。

第一項之出勤工作紀錄、薪資表、薪資帳冊及前項第四款、第五款規定，於職業工會、漁會、船長公會、海員總工會，不適用之。

第 11 條

本條例第六條第一項第七款及第八款所稱無一定雇主之勞工，指經常於三個月內受僱於非屬同條項第一款至第五款規定之二個以上不同之雇主，其工作機會、工作時間、工作量、工作場所、工作報酬不固定者。

本條例第六條第一項第七款及第八款所稱自營作業者，指獨立從事勞動或技藝

PART5

工作，獲致報酬，且未僱用有酬人員幫同工作者。

第 12 條

申請投保之單位辦理投保手續時，應填具投保申請書及加保申報表各一份送交保險人。

前項加保申報表應依戶籍資料或相關資料詳為記載。

第 13 條

本條例第六條及第八條之勞工，其雇主、所屬團體或所屬機構申請投保時，除政府機關（構）、公立學校及使用政府機關（構）提供之線上申請系統辦理投保手續者外，應檢附負責人國民身分證正背面影本及各目的事業主管機關核發之下列相關證件影本：

一、工廠：工廠有關登記證明文件。

二、礦場：礦場登記證、採礦或探礦執照。

三、鹽場、農場、牧場、林場、茶場：登記證書或有關認定證明文件。

四、交通事業：運輸業許可證或有關認定證明文件。

五、公用事業：事業執照或有關認定證明文件。

六、公司、行號：公司登記證明文件或商業登記證明文件。

七、私立學校、新聞事業、文化事業、公益事業、合作事業、漁業、職業訓練機構及各業人民團體：立案或登記證明書。

八、其他各業應檢附執業證照或有關登記、核定或備查證明文件。

投保單位無法取得前項各款規定之證件者，應檢附稅捐稽徵機關核發之扣繳單位設立（變更）登記申請書或使用統一發票購票證，辦理投保手續。

第 14 條

符合本條例第六條規定之勞工，各投保單位於其所屬勞工到職、入會、到訓之當日列表通知保險人者，其保險效力之開始，自投保單位將加保申報表送交保險人或郵寄之當日零時起算；投保單位非於勞工到職、入會、到訓之當日列表通知保險人者，其保險效力之開始，自投保單位將加保申報表送交保險人或郵寄之翌日零時起算。

前項勞工於下列時間到職，投保單位至遲於次一上班日將加保申報表及到職證明文件送交或郵寄保險人者，其保險效力之開始，自勞工到職之當日零時起算：

一、保險人依規定放假之日。

二、到職當日十七時後至二十四時前。

勞工於所屬投保單位所在地方政府依規定發布停止上班日到職，投保單位至遲於次一上班日將加保申報表及到職證明文件送交或郵寄保險人者，其保險效力之開始，自勞工到職之當日零時起算。

投保單位於其所屬勞工離職、退會、結（退）訓之當日辦理退保者，其保險效力於投保單位將退保申報表送交保險人或郵寄之當日二十四時停止。

投保單位非於勞工離職、退會、結（退）訓之當日辦理退保者，其保險效力於離職、退會、結（退）訓之當日二十四時停止。但勞工未離職、退會、結（退）訓，投保單位辦理退保者，其保險效力於投保單位將退保申報表送交保險人或郵寄之當日二十四時停止。勞工因此所受之損失，依本條例第七十二條規定，應由投保單位負責賠償之。

前五項郵寄之當日，以原寄郵局郵戳為準。

本條例第八條第一項各款規定人員準用本條例規定參加勞工保險者，其保險效力之開始及停止，準用前六項規定。

第 15 條

申請投保之單位未填具投保申請書或投保申請書漏蓋投保單位印章、負責人印章，保險人應以書面通知補正；投保單位應於接到通知之翌日起十日內補正。

投保單位所送之加保、轉保申報表或投保薪資調整表，除姓名及國民身分證統一編號均未填者不予受理外，漏蓋投保單位印章及負責人印章，或被保險人姓名、出生年月日、國民身分證統一編號、投保薪資疏誤者，或被保險人為本條例第六條第三項之外國籍員工，未檢附核准從事工作之證明文件影本，保險人應以書面通知補正；投保單位應於接到通知之翌日起十日內補正。

投保申請書或加保、轉保申報表經投保單位如期補正者，自申報之日生效；逾期補正者，自補正之翌日生效。

投保薪資調整表經投保單位如期補正者，自申報日之次月一日生效；逾期補正者，自補正之次月一日生效。

前四項補正之提出，以送交保險人之日為準；郵寄者，以原寄郵局郵戳為準。

投保單位逾期補正或逾期不為補正，勞工因此所受之損失，應由投保單位負賠償之責。

第一項及第二項所定負責人印章，得以負責人簽名代之。

第 16 條

投保單位有歇業、解散、撤銷、廢止、受破產宣告等情事或經認定已無營業事實，且未僱用勞工者，保險人得逕予註銷或廢止該投保單位。

投保單位經依前項規定註銷或廢止者，其原僱用勞工未由投保單位依規定辦理

退保者，由保險人逕予退保；其保險效力之停止、應繳保險費及應加徵滯納金之計算，以事實確定日為準，未能確定者，以保險人查定之日為準。

第 17 條

投保單位有下列各款情形之一者，應於三十日內填具投保單位變更事項申請書，連同有關證件送交保險人：

一、投保單位之名稱、地址或其通訊地址之變更。

二、投保單位負責人之變更。

三、投保單位主要營業項目之變更。

投保單位未依前項規定辦理變更手續者，保險人得依相關機關登記之資料逕予變更。

第 18 條

投保單位負責人有變更者，原負責人未清繳保險費或滯納金時，新負責人應負連帶清償責任。

投保單位因合併而消滅者，其未清繳之保險費或滯納金，應由合併後存續或另立之投保單位承受。

第三節　被保險人

第 19 條

本條例第六條第三項所稱之外國籍員工，指下列情形之一：

一、依就業服務法或其他法規，經中央主管機關或相關目的事業主管機關核准從事工作者。

二、依法規准予從事工作者。

投保單位為前項第一款之勞工加保時，應檢附相關機關核准從事工作之證明文件影本。

第 20 條

本細則關於國民身分證之規定，於外國籍被保險人，以在我國居留證明文件或外國護照替代之。

第 21 條

本條例第九條及性別工作平等法第十六條第二項規定之被保險人願繼續加保時，投保單位不得拒絕。

本條例第九條規定之被保險人繼續加保時，其所屬投保單位應繼續為其繳納保險費，除同條第二款及第四款外，並將其姓名、出生年月日、國民身分證統一

編號，及服兵役、留職停薪、因案停職或被羈押日期，以書面通知保險人；被保險人退伍、復職或撤銷羈押、停止羈押時，亦同。

本條例第九條第三款規定之被保險人繼續加保時，除依前項規定辦理外，並應檢附醫院或診所診斷書。

性別工作平等法第十六條第二項規定之被保險人繼續加保時，其所屬投保單位應填具勞工保險被保險人育嬰留職停薪繼續投保申請書，通知保險人；保險人為審核案件之必要，得另行要求投保單位檢附被保險人子女出生證明或戶籍資料影本；被保險人復職時，投保單位應另填具復職通知書通知保險人。

第22條

被保險人死亡、離職、退會、結（退）訓者，投保單位應於死亡、離職、退會、結（退）訓之當日填具退保申報表送交保險人。

被保險人因遭遇傷害或罹患疾病在請假期間者，不得退保。

第23條

被保險人在有同一隸屬關係之投保單位調動時，應由轉出單位填具轉保申報表轉出聯，逕送轉入單位，由轉入單位填具該表轉入聯一併送交保險人，其轉保效力自轉保申報表送交保險人之當日起算，郵寄者以原寄郵局郵戳為準。

第24條

被保險人之姓名、出生年月日、國民身分證統一編號等有變更或錯誤時，投保單位應即填具被保險人變更事項申請書，檢附國民身分證正背面影本或有關證件送交保險人憑辦。

前項被保險人之相關個人資料有變更或錯誤之情形，被保險人應即通知其所屬投保單位。

被保險人未依前項規定通知其所屬投保單位，或投保單位未依第一項規定檢附相關文件送交保險人者，保險人得依相關機關登記之資料逕予變更。

第25條

同時具備參加勞工保險及公教人員保險條件者，僅得擇一參加之。

第26條

符合本條例第六條第一項第七款規定之被保險人，有下列情形之一者，保險人於知悉後應通知原投保單位轉知被保險人限期轉保：

一、所屬投保單位非本業隸屬之職業工會。

二、本業改變而未轉投本業隸屬之職業工會。

第 26-1 條

保險人應至少每三年精算一次本條例第十三條所定之普通事故保險費率，每次精算五十年。

第三章　保險費

第 27 條

本條例第十四條第一項所稱月薪資總額，以勞動基準法第二條第三款規定之工資爲準；其每月收入不固定者，以最近三個月收入之平均爲準；實物給與按政府公布之價格折爲現金計算。

投保單位申報新進員工加保，其月薪資總額尚未確定者，以該投保單位同一工作等級員工之月薪資總額，依投保薪資分級表之規定申報。

第 28 條

因傷病住院之被保險人及依本條例第九條第一款、第三款、第五款、第九條之一或性別工作平等法第十六條第二項規定繼續加保者，於加保期間不得調整投保薪資。

前項被保險人之投保薪資不得低於投保薪資分級表第一級之規定；投保薪資分級表第一級有修正時，由保險人逕予調整。

第 28-1 條

本條例第十三條第一項所定保險費，每月以三十日計算。

被保險人依第二十三條規定辦理轉保者，轉出單位之保險費計收至轉出前一日止，轉入單位之保險費自轉入當日起計收。

第 29 條

保險人每月按投保單位申報之被保險人投保薪資金額，分別計算應繳之保險費，按期繕具載有計算說明之保險費繳款單，於次月二十五日前寄發或以電子資料傳輸方式遞送投保單位繳納。

第 30 條

投保單位接到保險人所寄載有計算說明之保險費繳款單後，應於繳納期限內向保險人指定之代收機構繳納，並領回收據聯作爲繳納保險費之憑證。

前項繳款單於保險人寄送之當月底仍未收到者，投保單位應於五日內通知保險人補發或上網下載繳款單，並於寬限期間十五日內繳納；其怠爲通知者，視爲已於次月二十五日前寄達。

第 31 條

投保單位對於載有計算說明之保險費繳款單所載金額有異議，應先照額繳納後，再向保險人提出異議理由，經保險人查明錯誤後，於計算次月份保險費時一併結算。

第 32 條

投保單位或被保險人因欠繳保險費及滯納金，經保險人依本條例第十七條第三項或第四項規定暫行拒絕給付者，暫行拒絕給付期間內之保險費仍應照計，被保險人應領之保險給付，俟欠費繳清後再補辦請領手續。

第 33 條

保險人計算投保單位應繳納之保險費、滯納金總額以新臺幣元為單位，角以下四捨五入。

第 34 條

本條例第六條第一項第一款至第六款及第八條第一項第一款至第三款規定之被保險人所屬之投保單位，因故不及於本條例第十六條規定期限扣、收繳保險費時，應先行墊繳。

第 35 條

應徵召服兵役、留職停薪、因案停職或被羈押之被保險人繼續參加勞工保險期間，其保險費由投保單位負擔部分仍由投保單位負擔外，由本人負擔部分，有給與者於給與中扣繳；無給與者，由投保單位墊繳後向被保險人收回。

第 36 條

中央政府依本條例第十五條規定，應補助之保險費，由保險人按月開具保險費繳款單，於次月底前送請中央政府依規定撥付。

前項政府應補助之保險費，經保險人查明有差額時，應於核計下次保險費時一併結算。

第 37 條

各投保單位之雇主或負責人，依本條例第十六條第一項第一款規定扣繳被保險人負擔之保險費時，應註明於被保險人薪資單（袋）上或掣發收據。

第 38 條

投保單位應適用之職業災害保險行業別及費率，由保險人依據職業災害保險適用行業別及費率表之規定，依下列原則認定或調整後以書面通知投保單位：

一、同一行業別適用同一職業災害保險費率。

二、同一投保單位適用同一職業災害保險費率，其營業項目包括多種行業時，適用其最主要或最具代表性事業之職業災害保險費率。

投保單位對前項行業別及費率有異議時，得於接獲通知之翌日起十五日內檢附必要證件或資料，向保險人申請複核。

各投保單位應適用之職業災害保險行業別及費率，經確定後不得調整。但有因改業或主要營業項目變更者，不在此限。

第 39 條

投保單位依本條例第十七條第一項應繳滯納金者，由保險人核計應加徵之金額，通知其向指定金融機構繳納。

第 40 條

本條例第六條第一項第七款、第八款及第八條第一項第四款規定之被保險人所屬之投保單位，得於金融機構設立勞工保險專戶，並轉知被保險人，以便被保險人繳納保險費。

前項被保險人之投保單位，於徵得被保險人或會員代表大會同意後，得一次預收三個月或六個月保險費，並掣發收據，按月彙繳保險人；其預收之保險費於未彙繳保險人以前，應於金融機構設立專戶儲存保管，所生孳息並以運用於本保險業務為限。

前項採行預收保險費之投保單位，得為主管及承辦業務人員辦理員工誠實信用保證保險。

第二項預收保險費之管理，應依據投保單位之財務處理相關規定辦理。

第 41 條

依本條例第十八條第一項規定得免繳被保險人負擔部分之保險費者，由保險人根據核發給付文件核計後，發給免繳保險費清單，在投保單位保險費總數內扣除之。

第四章　保險給付

第一節　通則

第 42 條

投保單位應為所屬被保險人、受益人或支出殯葬費之人辦理請領保險給付手續，不得收取任何費用。

第 43 條

投保單位有歇業、解散、撤銷、廢止、受破產宣告或其他情事，未能為被保險

人、受益人或支出殯葬費之人提出請領者，被保險人、受益人或支出殯葬費之人得自行請領。

依本條例第二十條、第三十一條第一項第一款、第二款或第六十二條規定請領保險給付者，得由被保險人、受益人或支出殯葬費之人自行請領。

第 44 條

本條例第十九條第二項所稱同時受僱於二個以上投保單位者，指同時依第六條第一項第一款至第五款、第八條第一項第一款及第二款規定於二個以上投保單位加保之被保險人。

本條例第十九條第三項所稱平均月投保薪資，依下列方式計算：

一、年金給付及老年一次金給付：按被保險人加保期間最高六十個月之月投保薪資合計額除以六十計算。

二、依本條例第五十八條第二項規定選擇一次請領老年給付：按被保險人退保之當月起最近三十六個月之月投保薪資合計額除以三十六計算。

三、其他現金給付：按被保險人發生保險事故之當月起最近六個月之月投保薪資合計額除以六計算；參加保險未滿六個月者，按其實際投保年資之平均月投保薪資計算。

被保險人在同一月份有二個以上月投保薪資時，於計算保險給付時，除依本條例第十九條第二項規定合併計算者外，應以最高者為準，與其他各月份之月投保薪資平均計算。

第 45 條

本條例第十九條第四項所定保險年資未滿一年，依其實際加保月數按比例計算，計算至小數第二位，第三位四捨五入。

第 46 條

依本條例第十九條第五項規定請領失蹤津貼者，應備下列書件：

一、失蹤津貼申請書及給付收據。

二、被保險人全戶戶籍謄本；受益人與被保險人非同一戶籍者，應同時提出各該戶籍謄本。

三、災難報告書或其他相關事故證明。

失蹤津貼之受益人及順序，準用本條例第六十三條第一項及第六十五條第一項、第二項規定。

失蹤津貼之受益人為未成年者，其所具之失蹤津貼申請書及給付收據，應由法定代理人簽名或蓋章。

失蹤津貼之受益人為被保險人之孫子女或兄弟、姊妹者，於請領時應檢附受被保險人扶養之相關證明文件。

第 47 條

受益人或支出殯葬費之人依本條例第十九條第六項規定領取死亡給付後，於被保險人死亡宣告被撤銷，並繳還所領死亡給付再參加勞工保險時，被保險人原有保險年資應予併計。

第 48 條

本條例以現金發給之保險給付，保險人算定後，逕匯入被保險人、受益人或支出殯葬費之人指定之本人金融機構帳戶，並通知其投保單位。但有第四十三條自行請領保險給付之情事者，保險人得不通知其投保單位。

前項之金融機構帳戶在國外者，手續費用由請領保險給付之被保險人、受益人或支出殯葬費之人負擔。

第 49 條

被保險人、受益人或支出殯葬費之人申請現金給付手續完備經審查應予發給者，保險人應於收到申請書之日起十日內發給。但年金給付至遲應於次月底前發給。

第 49-1 條

本條例第二十九條之一所定逾期部分應加給之利息，以各該年一月一日之郵政儲金一年期定期存款固定利率為準，按日計算，並以新臺幣元為單位，角以下四捨五入。

前項所需費用，由保險人編列公務預算支應。

第 50 條

被保險人、受益人或支出殯葬費之人以郵寄方式向保險人提出請領保險給付者，以原寄郵局郵戳之日期為準。

第 51 條

本條例第二十六條所稱故意犯罪行為，以司法機關或軍事審判機關之確定判決為準。

第 52 條

各項給付申請書、收據、診斷書及證明書，被保險人、投保單位、醫院、診所或領有執業執照之醫師、助產人員應依式填送。

第 53 條

請領各項保險給付之診斷書及出生證明書，除第六十八條、第六十九條另有規定外，應由醫院、診所或領有執業執照之醫師出具者，方為有效。出生證明書由領有執業執照之助產人員出具者，效力亦同。

第 54 條

依本條例規定請領各項保險給付，所檢附之文件為我國政府機關（構）以外製作者，應經下列單位驗證：

一、於國外製作者，應經我國駐外使領館、代表處或辦事處驗證；其在國內由外國駐臺使領館或授權機構製作者，應經外交部複驗。

二、於大陸地區製作者，應經行政院設立或指定機構或委託之民間團體驗證。

三、於香港或澳門製作者，應經行政院於香港或澳門設立或指定機構或委託之民間團體驗證。

前項文件為外文者，應檢附經前項各款所列單位驗證或國內公證人認證之中文譯本。但為英文者，除保險人認有需要外，得予免附。

第 55 條

保險給付金額以新臺幣元為單位，角以下四捨五入。

第二節　生育給付

第 56 條

依本條例第三十一條規定請領生育給付者，應備下列書件：

一、生育給付申請書及給付收據。

二、醫院、診所或領有執業執照之醫師、助產人員所出具之嬰兒出生證明書或死產證明書。

已辦理出生登記者，得免附前項第二款所定文件。

第三節　傷病給付

第 57 條

依本條例第三十三條或第三十四條規定請領傷病給付者，應備下列書件：

一、傷病給付申請書及給付收據。

二、傷病診斷書。

前項第二款所定傷病診斷書，得以就診醫院、診所開具載有傷病名稱、醫療期間及經過之證明文件代之。

罹患塵肺症，初次請領職業病補償費時，並應附送塵肺症診斷書、粉塵作業職歷報告書及相關影像圖片。但經保險人核定以塵肺症住院有案者，得免再附

送。

第 58 條

被保險人請領傷病給付，以每滿十五日爲一期，於期末之翌日起請領；未滿
十五日者，以普通傷病出院或職業傷病治療終止之翌日起請領。

第四節　職業災害保險醫療給付

第 59 條

保險人辦理職業災害保險醫療給付，得經中央主管機關核准，委託衛生福利部
中央健康保險署（以下簡稱健保署）辦理。其委託契約書由保險人會同健保署
擬訂，報請中央主管機關會同中央衛生福利主管機關核定。

保險人依前項規定委託健保署辦理職業災害保險醫療給付時，被保險人遭遇職
業傷害或罹患職業病應向全民健康保險特約醫院或診所申請診療。除本條例及
本細則另有規定外，保險人支付之醫療費用，準用全民健康保險有關規定辦
理。

第 60 條

被保險人申請職業傷病門診診療或住院診療時，應繳交投保單位出具之職業傷
病門診就診單或住院申請書，並繳驗全民健康保險卡及國民身分證或其他足資
證明身分之證件。未提具或不符者，全民健康保險特約醫院或診所應拒絕其以
被保險人身分掛號診療。

第 61 條

被保險人因尚未領得職業傷病門診就診單或住院申請書或全民健康保險卡或因
緊急傷病就醫，致未能繳交或繳驗該等證件時，應檢具身分證明文件，聲明具
有勞保身分，辦理掛號就診，全民健康保險特約醫院或診所應先行提供醫療服
務，收取保險醫療費用並墊給單據，被保險人於就醫之日起十日內（不含例假
日）或出院前補送證件者，全民健康保險特約醫院或診所應退還所收取之保險
醫療費用。

第 62 條

因不可歸責於被保險人之事由，未能依前條規定於就醫之日起十日內或出院前
補送證件者，被保險人得於門診治療當日或出院之日起六個月內，檢附職業傷
病門診就診單或住院申請書及全民健康保險特約醫院或診所開具之醫療費用單
據，向保險人申請核退醫療費用。

第 63 條

全民健康保險特約醫院或診所接獲職業傷病門診就診單後，應附於被保險人病歷備查。其接獲職業傷病住院申請書者，應就申請書證明欄詳細填明於三日內逕送保險人審核。

保險人對前項住院申請經審定不符職業傷病者，應通知健保署、全民健康保險特約醫院或診所、投保單位及被保險人。

第 64 條

被保險人以同一傷病分次住院者，依本條例第四十三條第一項第四款給付之膳食費日數，應自其第一次住院之日起，每六個月合併計算。

前項膳食費支付數額，由中央主管機關會同中央衛生福利主管機關另定之。

第 65 條

投保單位出具之職業傷病住院申請書，因填報資料不全或錯誤或手續不全，經保險人通知限期補正二次而不補正，致保險人無法核付醫療給付者，保險人不予給付。

第 66 條

本條例第四十三條第一項第五款所稱之公保病房，於全民健康保險實施後，指全民健康保險之保險病房。

第 67 條

被保險人有下列情形之一者，得由其所屬投保單位向保險人申請核退醫療費用：

一、於本條例施行區域外遭遇職業傷害或罹患職業病，必須於當地醫院或診所診療。

二、於本條例施行區域遭遇職業傷害或罹患職業病，因緊急傷病至非全民健康保險特約醫院或診所診療。

前項申請核退醫療費用應檢具之證明文件、核退期限、核退基準、依循程序及緊急傷病範圍，準用全民健康保險自墊醫療費用核退辦法之規定。

第五節　失能給付

第 68 條

依本條例第五十三條或第五十四條規定請領失能給付者，應備下列書件：

一、失能給付申請書及給付收據。

二、失能診斷書。

三、經醫學檢查者，附檢查報告及相關影像圖片。

保險人審核失能給付，除得依本條例第五十六條規定指定全民健康保險特約醫院或醫師複檢外，並得通知出具失能診斷書之醫院或診所檢送相關檢查紀錄或診療病歷。

第 69 條

依本條例第五十三條或第五十四條規定請領失能給付者，以全民健康保險特約醫院或診所診斷爲實際永久失能之當日爲本條例第三十條所定得請領之日。但被保險人於保險有效期間發生傷病事故，於保險效力停止後，符合勞工保險失能給付標準第三條附表規定之治療期限，經專科醫師診斷證明爲永久失能，且其失能程度與保險效力停止後屆滿一年時之失能程度相當者，爲症狀固定，得依本條例第二十條第一項請領失能給付，並以保險效力停止後屆滿一年之當日爲得請領之日。

前項診斷永久失能之日期不明或顯有疑義時，保險人得就病歷或相關資料查明認定。

被保險人請求發給失能診斷書者，全民健康保險特約醫院或診所應於出具失能診斷書後五日內逐寄保險人。

第 70 條

依本條例第五十三條第三項規定分別核計國民年金保險身心障礙年金給付及本保險失能年金給付後，其合併數額爲新臺幣四千元以上者，依合併數額發給；其合併數額不足新臺幣四千元者，發給新臺幣四千元。

第 71 條

本條例第五十四條之二第一項第一款及第二款所定婚姻關係存續一年以上，由申請之當日，往前連續推算之。

第 72 條

本條例第五十四條之二第一項第三款所稱在學者，指具有正式學籍，並就讀於公立學校、各級主管教育行政機關核准立案之私立學校或符合教育部採認規定之國外學校。

第 73 條

依本條例第五十四條之二規定請領加發眷屬補助者，應備下列書件：

一、失能年金加發眷屬補助申請書及給付收據。

二、被保險人全戶戶籍謄本；眷屬與被保險人非同一戶籍者，應同時提出各該

戶籍謄本，並載明下列事項：

（一）眷屬為配偶時，戶籍謄本應載有結婚日期。

（二）眷屬為養子女時，戶籍謄本應載有收養及登記日期。

三、在學者，應檢附學費收據影本或在學證明，並應於每年九月底前，重新檢具相關證明送保險人查核，經查核符合條件者，應繼續發給至次年八月底止。

四、無謀生能力者，應檢附身心障礙手冊或證明，或受禁治產（監護）宣告之證明文件。

第 74 條

本條例第五十五條第一項所稱同一部位，指與失能種類部位同一者。

第 75 條

依本條例第五十五條第二項規定按月發給失能年金給付金額之百分之八十時，該金額不足新臺幣四千元者，按新臺幣四千元發給；其有國民年金保險年資者，並準用第七十條規定。

第 76 條

被保險人經保險人依本條例第五十七條規定逕予退保者，其退保期間以全民健康保險特約醫院或診所診斷為實際永久失能之當日為準。

第六節　老年給付

第 77 條

本條例第五十八條第二項第三款所稱在同一投保單位參加保險，指下列情形之一者：

一、被保險人在有隸屬關係之雇主、機構或團體內加保。

二、被保險人在依法令規定合併、分割、轉讓或改組前後之雇主、機構或團體加保。

三、被保險人在依公營事業移轉民營條例規定移轉民營前後之雇主、機構或團體加保。

第 78 條

依本條例第五十八條規定請領老年給付者，應備下列書件：

一、老年給付申請書及給付收據。

二、符合本條例第五十八條第二項第五款或第七項者，檢附工作證明文件。

未於國內設有戶籍者，除前項規定之書件外，並應檢附經第五十四條第一項所

列單位驗證之身分或居住相關證明文件。

第 79 條

依本條例第五十八條之二第一項規定請領展延老年年金給付者,其延後請領之期間自符合請領老年年金給付之次月起,核計至其提出申請之當月止。

依本條例第五十八條之二第二項規定請領減給老年年金給付者,其提前請領之期間自提前申請之當月起,核計至其符合老年年金給付所定請領年齡之前一月止。

前二項期間未滿一年者,依其實際月數按比例計算,並準用第四十五條規定。

第七節 死亡給付

第 80 條

被保險人之父母、配偶或子女受死亡宣告者,以法院判決所確定死亡之時,為本條例第六十二條之死亡時;其喪葬津貼給付金額之計算,依下列規定計算之:

一、死亡時與判決時均在被保險人投保期間內者,以判決之當月起前六個月之平均月投保薪資為準。

二、死亡時在被保險人投保期間內,而判決時已退保者,以退保之當月起前六個月之平均月投保薪資為準。

第 81 條

受益人或支出殯葬費之人請領死亡給付時,被保險人所屬投保單位未辦理退保手續者,由保險人逕予退保。

第 82 條

被保險人依本條例第六十二條規定請領喪葬津貼者,應備下列書件:

一、喪葬津貼申請書及給付收據。

二、死亡證明書、檢察官相驗屍體證明書或死亡宣告判決書。

三、載有死亡登記之戶口名簿影本,及被保險人身分證或戶口名簿影本。

已辦理完成死亡登記者,得僅附前項第一款所定文件。

第 83 條

依本條例第六十三條第二項第一款規定請領遺屬年金給付者,其婚姻關係存續一年以上之計算,由被保險人死亡之當日,往前連續推算之。

依本條例第六十三條第二項第二款及第四款規定請領遺屬年金給付者,其在學之認定,準用第七十二條規定。

第 84 條

依本條例第六十三條或第六十四條規定請領喪葬津貼者，應備下列書件：

一、死亡給付申請書及給付收據。

二、死亡證明書、檢察官相驗屍體證明書或死亡宣告判決書。

三、載有死亡日期之全戶戶籍謄本。

四、支出殯葬費之證明文件。但支出殯葬費之人為當序受領遺屬年金或遺屬津
　　貼者，得以切結書代替。

第 85 條

依本條例第六十三條、第六十三條之一或第六十四條規定請領遺屬年金給付
者，應備下列書件：

一、死亡給付申請書及給付收據。

二、死亡證明書、檢察官相驗屍體證明書或死亡宣告判決書。

三、載有死亡日期之全戶戶籍謄本。受益人為配偶時，應載有結婚日期；受益
　　人為養子女時，應載有收養及登記日期。受益人與死者非同一戶籍者，應
　　同時提出各該戶籍謄本。

四、在學者，應檢附學費收據影本或在學證明，並應於每年九月底前，重新檢
　　具相關證明送保險人查核，經查核符合條件者，應繼續發給至次年八月底
　　止。

五、無謀生能力者，應檢附身心障礙手冊或證明，或受禁治產（監護）宣告之
　　證明文件。

六、受益人為孫子女或兄弟、姊妹者，應檢附受被保險人扶養之相關證明文
　　件。

第 86 條

依本條例第六十三條或第六十四條規定請領遺屬津貼者，應備下列書件：

一、死亡給付申請書及給付收據。

二、死亡證明書、檢察官相驗屍體證明書或死亡宣告判決書。

三、載有死亡日期之全戶戶籍謄本，受益人為養子女時，應載有收養及登記日
　　期；受益人與死者非同一戶籍者，應同時提出各該戶籍謄本。

四、受益人為孫子女或兄弟、姊妹者，應檢附受被保險人扶養之相關證明文
　　件。

第 87 條

依本條例第六十三條之一第二項規定，選擇一次請領失能給付扣除已領年金給

付總額之差額者，應備下列書件：

一、失能給付差額申請書及給付收據。

二、前條第二款至第四款所定之文件。

受領前項差額給付之對象及順序，準用本條例第六十三條第一項及第六十五條第一項、第二項規定。

前項同一順序遺屬有二人以上時，準用本條例第六十三條之三第二項規定。

第 88 條

依本條例第六十三條之一第二項規定，選擇一次請領老年給付扣除已領年金給付總額之差額者，應備下列書件：

一、老年給付差額申請書及給付收據。

二、第八十六條第二款至第四款所定之文件。

前條第二項及第三項規定，於前項請領差額給付者，準用之。

第 89 條

依前四條規定請領給付之受益人為未成年者，其申請書及給付收據，應由法定代理人簽名或蓋章。

第 90 條

本條例第六十三條之三第二項所稱未能協議，指各申請人未依保險人書面通知所載三十日內完成協議，並提出協議證明書者。

前項規定，於依第八十七條及第八十八條規定一次請領差額給付者，準用之。

第 91 條

同一順序遺屬有二人以上，並依本條例第六十三條之三第三項但書規定協議時，保險人得以書面通知請領人於三十日內完成協議，並由代表請領人提出協議證明書。屆期未能提出者，保險人得逕按遺屬年金發給，遺屬不得要求變更。

第 92 條

被保險人死亡，其受益人為未成年且無法依第八十九條規定請領保險給付者，其所屬投保單位應即通知保險人，除喪葬津貼得依第八十四條規定辦理外，應由保險人計息存儲遺屬年金給付或遺屬津貼，俟其能請領時發給之。

第八節　年金給付之申請及核發

第 93 條

本條例第六十五條之一第二項所定申請之當月，以原寄郵局郵戳或送交保險人

之日期為準。

被保險人於保險人依規定放假之日離職，其所屬投保單位至遲於次一上班日為其辦理退保及申請老年年金給付，並檢附被保險人同意追溯請領之文件者，被保險人老年年金給付申請之當月，以其離職之翌日為準。

被保險人於所屬投保單位所在地方政府依規定發布停止上班日離職，投保單位至遲於次一上班日為其辦理退保及申請老年年金給付，並檢附被保險人同意追溯請領之文件者，被保險人老年年金給付申請之當月，以其離職之翌日為準。

第 94 條

依本條例規定請領年金給付，未於國內設有戶籍者，應檢附經第五十四條第一項所列單位驗證之身分或居住相關證明文件，並應每年重新檢送保險人查核。

第 95 條

依本條例第五十四條之二第三項第一款、第二款及第六十三條之四第一款、第二款規定停止發給年金給付者，除配偶再婚外，於停止發給原因消滅後，請領人得重新向保險人提出申請，並由保險人依本條例第六十五條之一第二項規定發給；遺屬年金依本條例第六十五條之一第三項規定發給。

依本條例第五十四條之二第三項第三款、第四款及第六十三條之四第三款規定停止發給年金給付者，自政府機關媒體異動資料送保險人之當月起停止發給。

前項所定停止發給原因消滅後，請領人得檢具證明其停止發給原因消滅之文件向保險人申請，並由保險人依本條例第六十五條之一第二項規定發給；遺屬年金依本條例第六十五條之一第三項規定發給。

未依前項規定檢附證明文件向保險人申請者，自政府機關媒體異動資料送保險人之當月起恢復發給。

第 95-1 條

本條例第六十五條之二第三項所定應檢附之戶籍謄本，得以載有領取年金給付者死亡日期之戶口名簿影本及其法定繼承人戶口名簿影本代之。

第 96 條

本條例第六十五條之四所定消費者物價指數累計成長率，以中央主計機關發布之年度消費者物價指數累計平均計算，計算至小數第二位，第三位四捨五入。

本條例中華民國九十七年七月十七日修正之條文施行第二年起，前項消費者物價指數累計成長率達正負百分之五時，保險人應於當年五月底前報請中央主管機關核定公告，並自當年五月開始調整年金給付金額。

前項年金給付金額調整之對象，指正在領取年金給付，且自其請領年度開始計算之消費者物價指數累計成長率達正負百分之五者。不同年度請領年金給付，同時符合應調整年金給付金額者，分別依其累計之消費者物價指數成長率調整之。

第二項所定之消費者物價指數累計成長率達百分之五後，保險人應自翌年開始重新起算。

第 97 條

依本條例第五十三條第三項及第七十四條之二第二項規定併計國民年金保險年資時，被保險人於其未繳清國民年金法規定之保險費及利息，並依該法規定暫行拒絕給付之年資不得併計。

第五章　經費

第 98 條

本條例第六十八條所稱之經費，包括辦理保險業務所需人事、事務等一切費用。

第 98-1 條

勞工因雇主違反本條例所定應辦理加保或投保薪資以多報少等規定，致影響其保險給付所提起之訴訟，得向中央主管機關申請扶助。

前項扶助業務，中央主管機關得委託民間團體辦理。

第六章　附則

第 99 條

本細則自中華民國九十八年一月一日施行。

本細則修正條文，除中華民國一百零二年七月二十六日修正發布之第六十一條、第六十二條及第六十七條自一百零二年一月一日施行外，自發布日施行。

勞工職業災害保險職業傷病審查準則

第一章　總則

第 1 條

本準則依勞工職業災害保險及保護法（以下簡稱本法）第二十七條第三項規定訂定之。

第 2 條

被保險人遭遇職業傷害或罹患職業病（以下簡稱職業傷病）之審查，依本準則辦理；本準則未規定者，依其他相關法令辦理。

第二章　職業傷害類型

第 3 條

被保險人因執行職務而致傷害者，為職業傷害。

被保險人執行職務而受動物或植物傷害者，為職業傷害。

第 4 條

被保險人上、下班，於適當時間，從日常居、住處所往返勞動場所，或因從事二份以上工作而往返於勞動場所間之應經途中發生事故而致之傷害，視為職業傷害。

前項被保險人為在學學生或建教合作班學生，於上、下班直接往返學校與勞動場所之應經途中發生事故而致之傷害，視為職業傷害。

第 5 條

被保險人於作業前後，發生下列事故而致之傷害，視為職業傷害：

一、因作業之準備行為及收拾行為所發生之事故。

二、在雇主之指揮監督或勞務管理上之必要下，有下列情形之一發生事故：

　　（一）從工作場所往返飯廳或集合地之途中。

　　（二）為接受及返還作業器具，或受領工資及其他相關例行行事務時，從工作場所往返事務所之途中。

第 6 條

被保險人有下列情形之一，因工作場所設施、設備或管理之缺陷發生事故而致之傷害，視為職業傷害：

一、於作業開始前，在等候中。

二、於作業時間中斷或休息中。

三、於作業終了後，經雇主核准利用工作場所設施或設備。

第 7 條
被保險人於工作時間中基於生理需要於如廁或飲水時發生事故而致之傷害，視為職業傷害。

第 8 條
被保險人於緊急情況下，臨時從事其他工作，該項工作如為雇主期待其僱用勞工所應為之行為而致之傷害，視為職業傷害。

第 9 條
被保險人因公出差或其他職務上原因於工作場所外從事作業，由日常居、住處所或工作場所出發，至公畢返回日常居、住處所或工作場所期間之職務活動及合理途徑發生事故而致之傷害，視為職業傷害。

被保險人於非工作時間因雇主臨時指派出勤，於直接前往勞動場所之合理途徑發生事故而致之傷害，視為職業傷害。

第 10 條
被保險人經雇主指派參加進修訓練、技能檢定、技能競賽、慶典活動、體育活動或其他活動，由日常居、住處所或勞動場所出發，至活動完畢返回日常居、住處所或勞動場所期間，因雇主指派之活動及合理途徑發生事故而致之傷害，視為職業傷害。

本法第七條及第九條第一項第三款規定之被保險人，經所屬團體指派參加前項各類活動，由日常居、住處所或勞動場所出發，至活動完畢返回日常居、住處所或勞動場所期間，因所屬團體指派之活動及合理途徑發生事故而致之傷害，視為職業傷害。

第 11 條
被保險人由於執行職務關係，因他人之行為發生事故而致之傷害，視為職業傷害。

第 12 條
被保險人於執行職務時，因天然災害直接發生事故導致之傷害，不得視為職業傷害。但因天然災害間接導致之意外傷害或從事之業務遭受天然災害之危險性較高者，不在此限。

第 13 條
被保險人利用雇主為勞務管理所提供之附設設施或設備，因設施或設備之缺陷發生事故而致之傷害，視為職業傷害。

第 14 條

被保險人參加雇主舉辦之康樂活動或其他活動,因雇主管理或提供設施、設備之缺陷發生事故而致之傷害,視為職業傷害。

第 15 條

被保險人因職業傷病,於下列情形再發生事故而致傷害,視為職業傷害:

一、經雇主同意自勞動場所直接往返醫療院所診療,或下班後自勞動場所直接前往醫療院所診療,及診療後返回日常居住處所之應經途中。

二、職業傷病醫療期間,自日常居住處所直接往返醫療院所診療之應經途中。

第 16 條

被保險人於工作日之用餐時間中或為加班、值班,如雇主未規定必須於工作場所用餐,而為必要之外出用餐,於用餐往返應經途中發生事故而致之傷害視為職業傷害。

第 17 條

被保險人於第四條、第九條、第十條、第十五條及第十六條之規定而有下列情事之一者,不得視為職業傷害:

一、非日常生活所必需之私人行為。

二、未領有駕駛車種之駕駛執照駕車。

三、受吊扣期間、吊銷或註銷駕駛執照處分駕車。

四、行經有燈光號誌管制之交岔路口違規闖紅燈。

五、闖越鐵路平交道。

六、酒精濃度超過規定標準、吸食毒品、迷幻藥、麻醉藥品及其他相關類似之管制藥品駕駛車輛。

七、未依規定使用高速公路、快速公路或設站管制道路之路肩。

八、駕駛車輛在道路上競駛、競技、蛇行或以其他危險方式駕駛車輛。

九、駕駛車輛不按遵行之方向行駛或不依規定駛入來車道。

第三章 職業病種類

第 18 條

被保險人因執行職務所患之疾病,符合下列情形之一者,為職業病:

一、為勞工職業災害保險職業病種類表所列之疾病,如附表。

二、經勞動部職業病鑑定會鑑定為職業病或工作相關疾病。

第 19 條

被保險人疾病之促發或惡化與作業有相當因果關係者，視為職業病。

第 20 條

被保險人罹患精神疾病，而該疾病與執行職務有相當因果關係者，視為職業病。

第四章　認定基準及審查程序

第 21 條

本法第二十七條所定職業傷病之認定，保險人應於審查程序中，就下列事項判斷：

一、職業傷害：事故發生時間、地點、經過、事故與執行職務之關連、傷害與事故之因果關係及其他相關事項。

二、職業病：罹患疾病前之職業危害暴露、罹患疾病之證據、疾病與職業暴露之因果關係及其他相關事項。

第 22 條

被保險人、受益人、支出殯葬費之人或投保單位，應於申請保險給付時，就前條各款事項，陳述意見或提供證據。

未依前項規定陳述意見或提供證據者，保險人得通知限期補正；屆期不補正，且就相關事實及證據無法認定為職業傷病者，保險人不發給保險給付。

被保險人、受益人、支出殯葬費之人就第一項，所陳述之意見或提供之證據與投保單位不一致時，保險人應請投保單位提出反證；投保單位未提出反證者，保險人應以被保險人之意見或證據，綜合其他相關事實及證據審查。

第 23 條

保險人為審核職業傷病認有必要時，得依下列方式，進行調查：

一、實地訪查。

二、向醫事服務機構調閱被保險人病歷。

三、洽詢被保險人主治醫師或保險人特約專科醫師提供之醫理意見。

四、洽請本法第七十三條第一項認可之醫療機構職業醫學科專科醫師提供職業病評估之專業意見。

五、向機關、團體、法人或個人洽調必要之資料。

第五章　附則

第 24 條

本準則於本法第八條之被保險人，亦適用之。

第 25 條

本準則自中華民國一百十一年五月一日施行。

圖書館出版品預行編目資料

實務問題Q&A／林定樺等著.--三
.--臺北市：書泉出版社,2022.01
；　公分

978-986-451-249-2（平裝）

利法規　2.勞資關係　3.問題集

84022　　　　　110019340

3SF1　法律相談室Q&A 01

勞資實務問題Q&A

作　　　者 ― 林定樺（117.6）、李傑克、洪紹瑨、
　　　　　　　洪介仁、翁政樺、洪瑋淩、張權

發 行 人 ― 楊榮川

總 經 理 ― 楊士清

總 編 輯 ― 楊秀麗

副總編輯 ― 劉靜芬

校對編輯 ― 呂伊真

封面設計 ― 姚孝慈

出 版 者 ― 書泉出版社

地　　　址：106台北市大安區和平東路二段339號4樓

電　　　話：(02)2705-5066　　傳　　　真：(02)2706-6100

網　　　址：https://www.wunan.com.tw

電子郵件：shuchuan@shuchuan.com.tw

劃撥帳號：01303853

戶　　　名：書泉出版社

總 經 銷：貿騰發賣股份有限公司

電　　　話：(02)8227-5988　　傳　　　真：(02)8227-5989

網　　　址：www.namode.com

法律顧問　林勝安律師

出版日期　2017年4月初版一刷（共五刷）
　　　　　2018年6月二版一刷（共七刷）
　　　　　2022年1月三版一刷
　　　　　2024年4月三版三刷

定　　　價　新臺幣420元

經典永恆·名著常在

五十週年的獻禮 —— 經典名著文庫

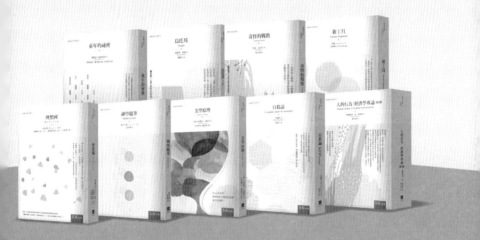

五南，五十年了，半個世紀，人生旅程的一大半，走過來了。

思索著，邁向百年的未來歷程，能為知識界、文化學術界作些什麼？

在速食文化的生態下，有什麼值得讓人雋永品味的？

歷代經典·當今名著，經過時間的洗禮，千錘百鍊，流傳至今，光芒耀人；

不僅使我們能領悟前人的智慧，同時也增深加廣我們思考的深度與視野。

我們決心投入巨資，有計畫的系統梳選，成立「經典名著文庫」，

希望收入古今中外思想性的、充滿睿智與獨見的經典、名著。

這是一項理想性的、永續性的巨大出版工程。

不在意讀者的眾寡，只考慮它的學術價值，力求完整展現先哲思想的軌跡；

為知識界開啟一片智慧之窗，營造一座百花綻放的世界文明公園，

任君遨遊、取菁吸蜜、嘉惠學子！